史記
新发现

辛德勇 著

Copyright © 2023 by SDX Joint Publishing Company.
All Rights Reserved.

本作品版权由生活·读书·新知三联书店所有。
未经许可，不得翻印。

图书在版编目（CIP）数据

《史记》新发现 / 辛德勇著. —北京：生活·读书·新知三联书店, 2023.9
ISBN 978-7-108-07640-3

Ⅰ.①史… Ⅱ.①辛… Ⅲ.①《史记》-研究 Ⅳ.① K204.2

中国国家版本馆 CIP 数据核字 (2023) 第 065445 号

责任编辑	张　龙
装帧设计	薛　宇
责任印制	李思佳
出版发行	生活·讀書·新知 三联书店
	（北京市东城区美术馆东街 22 号 100010）
网　　址	www.sdxjpc.com
经　　销	新华书店
印　　刷	河北鹏润印刷有限公司
版　　次	2023 年 9 月北京第 1 版
	2023 年 9 月北京第 1 次印刷
开　　本	880 毫米 ×1230 毫米　1/32　印张 10.75
字　　数	212 千字　图 73 幅
印　　数	0,001－6,000 册
定　　价	69.00 元

（印装查询：01064002715；邮购查询：01084010542）

作者近照（黎明 摄影）

辛德勇，男，1959年生，北京大学历史学系教授，北京大学古地理与古文献研究中心主任，中国史学会历史地理研究会会长。主要从事中国历史地理学、历史文献学研究，旁涉中国古代政治史、地理学史、地图学史、水利史、出版印刷史、天文学史等学科领域。主要著作有《隋唐两京丛考》《古代交通与地理文献研究》《历史的空间与空间的历史》《秦汉政区与边界地理研究》《建元与改元：西汉新莽年号研究》《旧史舆地文录》《石室賸言》《旧史舆地文编》《制造汉武帝》《祭獭食蹠》《海昏侯刘贺》《中国印刷史研究》《史记新本校勘》《发现燕然山铭》《海昏侯新论》《生死秦始皇》《辛德勇读书随笔集》《通鉴版本谈》《正史版本谈》等。

目 次

自　序 · I

《太史公书》算是谁写的书？ · I
太史公笔下的新年都是怎样的年？ · 24
天老爷的"五官"长得是什么样？ · 43
秦以十月为岁首的开始时间 · 70
多余的周国之君 · 150
商鞅"相秦"多少年？ · 163
商鞅的封地在哪里？ · 179
赵正的父亲到底是不是吕不韦？ · 203
说秦始皇母谥为帝太后事 · 227

坑儒谷里活埋的是否都是儒生？ · 243

世间本无"西楚霸王" · 268

张骞"凿空"凿出了什么来？ · 311

"文章尔雅"与笺经释义的《尔雅》 · 321

自 序

　　这本小书，载录的是我阅读《史记》的一些心得，缘起于《澎湃新闻》的臧继贤女士向我约稿。其中大部分题目，过去都思考过一段时间；个别问题，像项羽的"西楚霸王"称号，在二十多年前就已经开始关注。鉴于目前学术界和学术刊物众所周知的现状，很多年来我已不再投稿。所以，现在有了这个机会，我就动笔写下自己的认识，写给关心相关问题的读者。于是，这些读书心得就在《澎湃新闻》上陆续发表了。现在再把这些文稿略加修订汇聚在一起，就是摆在大家眼前的这本书。

　　书名取作《〈史记〉新发现》，并不是发现了什么司马迁没有写清的问题，更不是说太史公刻意在字缝里暗藏了什么常人难以识别的密码，有待破解。这些问题，一直就摆在大家的面前，明晃晃的，只是人们看破看不破、读懂读不懂的事儿。

　　当然在中国历史学界——我指的是那些研究中国历史的人，而不是中国那些研究历史的人，更多的人做学问，压根儿没想从阅读史料开始，他们在意的只是以什么超人的视角来提出问题（就连是不是就这个问题做出了合理的分析解答也没有什么意义）。显而易见，对于这些人来说，怎么想出个有别于常人的问题才是立足的基点，这也是他们出发的起点，认为这比看书读史料要重要很多。

我做学问起步于"读书得间"，也一直行进在"读书得间"的路上。所谓"读书得间"，也就是在阅读史料的过程中发现问题、提出问题，并在力所能及的范围内，努力尝试解决一些可以解决的问题。

读《太史公书》，我观察、分析问题的着眼点和着力处，不外乎如下两个方面。

一是基于相关的知识背景。

《太史公书》是一部纪事的史书，所记史事方方面面，涉及诸多知识领域，而在这些知识的背后，往往是许许多多各不相同的学术领域。

历史学者和其他行业的从业者一样，生涯都是有限的，因而了解和掌握的知识也都是有限的。不过对待知识的态度不同，也会影响学者知识范围的宽狭和知识程度的深浅。多年来，我在从事历史研究的过程中，一向注重通过已知的知识来解析未知的问题。

这些知识，在每一个专门的领域内，可能都很普通，甚至只是十分浅显的常识。然而古人和今人一样，从古至今，所有的人都是在普通的常识中生长，而不是基于什么高深莫测的理

自 序

论,或是依循着什么目眩神迷的范式。生活就是生活,这就是实实在在的生活。

在历史研究中,研究者同古代社会之间最大的隔膜,首先就是古人各个方面实际的生活状况。只有多了解一些古人社会生活的实际形态,才能读懂包括《史记》在内的各种古书,读通这些历史记载。可是人们认识历史的复杂性,是在很多情况下,又是只有先读懂、读通历史文献的记载,才能了解到古代社会生活的方方面面。实际的认识过程,是在这两项因素的交替作用下逐渐向前推进的。简单地说,就是一心向学多读书,纵心所欲读更多的书,同时还要反反复复地阅读像《史记》这样的基本典籍。

古人劝人励志读书,实在得很,往往会"诱之以利"来引动其情,说什么"书中自有千钟粟""书中自有黄金屋"。可这只是读书做官才能获取的收益,真正做个书呆子,读古书,做学问,相伴随的唯有清贫。自古以来,一向如此。幸好在这种世俗功利话的后面,还有两句"晓之以理"的硬道理,这就是"男儿欲遂平生志,六经勤向窗前读",我想借用此语来表述自己从事学术研究的基本路径。读书,读书,再说一遍,还是读书。只有踏踏实实地读书,特别是阅读各种古代典籍,才能获取更多的真知识,才能解决更多的真问题。这看起来很平常,能做到却很不容易,既需要恒久的毅力,更需要浓重的情趣。你想做,喜欢做,才能做。

回到这里讲述的问题,就是只有多读书,具备更多的知识,才能读懂更多《史记》的内容。

二是基于相应的历史文献学基础。

我写这些阅读《史记》的札记,所涉及的绝大部分问题,都与现在通行的中华书局点校本《史记》相关,或者说不同程度地牵扯到中华书局点校本《史记》的标点、校勘问题。

前面我强调以平常的历史知识来破解《史记》当中那些看似疑难的问题,特别强调通过阅读古代典籍来获取方方面面的历史知识,可不管是直接阅读《史记》,发现其中的问题,还是阅读其他古代典籍来丰富自己的知识构成,都需要具备相应的历史文献学基础。

所谓历史文献学基础,大致可以区分为目录学与版本学两大方面,其每一方面都是需要一点一滴地慢慢积累的专业知识,谁也不能一蹴而就。

目录学不是讲历史文献的类别划分,而是讲历史文献都有哪些类别和每个类别内各种文献的学术源流与基本特点。过去老辈在鼓励青年后生努力读书做学问时,常常会念叨"书山有路勤为径,学海无涯苦作舟"这两句话,可你要是不了解基本的目录学知识,功用得再勤,力气花得再苦,恐怕也很难取得所期望的效果。"目录"二字本身就含有门径的语义,它就是登上书山的路径,就是渡过学海的舟航。

我进入古代文史研究领域,入门伊始,就聆受业师黄永年先生教诲,而黄永年先生治学最重历史文献学基础。黄先生是当时海内外首屈一指的历史文献学专家——在目录学领域和

自 序

版本学领域都是这样。这种得天独厚的条件,为我学习历史文献学知识提供了极大便利,我也很早就在这方面投入了较大精力,而且几十年来一直持续努力,直到今天。

这种持续不断地努力,使得利用目录学知识研究历史问题成为我首选的手段,也是最为常用、最为熟悉的治学方法,所以撰写这部《〈史记〉新发现》所采用的手法,基本上也是如此。

在中国古代史领域里谈版本学,实际上主要是指古籍版本学。在这一方面,我也有幸很早就受教于黄永年先生。多少年来,日积月累,也具备了相当程度的基础。由于目前通行的《史记》版本中存在许多影响实质性内容的文字讹误,不加以勘正就无法正确认识相关的内容,而要想做出令人信服的勘正,就不能不具备与之相应的古籍版本知识。

这本《〈史记〉新发现》中的很多内容,或由版本问题引发,或以版本知识辨析,总之在论证过程中充分借助了古籍版本手段。我希望这样的做法,能够更加完善自己的认识,也让自己的认识具备更加坚实的基础。

当然,在学术研究中提出自己的见解,往往充满风险。这是因为人们的主观认识难免会有差误。一个学术看法越是深入,与通行说法差异越大,失误的风险也会更大。但学术研究的目的就是推陈出新,学术研究的价值就是提出与众不同的观点;学者生存于天地之间的意义就是大声说出自己的话,也就是不能人云亦云,必须独抒己见,要勇于"冒险犯难"。

《史记》新发现

明人聂豹曾对求学后生讲过这样几句话:"圣人过多,贤人过少,愚人无过。"众生闻之,不禁诧异。聂氏解释说:"过必学而后见也,若愚则困而弗学者矣。冥行妄作,安以为常,其不复知己之有过也。"(聂豹《双江文集》卷八《答玉林许佥宪三章》之二)他这是讲唯有圣人才能看到自己的过失,因为"过必学而后见",而圣人向学,愚者困而弗学。

在这里,我想借用聂豹这几句话来谈对学者治学失误的看法:若是从来就没提出过什么属于自己的看法,他就永远不会犯错误;相对而言,提出的看法越多越深越具有实质性意义,出错的概率自然就会随之增大。然而历史的真相就是由这样一代代勇于探索的学者相继揭示的。

2022 年 6 月 15 日记

《太史公书》算是谁写的书？

不管是一本正经地读《史记》，还是像我这样漫不经心地翻看《史记》，很多人都会遇到一个显而易见的问题："太史公"指的是什么？为什么《史记》又叫《太史公书》？

这实际涉及如下两个问题：一个是《史记》的作者是谁？其内在逻辑是，这个作者能不能被称作"太史公"。另一个是"太史公"的语义是什么？其内在逻辑是，为什么司马迁会自题其书为《太史公书》？事实上这两个问题你连着我、我连着你，没有办法区分开来由哪一个来决定另一个。因为一时也说不清楚，下面不妨就从《史记》的作者是谁说起。

对《史记》撰著情况缺乏基本了解的朋友，看我谈起这个问题，一定会感到十分奇怪：《史记》的作者，不就是司马迁吗？这是连小学生都知道的。再说，什么是作者？不就是题署在书上的那个著书人的姓名吗？即使原来不知道，只要捧本《史记》打开来看一眼，谁都看得见，"司马迁"那三个字儿就印在书上，这还有什么可问的？这还有什么可说的？

其实，人世间很多事物都是随着时间的推移而变化的。因而像我这样的历史学研究从业人员，存在的价值就是努力澄清人类社会形形色色的事物在不同时期所呈现的不同样貌，作者在著述上的署名，也是其中之一。

关于中国古书上作者的署名情况，近人余嘉锡先生在《古书通例》一书中有周详的论述。这"通例"二字讲的是什么意思？是惯行的规矩，是通行的状态，是普遍的做法。窃以为这个"例"也可以用"体例"来概括。所谓"古书通例"，讲的就是古书一般的体例，作者的署名，还有书名和篇名等，都是其中重要的事项。而所谓"古书"，主要针对的是汉魏时期以前的著述。因为那时通行的体例，既是后世相关要素的源头，又同后世的状况具有较大差异（不言而喻，在"汉魏时期以前"这一时段之内，前后往往也会有很大的变化，而且越早差异越显著）。《史记》完成于汉武帝时期，正处在这一区间之内。所以，我们的话不妨从余嘉锡先生这部《古书通例》谈起。

"作者"一语，前人或谓之曰"撰人"。余嘉锡先生论古书的作者，乃谓"周秦古书，皆不题撰人。俗本有题者，盖后人所妄增"；或谓"古书之姓名，皆非其人所自题"。(《古书通例》卷一《案著录·古书不题撰人》) 这里所说"古书"的时间区段，也就是所谓"古书"究竟"古"到什么时候，余嘉锡先生讲得非常清楚，是周秦之间。当然，这也可以理解或表述为迄至秦朝的情况。《史记》写成于西汉一朝，比这晚了一些，情况也就要在此基础上再加追究。

《太史公书》算是谁写的书?

更具体地讲,我们可以看到,东汉末年人徐干撰著《中论》,还要特地通过他人撰写的序文来表曝自己的姓名。余嘉锡先生在《古书通例》中复举述这一事例说明:"汉末人著书,尚不自题姓名也。"(《古书通例》卷一《案著录·古书不题撰人》)

看到这儿,有些人一定要问,既然作者自己对署名不署名都满不在乎,那我们还死乞白赖地非搞清楚它干啥?余嘉锡先生对此也做过清楚的论述:

> 吾人读书,未有不欲知其为何人所著,其平生之行事若何,所处之时代若何,所学之善否若何者。此即孟子所谓知人论世也。(余嘉锡《目录学发微》之《目录书之体制·叙录》)

简单地说,就是"知人论世"这四个字。尽管徐干已是东汉末年人,但《中论》一书对撰人的体现形式,并不能代表两汉时期的全部情况。两汉时期的著述,其署与不署作者的姓名,情况还有些复杂,不宜据此一概而论,至少现在还不能这么简单地表述。

其他具体的事例,不妨来看《汉书·司马相如传》如下记载:

> 蜀人杨得意为狗监,侍上。上读《子虚赋》而善之,曰:"朕独不得与此人同时哉!"得意曰:"臣邑人司马相如自言

吉林大学出版社影印明万历新安程氏刊《汉魏丛书》本徐干《中论》

为此赋。"上惊,乃召问相如。相如曰:"有是。……"

这里的"上",指的是汉武帝刘彻,司马相如和司马迁都是汉武帝的臣民,是同时代人。司马相如的《子虚赋》在社会上广泛流传,以致上达天听,可是作品上却没有题署他的姓名,以致汉武帝误把他认作前朝作古之人,当时也没有人对此感到奇怪——通过这一史事我们可以清楚看到,著述不题撰人乃是当时社会上的普遍现象,殊不足怪,而我们探讨《史记》的作者,就应该从这样的历史背景出发。

下面我们就从《史记》记述的内容来看一看,这部书应该是由谁撰写成书的。关于这一问题,顾颉刚先生有一段很好的论述:

《太史公书》算是谁写的书?

案《刺客列传》记荆轲刺秦王，诸执兵者不得上，独侍医夏无且以药囊提之，秦王乃得拔剑击轲。篇末赞曰:"始公孙季功、董生与夏无且游，具知其事，为余道之如是。"夫荆轲入秦在秦王政二十年即公元前二二七年，而史迁之生有二说，予谓以生于公元前一三五年说为可信，若是则史迁之生上距荆轲之死已九十二年。公孙、董生既与夏无且游，则必秦末汉初人也，待史迁之长而告之，不将历百数十岁乎！是必不可能者也。又《郦生陆贾传》记平原君、朱建事，赞曰:"平原君子与予善，是以得具论之。"案朱建尝为黥布相，其子当生秦、楚之际或汉初，与史迁世不相及亦与公孙、董生无异。又《樊郦滕灌传》记樊哙孙他广袭封舞阳侯，孝景中六年(前一四四)夺侯为庶人，赞曰:"余与他广通，为言高祖功臣之兴时若此云。"他广年世固较后，而史迁之生，九年前彼已夺侯，度迁长成时亦未必在。是以王国维《太史公行年考》论之曰:"此三传所记，史公或追记父谈语也。"按，此非或然，乃必然也。谈于赞中自称曰"余"，《荆轲传》曰"为余道之如是"，《朱建传》曰"平原君子与余善"，《樊哙传》曰"余与他广通"，著传文之来源，作一篇之总结，则此三传成于谈手无疑。谈之为史，有传、有赞，则《史记》体例创定于谈亦可知。及迁继作，因仍其文，盖与尔后班固之袭父彪作者同。(顾颉刚《史林杂识初编》之四三《司马谈作史》)

顾颉刚先生这话讲得相当明白，即父业子承，《史记》的基本体例和一部分内容乃出于老父司马谈之手，司马迁续成其事而已。

好了，现在我们明白了，按照现在的著作权标记办法，《史记》的作者应该记作"司马谈、司马迁合著"。对于历史学研究者而言，世上本无自古以来就是个什么样子的事儿，当时的规矩并不是这样——如前所述，古书例皆不题撰人。缘由是"春秋以前，并无私人著作，其传于后世者，皆当时之官书也。其书不作于一时，不成于一手，非一家一人所得而私"，其尤显者，即如《汉书·艺文志》所记，诸子之学皆出自王官，故"不可题之以姓氏"。（《古书通例》卷一《案著录·古书书名之研究》）

那么，后来又何以出现变易，改而题写撰人了呢？这是一个看似简单实际上却相当复杂的问题，不同性质的著述往往会有不同的情况，目前我还没见到什么人能够把它叙说得清清楚楚。值得注意的是，余嘉锡先生敏锐地捕捉到东汉人王充如下一段议论，至少为我们认识这一问题提供了一个良好的视角，即当时人一般认为：

> 著作者为文儒，说经者为世儒。二儒在世，未知何者为优？或曰：文儒不若世儒，世儒说圣人之经，解贤者之传，义理广博，无所不见，故在官常位。位最尊者为博士，门徒聚众，招会千里，身虽死亡，学传于后。文儒为华淫之说，于世无补，故无常官。弟子门徒不见一人；身死之后，莫有

《四部丛刊初编》影印明通津草堂刻本《论衡》

绍传。此其所以不如世儒者也。(王充《论衡·书解》)

按照我的理解，所谓"文儒"与"世儒"的差别，是以"独立之精神，自由之意志"来观察社会，思考人生，并且从事于撰述；还是出卖所谓学术文化给官府，靠讲学或著述求官谋生。在这一点上，司马迁和他的父亲司马谈显然都属于前者，所以司马迁才会将书稿"藏之名山，副在京师"，以"俟后世圣人君子"。(《史记·太史公自序》)正是因为"弟子门徒不见一人；身死之后，莫有绍传"，无可奈何，才不得不这样做。

余嘉锡先生以为，正是在这样的社会文化背景下，"汉以后惟六艺立博士,为禄利之途。学者负笈从师,受其章句,大儒之门,著籍者辄数千人。而所自著之书,则无人肯受。于是有于篇末为之叙,自显姓名者,如太史公、扬雄自序是也"(《古书通例》卷一《案著录·古书不题撰人》)。实际情况就像余嘉锡先生所讲的那样,司马迁把《史记》的最后一篇留作自己的《自序》,即所谓《太史公自序》。在这篇《自序》中,司马迁除了讲述其家世、身世和自己如何苦心孤诣地撰著史书之外,还具体谈到其"父子相续纂其职",亦即父子两代前行后继,出任史职。特别是司马迁在老父临终之前讲的"请悉论先人所次旧闻弗敢阙"那句话,事实上已经点明了他在司马谈遗稿的基础上撰著《史记》的情况。这句话里提到的"论"和"次"都是编著的意思,就是在其父业已编著成文的基础上再继续著成其书。

尽管如此,司马迁还是遵循当时的通例,没有在书上直接署名,所以班固在《汉书·艺文志》里著录此书的时候,仅根据司马迁原定的书名,将其记作"《太史公》百三十篇",根本没有著录这部书的作者。在传世古籍目录中,唐代初年纂修的《隋书·经籍志》,是继《汉书·艺文志》之后的第二部系统的朝廷藏书总目。在这部目录里面,我们看到《史记》一书的著录形式是这样的:"《史记》一百三十卷,目录一卷,汉中书令司马迁撰。"作者,只有司马迁一人,没有看到其父司马谈。附带说一下,除了其中的"目录一卷",也就是今日所见《史记》卷首的"目录"是后人添加的以外,这"史记"二字本来

《太史公书》算是谁写的书？

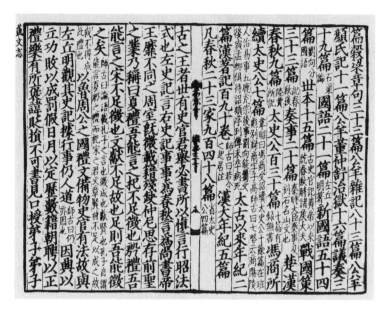

日本朋友书店影印宋庆元本《汉书》

只是"前代纪载之通称"而已（钱大昕《潜研堂文集》卷一二《答问》九），至于它被用作司马迁这部纪传体史书的书名，"疑出魏晋以后"（钱大昕《廿二史考异》卷五）。《史记·太史公自序》所称"史记放绝""䌷史记石室金匮之书"，讲的都是这个泛指的通称（钱大昕《廿二史考异》卷五举述有更多这方面的例证）。

幸好，还有明眼人勘破了其中的奥秘。唐朝开元年间，有司马氏后人名"贞"者，撰著《史记索隐》三十卷，并拟议代他家先人为《史记》作补。司马贞先是在《史记索隐》的序文

9

中称"《史记》者,汉太史司马迁父子之所述也";接着,又在《补史记序》中指出,《太史公书》乃"父作子述"(今中华书局点校本《史记》附有这些《史记索隐》的附件)。此外,业师黄永年先生还曾指出,南宋时人晁公武的《郡斋读书志》在著录《史记》时述云:"右汉太史令司马迁续其父谈书。"(袁本《郡斋读书志》卷一下"史记"条),这说明在南宋时期尚流传有司马谈与司马迁父子相继成书的说法(黄永年《史部要籍概述》)。

对历史事实的认识就是这样,对于正确的结论,古今人之间很容易达成一致。因为历史的真相只有一个。唐宋间人这些说法,正可有力印证:前述顾颉刚先生的考证结论,合理可信。

在这一认识的基础上,一个颇为令人困惑的问题便摆在了大家的面前:《史记》一书既然是父子两代相续而成,那它在《汉书·艺文志》中又为什么被记为《太史公》这么个奇怪的书名?

刚才我说《太史公》是司马迁自定的书名,这首先见于《史记·太史公自序》,不过《太史公自序》的原文是:

凡百三十篇,五十二万六千五百字,为《太史公书》。

即文曰《太史公书》而不是《太史公》。然而这里的"书"字只是一个表示著作、著述之意的附缀,是在书籍原名之外的

《太史公书》算是谁写的书?

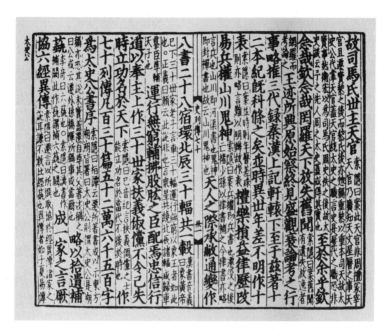

百衲本《二十四史》影印南宋建安黄善夫书坊刻三家注本《史记》

附加成分,即如《汉书·艺文志》著录"《商君》二十九篇",《隋书·经籍志》和两《唐书》之《经籍志》《艺文志》则俱著录为《商君书》,其"书"字同样缘此而衍生。我们看《史记·商君列传》篇末的太史公评语,乃谓"余尝读商君《开塞》《耕战》书,与其人行事相类"。由这里的"书"字附赘于篇名之外的情况,同《商君书》和《太史公书》的情况恰属同一性质。另外,我们若是再看看《汉书》记载司马迁的外孙杨恽"始读外祖《太史公记》"(《汉书·杨恽传》)的说法,便会更容易理解《太史公书》中"书"字的衍生后缀性质。

附带说明一下，上引《史记·太史公自序》"为《太史公书》"句，采纳的是今中华书局点校本的句读。在传世《史记》文本中，并附裴骃《史记集解》和司马贞《史记索隐》的两家注本（如宋孝宗乾道七年蔡梦弼东塾刻本）以及再增入张守节《史记正义》的合刻三家注本，都是连下文"序略"之"序"字读作"为《太史公书序》"，唯检读单行本《史记索隐》乃镌作"为《太史公书》"。斟酌上下文意，当以单行本《索隐》的读法要更合理一些。《汉书·宣元六王传》载东平王刘宇"后年来朝，上疏求诸子及《太史公书》"，大将军王凤曰："太史公书有战国从横权谲之谋，汉兴之初谋臣奇策，天官灾异，地形阸塞，皆不宜在诸侯王。不可予。"其事亦可为单行本《索隐》的句读增一佐证。

到了现在，我们才有可能直接面对本文开头提出的问题，即《汉书·艺文志》里著录的《太史公》这个书名，其"太史公"三字是不是可以理解为表示司马谈和司马迁父子的人名？

先来看一下前人对"太史公"的解释。这个问题，又可以分为两个层面。首先是作为人称，"太史公"指的是谁？其次是作为书名，为什么会把"太史公"用作书名？

关于《史记》中的"太史公"指的是谁，其中一种看法，认为是指司马迁的父亲司马谈。目前所知较早出现的这种看法，见于三国孙吴人韦昭引述，称"说者以谈为太史公"（《史记·孝武本纪》刘宋裴骃《集解》）。唐人颜师古沿承此说，谓

《太史公书》算是谁写的书?

明末汲古阁刻单行本《史记索隐》

"谈为太史令耳,迁尊其父,故谓之为公"(《汉书·司马迁传》唐颜师古注)。

颜师古所说"太史公"为"太史令"尊称的说法,姑待下文再做讨论。现在可以说明的是,至少对我们所要讨论的这个问题而言,这种说法的谬误是显而易见的。因为《史记·太史公自序》述及司马谈去世之后的史事,仍频频用"太史公"一语,其用作司马迁自称,这是毋庸置疑的。清人李绂谓《史记·太史公自序》"初自称名,至补太史令后乃亦称太史公。《文选》所载迁《报任安书》亦自称'太史公牛马走',盖自称其官而益之以谦词也"(德勇案,李氏视"太史公"为官称而以"牛马走"为谦词)。另外,在《史记·太史公自序》之外,李绂还指出:"至于《三代世表》序首冠以'太史公曰',而中曰'余读牒记',《十二诸侯年表》称'太史公读《春秋历谱牒》',则皆迁之读之而已,无他异也。"(李绂《穆堂类稿》初稿卷四三《与方灵皋论史记称太史公书》)

现在我们转换一个视角,来看一下《汉书·艺文志》著录的《太史公》这个书名是怎么来的。

关于这一点,前后有两个不同说法。其中,使用这一名称最早的是司马迁同时代人东方朔。其说见于《史记·孝武本纪》唐司马贞《索隐》引桓谭《新论》,乃谓"太史公造书,书成,示东方朔,朔为平定,因署其下。'太史公'者,皆朔所加之者也"。其次是司马迁的外孙杨恽,也见于《史记·孝武本纪》的司马贞《索隐》。

《太史公书》算是谁写的书？

其实我在前面已经谈到，司马迁在《史记·太史公自序》中已自称其书名为《太史公书》，本不待他人代为署名。东方朔书写"太史公"一名于《史记》之上，不过是别书书名于简背而已。其事与今日代人题写书签大致相类。

现在我们就要进入所讨论问题最为关键的内容了——为什么司马迁在《史记》一书中述及其父司马谈及其本人都用"太史公"这一称呼？而且还要用这个"太史公"来给自己撰就的史书命名？

对"太史公"这个称呼的第一种解释，见于《汉书·司马迁传》的唐人颜师古注。《汉书·司马迁传》记"谈为太史公"，颜氏注云："谈为太史令耳，迁尊其父，故谓之为公。"另外，较颜师古略晚的开元年间人司马贞在注释"太史公书"时也说："盖迁自尊其父著述，称之曰'公'。"（《史记·太史公自序》唐司马贞《索隐》）

第二种解释，乃谓"古者主天官皆上公，自周至汉，其职转卑，然朝会坐位犹居公上，尊天之道，其官属仍以旧名，尊而称公，公名当起于此"（《史记·孝武本纪》唐司马贞《索隐》引虞喜《志林》）。所谓"其职转卑"，应当是就颜师古所说"太史令"而言。按照这种说法，"太史公"只是一个习惯沿用的旧式尊称。

对上面这两种解释，用不着多事辩驳，只要重申一下"太史公"是司马迁自己频频使用的自称，就足以证明"太史公"之称绝无尊崇之义，不管是出于私情对自家长辈的尊敬，还是因循社会习俗对这一职事的敬重，都不该这样。譬如夫人、老师，尽管现在中国人满世界都称用于己，但稍讲究些，就不会这样用，而司马迁当然不会是什么都不讲究的人。

第三种解释，是说"太史公"是一个正式的官名，见于《汉书·司马迁传》之唐颜师古注引曹魏时人如淳语：

> 《汉仪注》：太史公，武帝置，位在丞相上。天下计书先上太史公，副上丞相。序事如古《春秋》。迁死后，宣帝以其官为令，行太史公文书而已。

此《汉仪注》为东汉人卫宏所著《汉书旧仪注》，或省称《汉旧仪》。《史记·太史公自序》之唐张守节《正义》引《汉旧仪》云：

> 太史公秩二千石，卒史皆秩二百石。

连秩级都清清楚楚，所说应有具体的依据。由于"太史公"这个官职不见于《汉书·百官公卿表》这类"主流"史书的记载，因此颜师古等很多人并不认同。如前所述，颜氏以为司马谈担任的官职只是"太史令耳"，由于司马迁尊崇其父，"故谓之为公"。

颜师古注《汉书》，以文字训释见长，而非笺释史事，确实也没有能力阐明像"太史公"这么疑难的问题。现在我们很多人一遇到历史上纠缠不清的问题，就求之于所谓"新材料"或所谓"新方法"，其实阐明这样的难题，更多的是要依赖通透的眼光和广博的学识。

清人钱大昕就是这样一位具有通透眼光和广博学识的优秀学者。在一封写给友人的信函中，针对颜师古的看法，钱氏明确指出，所谓"太史公"者，乃"汉时之官名，司马谈父子为之。故《史记·自序》云'谈为太史公'，又云'卒三岁而迁为太史公'；《报任安书》亦自称'太史公'。'公'非尊其父之称"。钱大昕在这通信的后面，又针对所谓"太史公"为尊称之说，随手写下这样一段附言：

> 此不通之论也。《史记》百三十篇，惟自序前半篇称太史公者，谓其父谈，其它皆自称之词。尊父可也，尊己不可也。未为太史公以前称名，既为太史公则称官，此史家之常例。史者所以传信后世也，何私尊之有？

因此，结论正如《汉仪注》所记，"太史公"就是武帝时期设置的史官名称（钱大昕《潜研堂文集》卷三三《与友人书》）。

另外，在所著《廿二史考异》一书中，钱大昕通观《史记》全书使用"太史公"一语的情况，进一步总结说："《史记》一书，惟自序前半称'太史公'及《封禅书》两称'太史公'指其父，余皆迁自称之词，小司马（德勇案，指司马贞）、小颜（德勇案，指颜师古）以为尊其父者，非矣。"（《廿二史

方終身病之若霖可謂洞中垣一方癥結者矣泥濘不及面質聊遜所見吾兄以為然否
如淳引漢儀注太史公武帝置位在丞相上天下計書先上太史公副上丞相序事如古春秋遷死後宣帝以其官為令行太史公文書而已顏師古據晉灼以如說為非謂談為太史令遷尊其父故謂之為公此不通之論也史記百三十篇惟自序前半篇稱太史公者謂其父談其它皆自稱之詞尊父可也尊己不可也未為太史公以前稱名旣為太史公則稱官此史家之常例史者所以傳信後世也何私尊之

清嘉庆原刻本钱大昕《潜研堂文集》

考异》卷五）

做出一项好的研究，提出一种高水平的见解，研究者不仅要阐释清楚自己的观点，还要通畅地说明那些与之相关的"外围"性记述。钱大昕就清楚地说明了卫宏、虞喜旧说中那些前人疑惑莫辨的重要事项：

> 卫弘（宏）汉人，其言可信，而后人多疑之。予谓"位在丞相上"者，谓殿中班位在丞相之右，非职任尊于丞相也。虞喜谓"朝会坐位犹居公上"，盖得之矣。子长（德勇案，司马迁字子长）自言"天下遗文古事靡不毕集太史公"（德勇案，语出《史记·太史公自序》），与《汉仪注》云"天下计书先上太史公"者正合。（《廿二史考异》卷五）

这样的解说不仅排除了纷扰，更重要的是还大大加深和丰富了我们对"太史公"这一"天官"史职的认识。通过钱大昕的解释，武帝朝中的太史公形象已经栩栩如生地呈现在我们的眼前。

在了解到司马迁何以用"太史公"一语来称谓其父司马谈及其本人之后，再来看司马迁何以会移用这个官名来做自己的书名。钱大昕对此亦略有说明：

> 案子长述先人之业，作书继《春秋》之后，成一家言，故曰《太史公书》。以官名之者，承父志也。以虞卿、吕不

韦著书之例言之，当云"太史公春秋"。不称"春秋"者，谦也。《班史·艺文志》（德勇案，指《汉书·艺文志》），《太史公》百三十篇，冯商所续《太史公》七篇，俱入春秋家，而班叔皮（德勇案，指班固父班彪）亦称为《太史公书》。（钱大昕《廿二史考异》卷五）

余嘉锡先生论古书书名产生的缘由，尝谓"古人著书，多单篇别行；及其编次成书，类出于门弟子或后学之手，因推本其学之所自出，以人名其书"（《古书通例》卷一《案著录·古书书名之研究》）。钱大昕所谓"以官名之者，承父志也"，我理解，相当于用父子两代共同出任的官职来作书名，也就相当于联署父子二人的名字。这从本质上讲，仍符合余嘉锡先生所说当时"以人名其书"的通例。盖后学推溯著述的本源与自题书名，在体现一部著述与著述撰者之间的关系这一实质意义上，本来就是相通的。

这样的研究结论，虽然还有一些具体的细节需要进一步斟酌，但钱大昕首先能够从大局着眼，以"史者所以传信后世"而无私尊可行作为基本的裁定原则，判明司马迁只是据实书写其事而已，这就是通达，也显得通透。做到这一点，不需要什么锦囊妙计，书读得多了，思索得够了，就做得到。

当然，就像"德不孤，必有邻"这句观世箴言所讲，假若钱大昕确实如上文所述，看穿事物本质而得出了正确的认识，也不会孑然一身，沦落成为学术圈中独身孤立之人，即使当时不为俗儒所解，前代后世，终归还会有同道学人。在钱氏之前，清前期学者李绂，虽然没有能够十分清楚地认定"太史公"这一官职同"太史令"之间的关系，只是很含糊地说"太史公乃太史令当官之称"，并莫名其妙地讲司马迁"补太史令后乃亦称太史公"，但他却明确指出："（《史记》）凡称'太史公曰'，犹后世史书称'史臣曰'已耳，固无嫌于父子并称。"（李绂《穆堂类稿》初稿卷四三《与方灵皋论史记称太史公书》）"太史公曰"犹如"史臣曰"这一认识，等于为我们理解"太史公"一语的官名属性，提供了一个鲜明生动的例证，钱大昕对此高度认同（钱大昕《潜研堂文集》卷三三《与友人书》）。

对钱大昕这个结论，还有两点情况需要说明。

一是钱大昕称遵循史家常例，自然就"未为太史公以前称名，既为太史公则称官"，复谓《史记·自序》云'谈为太史公'，又云'卒三岁而迁为太史公'"（钱大昕《潜研堂文集》卷三三《与友人书》）。可现今所见传本《史记》，其《太史公自序》乃普遍书作"卒三岁而迁为太史令"，那么钱大昕的说法是不是有什么讹误？

情况并非如此。唐人张守节在《史记·太史公自序》的《正义》里，于"谈为太史公"句下述云：

下文"太史公既掌天官，不治民，有子曰迁"，又云"卒三岁而迁为太史公"。……乃书谈及迁为"太史公"者，皆迁自书之。

钱大昕依据的就是张守节当年所见到的版本。钱氏在《廿二史考异》中明确指出，通行本中"卒三岁而迁为太史令"的"令"字，"当作'公'，《正义》文可证"（《廿二史考异》卷五）。通观《史记·太史公自序》，司马氏父子出任的这个官职，都是书作"太史公"，只有这里跟前边不搭，同后边也不靠，冷不丁地改书"太史令"，实在太扎眼了，很不合理。两相比较，显然还是张守节当年依据的那个版本更为可靠，所以才会被钱大昕采信。

另外，钱大昕对"太史公"一称的看法，虽然合理可信，仍有一些相关的记载，需要做出相应的解说。

这就是唐人司马贞在《史记·太史公自序》"（司马谈）卒三岁而迁为太史公"句下疏释云：

《博物志》：太史令茂陵显武里大夫司马迁，年二十八，三年六月乙卯除，六百石。

《博物志》的作者是西晋时人张华，书中讲述的这些内容，应是直接引录汉武帝时期的公牍，对此稍习当时公牍文字者一望可知，王国维、郭沫若等著名学者也都清楚地指出过这一点。《博物志》引述的这些公牍，应属西汉末年出土于汉武帝茂陵的《茂陵书》（或称《茂陵中书》），过去我在《建元与改元》

的上篇《重谈中国古代以年号纪年的启用时间》中对此做过考述，感兴趣的读者可以自己去读。

这里明确记载，司马迁继承父位出任的职务是"太史令"，而不是"太史公"。另外，刘宋裴骃在《史记·太史公自序》"谈为太史公"句下，转述与张华同时人傅瓒的说法，乃直接引录《茂陵书》的记载，谓"司马谈以太史丞为太史令"，即《茂陵书》称司马谈出任的史职同样也是"太史令"。

联系前述《汉仪注》所说"太史公，武帝置"的说法，我认为合理的解释是，"太史公"一职只能设置于司马迁任职太史令之后。根据《博物志》引《茂陵书》的记载，司马迁继任太史令的时间是在元封三年，从而可知在元封三年之后，汉武帝才把这一官职由"太史令"升格为"太史公"，相应地，其秩级也从六百石提高到二千石。

至于汉廷改"太史令"为"太史公"更加具体的时间，由于史籍中缺乏明确的记载，目前我所能做的猜想是，这样的职官变更，很可能缘于太初改制，即汉武帝在太初元年"天历始改"的时候，因重视"天道之大经也，弗顺则无以为天下纲纪"，从而提升"太史"这一"天官"的地位（《史记·太史公自序》），做出了这一官制改革。

2021年2月15日记

太史公笔下的新年都是怎样的年？

一年又一年。旧的一年正在离去，新的一年将扑面而来——这就是"过年"。

过年，意味着甜酸苦辣再被搓上些盐的人生之路，又走去了一大截。五味杂陈，啥感觉都混在一起，真是说也说不清楚，讲也讲不明白，就剩下俩字儿——傻乐。

不过，傻乐的法子也多种多样，各不相同。

我的人生从来就很单调，还很无聊，实际上除了读书，还是读书。当然，读书读久了，又有写书。小时候要帮妈妈做很多家务，想读书，没那么充裕的时间。离开家独立生活，时间都是自己的了，就捧着书撒欢儿读。不知不觉，几十年，就这么暗暗地读着书度过了。

这带着惯性，也生出了惰性。过年，仍然什么别的事儿都不会去做，只是一味想读书。不同的，只是平日里读书大多都有研究的目的和需要，读书总是同写书相联系，而现在一年忙到头了，即使不间断地读书，也该换个法儿来调剂调剂，总不能一辈子就一个节奏迈正步——这就是改读书为翻书，像清风乱翻书一样随意翻书，翻到哪篇儿是哪篇儿。

乱翻书并不等于胡看乱看没想法。相反，没有既定目标的约束、松弛的心态有时更容易引发一些平时不易生成的思索，从而形成某种独特的认识。翻得多了，新的认识也会随之增多。

今天，我随手摸到的书是《史记》，一翻就想到了一些同"过年"有关的事儿，也很愿意把自己的想法和大家分享——大家不都是在过年吗，我这些想法也许能让大家把这个年过得更明白一些，也更有意思一些。

《史记》是中国历史上第一部纪传体通史，不仅贯穿古今，还联结天人。司马迁"究天人之际，通古今之变"的著述宗旨，已清楚昭告这一点。

太史公讲的这个"天"是什么，后人的理解并不十分清楚。若是换个说法来讲，可以说是越来越玄虚，越来越不着边际。为什么呢？我们头顶上的这个"大天"真的那么难懂吗？其实道理很简单，天底下任何抽象的概念都产生于非常具体的事实，天顶上的情况也别无二致，没有眼前的"象"，"抽象"你从哪儿往外"抽"？

那么，这虚空的"天"赖以产生的基础是什么？很简单，是天象，也可以说是天文，更具体一些，还可以指实为日月星辰。这是因为日月星辰都有光有亮，例如，太阳照耀着大地，这些天象都举目可见。不过肉眼可见并不等于人们就一定会瞪

巴黎国立博物馆藏敦煌写本《史记·伯夷列传》残卷
（据水泽利忠《史记会注考证校补》）

太史公笔下的新年都是怎样的年?

着眼睛看。起初,也许是这样,但那个"人人皆知天文"的三代盛世早已一去不复返,班固在东汉前期已经发出"非天下之至材,其孰与焉"的感叹(《汉书·艺文志》。案,其实班固自己就不大懂),所以才会出现"后世文人学士,有问之而茫然不知者矣"的情况(清顾炎武《日知录》卷三〇"天文"条),其实现在普遍都是这样,绝大多数大学文化程度以上的中国人连上弦月和下弦月都看不明白。

这些所谓"文人学士"既看不懂天象,也理不清天文,自然也就会把天看得越来越空,把天讲得也越来越玄。

太史公司马迁出身于天文世家,所以才能在《史记》中写出《天官书》和《历书》(案,班固就不大懂了,所以写《汉书》的时候,抄袭《史记》,看不懂就胡乱改)——前者重点记述的是天文,后者重点记述的是历法,但实际上二者紧密相连,在很多方面甚至密不可分,所以不管我们从哪一方面着眼,深入地阅读和理解,都需要"左顾右盼",对这两篇书"等量齐观"。

由于不懂天象且不晓天文,后世学者在阅读《太史公书》时,大多不能清楚理解《天官书》和《历书》中很多具体的内容,古人过年都过的是怎样的年,就是问题之一。

谈到过年的年,我们就先来说说眼下正要过的这个"大年"。晚近的十几年以来,又被一些人称作"中国年",还歌之乐之,吹拉弹唱,满世界热热闹闹地表演。可要是认真追究,这一称谓是与政府的规定相违背的。按照法定的规矩,这个日子的正式称谓根本不是什么"年",它只是一个"节",名称大家都知道——这就是"春节"。

政府在国家制度层面取消"中国年",让这个"年"不再是个"年",几乎是与民国肇建相并行的历史事件。放眼漫长的中国历史,这是很晚很近的事情,晚得即使算不上"当代"史事,也是地地道道的"现代"史事。为什么?就是孙中山讲的那几句大白话:"世界潮流,浩浩荡荡,顺之则昌,逆之则亡。"中华民国的国体叫"共和",孙中山等先贤颠覆大清,肇建共和,为的就是顺应这个世界潮流,改一家一姓之朝廷为万民做主的天下,这也就是孙氏所说"人民来做皇帝"的"民权"政府。西洋人标准的称谓,管这个叫"民主"。

国体已经跟着民主的潮流变了,百姓的日子也就不能再照着过去的样子过,而日子是通过日历(也就是历法历书)来量度、来体现的,其中最核心的内容就是"年"的过法——中华民国一建立,就宣布废除此前沿用的历法,改行西洋的历制,即采用罗马教廷制定的所谓"格里高利历"。

人们"过年"过的到底是什么,其实就是一年开头那一天。进入这一天,就标志着开始了全新的一年,所以古人把这一天称作"元旦"。为什么?"元"的本义是脑袋,就是"首";"旦"的本义是早晨。"一日之计在于晨",人们每一天的活动都是从早晨开始的,因而"旦"字也就代表了这一天。把这两个字儿凑到一起,表述的便是新年的第一天。如此而已,清清楚楚,明明白白。

太史公笔下的新年都是怎样的年?

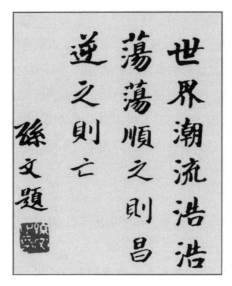

孙中山先生题词

过去有皇帝的时候,是由朝廷的钦天监来颁行黄历,人们过的自然是所谓"中国年",正月初一就是"元旦",这也是实实在在的"大年"。到了中华民国,这个"元旦"改到了新历书的一月一日,"年"也就随之改到了这一天。相对于前朝以至前前朝的"中国年",这个"年"产生的晚,所以,往往又被称作"新年"。

中国共产党推翻了国民党反动政府,依然顺从浩浩荡荡的世界潮流,继续过这个"新年",于是,这个始自孙中山的"新年"就成了中华人民共和国法定的"年"。不过既然把这个堂堂正正的法定之"年"称作"新年",也就意味着原来那个旧有的"年"魂魄未散,还有很多人想要接着过。人民群众还是按照老规矩,欢天喜地地过"旧年"。不信你站在上海滩上问问那些南来北往的中国人,有谁会把一月一日当"年"看?

世界太大,情况很复杂,包括历法在内的很多事儿,一下子都不大容易叙说清楚。不过中国旧有的历法和民国时起采用的西洋历法,二者的性质和差异都十分明显,这是一清二楚用不着多事论证的事儿。相对而言,人们把中国旧有的历法称作"阴历",而把从西洋引进的新历法称作"阳历"。与之相应,中国旧有的"年",便被称作"阴历年";伴随着西洋历法而生的这个"年",就被称作"阳历年"。

所谓"阳历",是因为它以太阳视运动的一个周期作为一年。"阳历"的"阳",指的就是"太阳"。那么"阴历"呢?"太阳"是天上的日头,相对地,月亮便被称作"太阴"。所谓"阴历"并不是基于月亮环绕地球运转的一个周期,而是积累若干个这样的周期作为一年。在中国传统的历法中,这个"年"的长度或者是十二个这样的周期(平年),也就是十二个月;或者是十三个这样的周期,也就是十三个月(闰年)。

这样的说明,看起来似乎很简单,可实际上却非常重要。明白这个基本的原理,再去阅读《史记》相关的记载,就不难发现,其实在中国古代,本来就有和西方的"阳历年"性质完全一致的"年",还不止一种。

相关内容,见于《史记·天官书》的记载:

太史公笔下的新年都是怎样的年?

> 凡候岁美恶,谨候岁始。岁始或冬至日,产气始萌。腊明日,人众卒岁,一会饮食,发阳气,故曰初岁。正月旦,王者岁首;立春日,四时之卒始也。四始者,候之日。

上面这些记述实际上相当简单,但对那些同天文历法知识还很隔膜的人来说,需要多花费一些笔墨,慢慢解说。在这里,只是先说明一下,上述引文中"四时之卒始也"的"卒"字,今中华书局印本的点校者因不懂天文历法的原理竟妄自将其删去,谬误殊甚。又《汉书·艺文志》诸子略阴阳家下著录有"公梼生终始十四篇""邹子终始五十六篇",因《汉书·艺文志》明言阴阳家以四时节次为天下纲纪,此等"终始"之说,盖即"卒始"之义也。

首先是"候岁美恶"的"岁"字,在古代本有两重含义。泛义的,是指任意一种年,即"岁"就是"年","年"也可以称作"岁"。像"年年岁岁花相似,岁岁年年人不同"这样的诗句,就是这样的用法。狭义的,是指太阳年,也就是前面提到的阳历年。如前所说,其本质性特征是以太阳视运动的一个周期,也就是地球公转的一个周期作为一年,这也就是狭义讲的"一岁"。司马迁在《史记·天官书》这段话中讲的,是前一重泛义的语义。

"候岁美恶,谨候岁始",是预测一年境况的好坏,要在这一年开始的时候恭谨地去做占视。一年开始的时候当然就是这一年第一天,行话叫"岁首"。那么,什么是一年开始的

《史记》新发现

《中华再造善本》丛书影印国家图书馆藏宋孝宗乾道七年
蔡梦弼东塾刻二家注本《史记·天官书》

时候，也就是所谓"岁首"是在什么时候呢？对于绝大多数中国人来说，甚至对于绝大多数中国古代史研究者来说，一定会觉得这话问得实在有些傻。一年开始的时候，不就是前面刚刚讲到的阴历正月初一过的那个"大年"吗？这还有什么好说的！

可情况还真的就不那么简单，在《史记·天官书》中，司马迁一下子就讲了四种岁首。他是按照先后顺序，从前往后数的。

第一个岁首是"冬至"。司马迁用"产气始萌"，也就是生气萌发来描述这一天的象征意义。

第二个岁首"腊明日"，是指腊日的下一天。腊日与其他三个岁首相比，有一个很大的特点，就是它的日期同所谓"伏日"一样并不固定（《艺文类聚》卷五《岁时》下引应劭《风俗通义》），既不固定于某个月中一个特定的日子，也不固定于太阳视运动轨迹中的某个特定的点。它被选定在冬至后某一地支所值之日，而这一地支到底是在哪一个地支，也是因人因时甚至可能还会因地而异，经常变换。

关于早期的情况，目前所知，东汉学者许慎在《说文解字》里解释"腊"字说："冬至后三戌，腊祭百神。"这显然就是我们谈论的腊日。许慎所说的"冬至后三戌"，就是冬至以后的第三个戌日。《汉书·元后传》载王莽篡汉后，元帝王皇后对此极为愤恨，王莽"知太后怨恨，求所以媚太后无不为，然愈不说。莽更汉家黑貂，着黄貂，又改汉正朔伏腊日。太后令其官属黑貂,至汉家正腊日,独与其左右相对饮酒食"。这个故事说明王莽新朝的腊日同汉朝刘家人的腊日是完全不同的,而许慎身为汉臣,这里讲的应该是汉家的腊日。

许慎说腊日要祭祀百神,司马迁则说,腊之明日会因"人众卒岁"而"一会饮食",并且是以"腊明日"为一年开始的"初岁"之日,这些都显示腊日和腊明日既是一个遍祀诸神的祭酹之日,也是一个大众狂欢的节日。所以,我颇疑祭神仪式是安排在腊日之夜,祭祀结束之后,庶民百姓即于其明日之晨聚餐欢庆。

第三个岁首"正月旦"就是正月初一。这才是现今大家熟知的那个"中国年"。

第四个岁首为立春之日。司马迁讲,这一天的天文历法意义为"四时之始"。所谓"四时"是指春、夏、秋、冬四时。在严格意义上讲,这春、夏、秋、冬四时同春、夏、秋、冬四季是完全不同的概念。

若是相对于刚刚过去的一年,司马迁讲到的这四种岁首也就是四种"新年"。如果仅仅是"年"多了一些,有些朋友或许还不会感到太过诧异,因为古今相通,过年就意味着欢庆,意味着吃吃喝喝,而这类朋友应当都对司马迁生活的西汉时期的社会生活多少有些了解——西汉人的生活像堕落时期的罗马人一样,快乐地享受,放纵地享受,无拘无束(至少那些有条件的皇家贵族和高官显宦都是如此),多设置几个寻欢作乐的"年"来过,是情理之中的事情。

太史公笔下的新年都是怎样的年?

《中华再造善本》丛书影印国家图书馆藏宋刻元修本《说文解字》

可稍微仔细一想，大多数人就不能不为之惊诧不已了——在这四种"新年"当中，除了"正月旦"之外，那三个年都是地地道道的阳历年！

换个角度表述前面讲过的阴历年同阳历年的区别，可以说前者是积月为年，后者则打破自然月份的完整性，太阳视运动的一个周期就是一年。需要特别强调的是，这里讲的自然月份是指月亮环绕地球公转的一个周期，在实际操作过程中，通常是指月亮圆缺变化，也就是所谓"月相"变化的一个完整周期。若用学术术语来讲，它也就是所谓"朔望月"。

以这样的特性来判别，不难发现，冬至是太阳视运动，亦即地球公转过程中一个转折性的节点，即地球南行至南回归线而折返北上的时点。腊日或腊明日虽不能固定在太阳视运动轨迹某一具体的位置上并周而复始地循环，但它所锚定的冬至却是固定不变的，不管是被选在冬至日后哪一个地支日，其变化的幅度也都相当有限，所以本质上还是太阳视运动轨迹上一个特定的点。至于立春，它同太阳视运动轨迹之间的固定对应关系，就更加明显了。附带说一下，立春是二十四气（也就是世俗所称"二十四节气"）中的一气，而这二十四气都是太阳视运动轨迹上具体的点（说详拙著《话说二十四节气》，收入拙著《辛德勇读书随笔集》之《天文与历法》分册）。

太阳视运动轨迹是一个封闭的圆圈，不管是在哪里截开形成的线段，都可以构成一个标准的太阳年，这也就是所谓"阳历年"（说详拙著《说岁释钺谈天道——由浙江博物馆展出的青铜钺讲起》,收入拙著《天文与历法》)。

具体地讲,在上述三个阳历"新年"中,冬至日的天文节点意义最强,最突出,因而也最神圣。所以帝王们选在这一天祀天于南郊,成为一项具有悠久历史的传统(《周礼·春官宗伯·大司乐》,又《史记·封禅书》)。相比之下,腊日或腊明日在社会层级方面的地位和作用,正好与之相反,不管是所祀的神,还是参与祭祀和欢庆的人,都显示出很强的庶民特征,下里巴人的气息相当浓郁。

从我们目前所知历史文献的记载来看,在这三个阳历"新年"中,最具有普遍通行历法意义的一种,是剩下来的那个立春之日。

在传世文献中,从《夏小正》开始,经《吕氏春秋》之"十二纪",《礼记·月令》,到《淮南子·天文》,载述的都是太阳年或称阳历年。相应地,其所记月份也是同月相变化周期毫无关系的时间段,只是其时间长度与一个朔望月的天数大致相近而已。特别需要强调指出的是,在这种太阳年中是绝对不能插入所谓闰月的。这一点,过去普通的文史研究者往往缺乏清楚的认识,至少基本上没有什么人做过相关的表述。

最近清华大学公布的战国竹书《四寺》(案,篇题取自竹书内文。整理者拟题此篇为《四时》,但"四时"二字非竹书原文所有,且不能很好地体现原书的内在旨意,故敝人改题如此),载录的也是这种太阳年,而且内容相当丰富,展现了很多过去无以知晓的中国古代太阳历的细节。《四寺》和《吕氏春秋》"十二纪"等都——开列了太阳年中四时十二月的具体情况。从中可以看出，其一岁开始的时点，都是在立春这一天。

这种上古的太阳年历法，在民间命相学中一直传承未断。现在一般人论某人的属相，或者是以干支纪年，都是以所谓"中国年"的始末来区分。譬如，前面的庚子年或称鼠年，是终结于大年三十，而接下来的辛丑年或称牛年，当是启始于正月初一。然而在命相学家眼里，这前后两年交接的时间点，却应该是在公历2月3日立春那一天。

你要是充分了解上面讲述的这些天文历法知识就会理解，表面看来似乎是荒诞不经的算命先生所依据的那种阳历年，其实比很多人狂热追捧的"中国年"要科学得多，也合理得多。因为，不管什么样的"年"，其最核心的本质是太阳视运动一个完整周期所经历的时间。从天文历法的科学意义上讲，哪个"年"跟这个周期接近，而且便于周而复始地安排工作和生活，哪个"年"就是个"好年"，反之就是个不该过或可过可不过的"坏年"。

好好的人，谁会愿意过这种"坏年"呢？司马迁说，这样的人为"王者"，也就是那些统治平民百姓、欺负平民百姓和剥削平民百姓的反动统治者，至少当时是这么个情况。《春秋》开篇记述的"元年春王正月"这几个字，就与这种历法制度具有内在的关联。"元年"虽说是鲁隐公即位后的第一年，可接

太史公笔下的新年都是怎样的年?

下来的"王正月"三字,指的便是周天子这个"王者"之年的正月。言外之意,它不是《吕氏春秋》"十二纪"中那种太阳年的正月。历代经学家对这"王正月"三字曾喋喋不休地大做文章,微言大义,讲得煞有介事,头头是道,依我来看,多未必中其肯綮。

这种过去很坏的"中国年",对当时的反动统治者而言,却是颇有便利之处的。原因在于,它的月份同月亮的朔望周期是严格对应的,看看黄历上的初一、十五,就知道天上有没有月亮,小民们要是夜里谋反,镇压起来就会便利很多。

不过天下事儿总是有利也就有弊。这种"中国年",由于要参照月亮朔望变化的周期,就不得不牺牲了"年"的合理性:十二个月平年的话,比真正的太阳年要短那么十多天;多插入一个闰月吧,又长出来将近二十天。不是短,就是长,根本就不是个像样的"年"。

需要指出的是,前文提到的《春秋》起首文句"元年春王正月"中的"春"字,严格地说,乃是春、夏、秋、冬四季的"春"。这春、夏、秋、冬四季同春、夏、秋、冬四时的区别,春、夏、秋、冬四季是对带闰月的"中国年"的季节划分,因为有闰月,便同天文节点失去固定的联系;而春、夏、秋、冬四时则是对一个太阳年的四等分,它同特定的天文节点存在固定的联系。

譬如,四时开始的时间,分别为立春、立夏、立秋和立冬这"四立"。从这个意义上讲,《公羊传》谓"春者何?岁之

清道光四年扬州汪氏问礼堂仿宋刻本汉何休
《春秋公羊经传解诂》
（据拙著《学人书影初集》）

始也",所说并不准确。盖《春秋》纪年用的是王者之年,因而这个"春"乃四季之春,而不是四时之"春",似是而非也。与春、夏、秋、冬四时配套的必然是阳历年,同春、夏、秋、冬四季匹配的则只能是阴历年,而只有四时才能"考寒暑生杀之实",因为它同"分至之节"是严格对应的(《汉书·艺文志》)。

在公历 2 月 12 日过的这个"春节",是四季中春季首月正月的第一天,即《史记·天官书》所说"正月旦",是春季首日之节;而与此相对应的四时中春时首月,亦即孟春之月的第一天,乃是立春之日,它在公历 2 月 3 日,我们在"过年"之前早就过完了这个"四时之卒始"的日子。

了解到这些历史事实,大家就会明白,我们顺着孙中山先生指明的世界潮流,正儿八经地过"洋年",非但同这个国家传统的文化没有冲突,而且还上承着一个更为久远的历史传统,实际上正是发扬光大这块土地上自古以来就有的优秀文化。

司马迁的老爹,也就是老太史公司马谈在论述当时的学术源流时,将其归纳为"六家"学派,起首的是所谓"阴阳家",班固《汉书·艺文志》称"敬顺昊天,历象日月星辰,敬授民时,此其所长也"。司马谈阐释"阴阳家"的宗旨说:

> 夫阴阳,四时、八位、十二度、二十四节各有教令,顺之者昌,逆之者不死则亡。未必然也,故曰"使人拘而多畏"。

> 夫春生夏长，秋收冬藏，次天道之大经也。弗顺则无以为天下纲纪,故曰"四时之大顺,不可失也"。(《史记·太史公自序》)

简而言之，所谓"四时、八位、十二度、二十四节"，是对太阳视运动一个完整周期的四分（四立）、八分（四立加二分二至）、十二分（十二节，亦即十二次）、二十四分（二十四气）。一句话，讲的就是一个太阳年，亦即阳历年的周期。这个阳历年的周期就是"天道之大经也，弗顺则无以为天下纲纪"，故曰"顺之者昌，逆之者不死则亡"。看到老太史公讲的这些话，我想大家都能够豁然开朗——孙中山攘臂高呼"世界潮流，浩浩荡荡，顺之则昌，逆之则亡"，同契合"天道"的"阳历"本来就是密不可分的。

2021年2月7日晚记

天老爷的"五官"长得是什么样？

现代医学的科目中有个"五官科"，"五官"指的是眼、耳、口、鼻、喉这五种器官。这五种器官有个共同之处，就是都长在头上。而古人谈到人的身体时所说的"五官"与此稍有不同，喉咙因为藏得深，通常看不到（所以西方才会有"深喉"一说），所以不能算。翻检古书，可以看到，过去较早占据这个位置的，是"形态"这个词语，即古人是把耳、目、鼻、口、形态合称为"五官"（《荀子·天论》）。

看过《金瓶梅》的，或许有人还会记得，当年西门大官人让吴神仙给春梅看相，兰陵笑笑生做如下一番描述：

神仙睁眼儿见了春梅，年约不上二九，头戴银丝云髻儿，白线挑衫儿，桃红裙子，蓝纱比甲儿，缠手缚脚，出来道了万福。神仙观看良久，相道："此位小姐五官端正，骨格清奇。发细眉浓，禀性要强。神急眼圆，为人急燥。山根不断，必得贵夫而生子；两额朝拱，位（主）早年必戴珠冠。行步若飞仙，声响神清，必益夫而得禄，三九定然封赠。但吃了这左眼大，早年克父；右眼小，周岁克娘。左口角下这一点黑痣，主常沾啾唧之灾；右腮一点黑痣，一生受夫爱敬。"

　　天庭端正五官平　口若涂朱行步轻
　　仓库丰盈财禄厚　一生常得贵人怜

　　神仙相毕，众妇女皆咬指以为神相。(《金瓶梅词话》第二十九回《吴神仙冰鉴定终身潘金莲兰汤邀午战》)

吴神仙所谓"五官端正"的评语，都落实在春梅的脸上。依据这一通文字，把"五官端正"理解为颜面姣好，应该不会有什么大错。这春梅的颜面长得再好，再有福相，也不过是区区清河县里一个生药铺老板的通房丫头而已。

出乎常人意料之外的是，在战国时人荀子的笔下，竟把这尘世凡人的"五官"同上天直接联系到了一起：

　　天行有常，不为尧存，不为桀亡。应之以治则吉，应之以乱则凶。强本而节用，则天不能贫；养备而动时，则天不能病；修道而不贰，则天不能祸。故水旱不能使之饥渴，寒暑不能使之疾，妖怪不能使之凶。本荒而用侈，则天不能使之富；养略而动罕，则天不能使之全；倍道而妄行，则天不能使之吉。故水旱未至而饥，寒暑未薄而疾，祅怪未至而凶。

天老爷的"五官"长得是什么样？

年約不上二九，頭戴銀絲雲髻兒，白綫挑衫兒，桃紅裙子，藍紗比甲兒，纒手縛脚出來，道了萬福。神仙觀看良久，相道此位小姐五官端正，骨格清奇，髮細眉濃，禀性要強，神急眼圓，為人悲燥，山根不斷，必得貴夫而生子，兩頷朝拱位，早年必戴珠冠，行步若飛，仙聲响神清，必益夫而得祿，三九定然封贈，但乞了這左眼大，早年尅父，右眼小，周歲尅娘，左口角下只一點黑痣，常沾啾唧之災，右腮一點黑痣，一生受夫受敬。

天庭端正五官平　　口若塗硃行步輕
倉庫豐盈財祿厚　　一生常得貴人憐

神仙相畢，衆婦女皆咬指，以為神相。西門慶封白銀五兩與神仙，又賞守備府來人銀五錢，令拜帖回謝吳神仙。再三辭却，說

日本大安株式会社影印明万历本《金瓶梅词话》

受时与治世同，而殃祸与治世异，不可以怨天，其道然也。故明于天人之分，则可谓至人矣。不为而成，不求而得，夫是之谓天职。如是者，虽深，其人不加虑焉；虽大，不加能焉；虽精，不加察焉：夫是之谓不与天争职。天有其时，地有其财，人有其治，夫是之谓能参。舍其所以参而愿其所参，则惑矣。列星随旋，日月递照，四时代御，阴阳大化，风雨博施，万物各得其和以生，各得其养以成，不见其事而见其功，夫是之谓神。皆知其所以成，莫知其无形，夫是之谓天。唯圣人为不求知天。天职既立，天功既成，形具而神生，好恶、喜怒、哀乐藏焉，夫是之谓天情。耳目鼻口形能（态），各有接而不相能也，夫是之谓天官。心居中虚以治五官，夫是之谓天君（《荀子·天论》）。

不惮其烦引述了这么长一段内容，是想让读者理解，荀子讲述的顺天应时的道理。这里所说"五官"，也就是耳、目、鼻、口、形能（态）五者，分明长在世人身上，却被荀子称为"天官"，明里是要阐释天任其职、天成其功的语义，暗里则是在以上天"五官"来比附人身肉长的"五官"，而这当然要以苍天之上固有"五官"的存在为前提。

那么，这个苍天之上的"五官"到底长得是什么样呢？不大了解中国古代天文历法知识的朋友，乍听这话，可能会觉得有些怪异：难道我们头顶上这片天空，真的像俗话讲的那样是个青天大老爷？要不怎么会脸有"五官"？

天老爷的"五官"长得是什么样?

这事儿,本来很简单,翻看司马迁写的《史记》稍微看一看,就一目了然,用不着再做什么解释——哪怕看不懂这天老爷的"五官"指的到底是什么,也很容易知道他老人家确实"五官"俱全,一样都没有少。

不过这事儿要说复杂,也还真不那么简单,需要慢慢从头道来。

稍习《史记》的朋友都知道,司马迁创制的这种纪传体正史,除了"本纪"和"列传"这两项主体内容亦即最基本的构件之外,还列有"世家""表"和"书"三种构件。其中的"书",《汉书》以下的正史通常改作"志",用以载述各项"典章制度",其中包含天文内容。

《史记》这篇"书",名为《天官书》。到班固撰著《汉书》时,把篇名改为《天文志》(实际撰著《天文志》的,是班固的同乡马续)。《汉书》这样做的结果,不仅直接造成"天文"一语的普遍流行和"天官"之称隐没不显,还在书中湮灭了堂堂"天官"的面目。

《汉书·天文志》一开头,把全天恒星分归五大区域,举凡"经星常宿中外官凡百一十八名,积数七百八十三星",一一加以叙述。这五大天区,分别名之曰中宫、东宫、南宫、西宫和北宫。"宫"字的本义,乃指房屋、处所,"五宫"意即五大空域。五宫之名,看起来好像很合乎情理。

然而,《汉书·天文志》这些内容,原本是从《史记·天官书》里挪用过来的。核诸《史记》原本,可知实际情况并不

百衲本《二十四史》影印所谓"景祐本"《汉书》

那么简单。

《汉书·天文志》在展开全篇的主体内容之前,先列有这样一段"小序":

> 凡天文在图籍昭昭可知者,经星常宿中外官凡百一十八名,积数七百八十三星,皆有州国官宫物类之象。其伏见蚤晚,邪正存亡,虚实阔狭,及五星所行,合散犯守,陵历斗食,彗孛飞流,日月薄食,晕适背穴,抱珥虹蜺,迅雷风祅,怪云变气:此皆阴阳之精,其本在地,而上发于天者也。政失于此,则变见于彼,犹景之象形,乡之应声,

48

天老爷的"五官"长得是什么样?

> 是以明君睹之而寤,饬身正事,思其咎谢,则祸除而福至,自然之符也。

接下来,才从中宫开始,依次叙及东宫、南宫、西宫、北宫各个宫区内的一组组恒星,这样的叙述似乎很自然,但若是回归《太史公书》原本,其叙事逻辑就显得很不通顺了。

今本《史记》虽然也是依次讲述中宫、东宫、南宫、西宫和北宫五大空域的一组组恒星,可是,书中并没有上列《汉书·天文志》"小序"的内容,《天官书》一开篇,即为"中宫"云云,这中、东、南、西、北诸宫的叙述,直接同篇名"天官"相衔接,即先以上苍之"官"为篇名,接之以天庭诸"宫",所谓前后抵牾,首尾横决,怎么看,怎么也对不上茬口。

那么,《天官书》这个篇名会不会有什么讹误,也就是说它的本名会不会叫作《天宫书》呢?

试看《史记·太史公自序》,司马迁在讲述本篇撰著宗旨时,谓之曰:"星气之书,多杂祥,不经;推其文,考其应,不殊。比集论其行事,验于轨度以次,作《天官书》第五。"《汉书·司马迁传》对《史记》篇目的记述,同样如此。汉成帝时,东平王刘宇曾上疏朝廷,索求诸子及《太史公书》,大将军王凤谓:"《太史公书》有战国从横权谲之谋,汉兴之初谋臣奇策,天官灾异,地形阨塞,皆不宜在诸侯王"(《汉书·宣元六王传》),其"天官灾异"一语中的"天官",就应该即

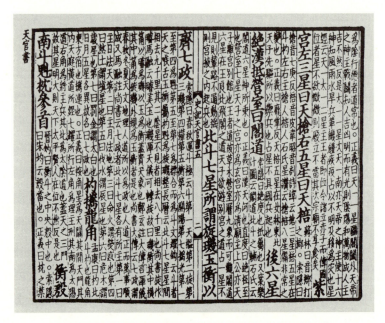

百衲本《二十四史》影印南宋建安黄善夫书坊刻三家注本《史记》

《天官书》而言。当时《太史公书》尚秘藏禁中，王凤所言依据的自是司马迁原本。由此可见，《天官书》这一篇名并没有什么讹误，这就是太史公本人写定的样子。

再来看唐人司马贞和张守节对《天官书》篇名的解释，直接把"天官"之语老天的"五官"联系到了一起。司马贞语曰：

案：天文有五官。官者，星官也。星座有尊卑，若人之官曹列位，故曰天官（《史记·天官书》之《索隐》）。

天老爷的"五官"长得是什么样？

这话是什么意思？所谓"天文"，直译其文，便是上天的纹样，实际上是指日月星辰各等天体在苍空中的布列状况，因而"天文有五官"，也就是说，星体的分布状况可以大致分为"五官"。那么，"天官"的"官"，也就是"天文"之"五官"的"官"，指的又是什么呢？司马贞解释说，就是"星官"，也就是"星座"。这下大家明白了吧？现代汉语里大家常听常讲的"星座"是这么来的。"星座"通常是由一组相互毗邻的恒星构成的，它相当于官老爷屁股底下的座位，随着官位的高低而有序列差异。正因为如此，人们才会把星座称为"天官"。

道理，就这么简单。关键是"天文有五官"这句话，应当是承上启下"破题"的话，意即篇题下面讲述的具体内容，分属于这天文"五官"之下，"天官"者，即此天文"五官"是也。清人张文虎据此判断，"小司马所见《史》本中、东、西、南、北并作'官'字，尚未误也"，也就是说司马贞读到的《史记》，并没有像今本那样把天空分成中宫、东宫、南宫、西宫和北宫"五宫"，而是书作中、东、南、西、北"五官"（张文虎《校刊史记集解索隐正义札记》卷三）。

紧继司马贞之后，唐人张守节在《史记正义》中对《天官书》这一篇名疏解说：

> 张衡云："文曜丽乎天，其动者有七：日、月、五星是也。日者，阳精之宗；月者，阴精之宗；五星，五行之精。众星列布，体生于地，精成于天，列居错峙，各有所属。在野象物，

> 在朝象官，在人象事。其以神著有五列焉，是有三十五名：一居中央，谓之北斗；四布于方，各七，为二十八舍。日月运行，历示吉凶；五纬躔次，用告祸福。"（《史记·天官书》之《正义》）

上面引文末尾"五纬躔次，用告祸福"这两句话，依据清乾隆年间刊印的武英殿本增补，现在通行的中华书局点校本并没有这八个字（相应地，在"历示吉凶"句末附有一虚词"也"字）。

一方面，从文献学本身来看，清武英殿本《史记》补入"五纬躔次，用告祸福"这两句话，是因为这段话出自《晋书·天文志》（案，据《晋书·天文志》，知此语出自张衡的《灵宪》），而《晋书·天文志》尚另有"五纬躔次，用告祸福"那八个字。引述前人成说，不拘古今，本当但取所需，无须一一照录全文。显而易见，校勘殿本的史臣，以为不添补上这两句话则文义不足，不足以清楚说明张守节本来想要说明的问题。

另一方面，清廷史臣能这样做，会这样做，还有一个不言自明的版本目录学基础——这就是张守节的《史记正义》原书久已佚失不存，现在主要是依靠三家注本《史记》存其大致面目。当三家古注合附于《太史公书》之际，刊刻者对《史记正义》删削颇多，像"五纬躔次，用告祸福"这两句话，有可能是在这个时候被误删掉的。因此，清廷史臣把这两句话补上，可以说是合情合理的。

阅读《史记正义》这段内容，我们需要了解张守节《史记正义》同司马贞《史记索隐》之间的关系。张守节《史记正义》同刘宋裴骃的《史记集解》以及司马贞的《史记索隐》，合称"《史记》三家注"。简单地说，从刘宋裴骃的《史记集解》到唐人司马贞的《史记索隐》，再到张守节的《史记正义》，是一个逐层递进的关系，即《史记索隐》在注解《史记》正文的同时，还兼释《史记集解》的内容，或者说是在《史记集解》的基础上进一步有所阐发，而《史记正义》则在注解《史记》正文的同时，还兼释《史记集解》和《史记索隐》的内容，或者说是在《史记集解》和《史记索隐》两书的基础上进一步有所阐发。

关于这一问题，前者，亦即《史记索隐》同《史记集解》的关系，读《太史公书》的人，大多只要稍加留意就很容易知晓；而后者则隐微不显。清乾隆时人邵晋涵在《南江书录》之"史记正义"条中已经清楚指明这一点，谓张守节撰著《史记正义》，"能通裴骃之训辞，折司马贞之同异，题曰'正义'，殆欲与《五经正义》并传矣"。

令人遗憾的是，邵晋涵的看法并未引起世人注意。如近人朱东润先生仍以为张守节在撰著《史记正义》时并未见及《史记索隐》，更不存在疏释《史记索隐》的问题（详朱氏《史记考索》之《张守节〈史记正义〉说例》）。直到近人程金造先生列举很有说服力的证据，翔实阐释，始论定《史记正义》的释义往往是针对《史记索隐》而发，即张氏同时疏释裴骃《史记集解》和司马贞《史记索隐》（说见程氏《史记正义与史记索隐关系证》一文，收入作者文集《史记管窥》）。另外，顾颉刚先生在阅读《史记》时，也注意到张守节《史记正义》中专门疏释司马贞《史记索隐》的一些例证（说见《顾颉刚读书笔记》之《缓斋杂记》四）。

明白了《史记正义》同《史记索隐》之间的内在联系，再来审度上引《史记正义》的文义，也就很容易理解，张守节引述张衡所说"五星""五行""五列"以及所谓"在朝象官"云云，都是在直接疏释司马贞在《史记索隐》中提到的"五官"。

至于清廷官刻武英殿本补入"五纬躔次，用告祸福"这两句话的意义，读到司马迁在《史记·天官书》末尾写下的下面这段记述，才能清楚知晓。

> 余观史记，考行事，百年之中，五星无出而不反逆行，反逆行，尝盛大而变色；日月薄蚀，行南北有时：此其大度也。故紫官、房心、权衡、咸池、虚危列宿部星，此天之五官坐位也，为经，不移徙，大小有差，阔狭有常。水、火、金、木、填星，此五星者，天之五佐，为纬，见伏有时，所过行赢缩有度。

我们看《史记正义》引述的张衡《灵宪》，开头谈到"文曜丽乎天，其动者有七：日、月、五星是也。日者，阳精之宗；

天老爷的"五官"长得是什么样?

月者,阴精之宗;五星,五行之精",结尾处如通行的三家注本《史记》,但云"日月运行,历示吉凶"即结束其语,那么,"五星,五行之精"这句话便失去照应,文义呈现明显的缺失,所以武英殿本的增补当然十分合理。只有参照《史记·天官书》上述记载,我们才能理解"五纬躔次,用告祸福"这两句话中的"五纬",就是水、火、金、木、土五大行星(案,填星即土星)。被称作"五纬",是因为它们乃"天之五佐",所谓"五纬",是与紫宫、房心、权衡、咸池、虚危这"五经"相对而言的。

请大家注意,这"五经"只是天庭"五官"的"坐位"(座位),还不是同水、火、金、木、土这"五佐"之星直接对应的"五官"真身,而这"五官"真身同司马贞在《史记索隐》中讲到的"天文"之"五官"应该是同一回事。

这种情况向我们提示,张守节撰著《史记正义》时所依据的《太史公书》,应该同司马贞撰著《史记索隐》时依据的文本一样,都在《天官书》中把五大天区的名目书作中官、东官、南官、西官和北官,而不是今本《史记》的中宫、东宫、南宫、西宫和北宫。《史记正义》在注释"紫宫、房心、权衡、咸池、虚危列宿部星"一语时,谓其"五官列宿部内之星也",实际上已经清楚表明了这一点。

通观《史记·天官书》的记载,似乎不难看出,"紫宫、房心、权衡、咸池、虚危列宿部星,此天之五官坐位也"这段话,正是上承中官、东官、南官、西官和北官这"五官"星区而来，清人钱大昕就是如此看待这一记载：

> 中官天极星。此中官天极星及东宫苍龙、南宫朱鸟、西宫咸池、北官元武五"宫"字皆当作"官"。案下文云"紫宫、房心、权衡、咸池、虚危，此天之五官坐位也"，可证史公本文皆作"官"矣。（钱大昕《廿二史考异》卷三）

印证钱大昕这一判断的还有更为具体的版本依据，即《史记索隐》在《天官书》"中宫"语下引《春秋元命包》云"官之为言宣也，宣气立精为神桓"，钱大昕就此论述：

> 古文取音义相协，展转互训，以"宣"训"官"，音相近也。流俗本亦讹作"宫"，由于不知古音。下文"紫宫"下及引《元命包》"'宫'之言'中'也"，又可证小司马元本"中宫"作"中官"矣。（钱大昕《廿二史考异》卷三）

简单地说，只有《史记·天官书》原文是把星空分作中官、东官、南官、西官和北官这五大区域，司马贞才会做出"官之为言宣也"这样的训释。与此形成鲜明对比的是，小司马在训释"紫宫"之"宫"时却另行引述了《春秋元命包》"'宫'之言'中'也"的说法。两相对比，司马贞读到的《史记·天官书》，显然是记作中官、东官、南官、西官和北官，而不是现在我们看到的中宫、东宫、南宫、西宫和北宫。

天老爷的"五官"长得是什么样?

如上所述,张守节读到的《太史公书》理应同样如此。《史记·司马相如传》载《大人赋》有云"使五帝先导兮,反太一而后陵阳"。《史记正义》引《天官书》云:"中官。天极星,其一明者,太一常居也。"除了"中官"书作"中宫"之外,这些话同今本《史记·天官书》开头的几句话一模一样。这是张守节用本仍存古本旧貌的确证。

按照上文所做论述,特别是清人钱大昕的考订结果,今人校勘《史记》,理所当然地应把中宫、东宫、南宫、西宫和北宫更正为中官、东官、南官、西官和北官。实际上前后贯穿认认真真地通读过《史记》的学者,也能得出这样的认识,譬如清人林伯桐就是这样(见林氏《史汉蠡测》)。然而令人遗憾的是,中华书局点校本,不仅未能更正这一严重的谬误,而且连在校勘记中做个说明也没有。旧点校本是这样,近年印行的新点校本依然如此。

那么,这是为什么呢?是点校者以为钱大昕不懂天文而未能采纳他的见解吗?其实钱大昕乃是第一流的天文学史专家,这一考证受到后世学者的高度认同。

譬如,今中华书局点校本所依据的底本——同治金陵书局本,其校刊者张文虎即谓"钱说至确"。只是碍于《史记》"正文习非成是,各本相同",才"姑仍之"而已(张文虎《校刊史记集解索隐正义札记》卷三)。现在虽有个别研究古代天文历法的文史学者依然以"宫"为是,崇信今本《史记》的错误写法(如冯时《考古天文学》第六章第三节《古老的天官体系》），但比较权威的中国天文学史专家，如陈遵妫先生撰著的《中国天文学史》一书，虽然没有标明具体依据，但实际上是采纳钱大昕的意见，以"五官"分区来表述《史记·天官书》记述的星象（陈遵妫《中国天文学史》第三编第二章《〈天官书〉的五官》）。

在这种情况下，现在重新点校《史记》的学者，又有什么理由对钱大昕的观点完全置之不理呢？这是中国古代天文学史上的一个重大问题，绝非无足轻重的文字差异。

不管现在通行的《史记》怎么处理《天官书》的文字，弄清所谓中、东、南、西、北"五宫"本来应该写作"五官"，天老爷的"五官"也就展现在了我们的面前——这就是《史记·天官书》分作中官、东官、南官、西官和北官这五个空域——列举的那一组组恒星，也可以说是天老爷的"五官"就是由这一颗颗恒星连缀而成的一个个图形。

下面这五幅星图，是陈遵妫编绘的《史记·天官书》"五官"星图（见陈氏《中国天文学史》第三编第二章《〈天官书〉的五官》）。大家看一看，这也就是司马迁描摹的两千多年前天老爷的模样（案，陈氏此图适当参据了其他一些史料，故严格地讲，此图内容与《史记·天官书》的记载略有差异）。

我相信，看到这副模样的天老爷，绝大多数读者对它的尊容，感觉还是一片混沌，没有一个整体的印象，更看不到这诸多星象的内在联系。其实，上述"五官"星区的划分，本身就是基于对漫天星象内在关系的认识，也体现了星空的整体结构。

天老爷的"五官"长得是什么样？

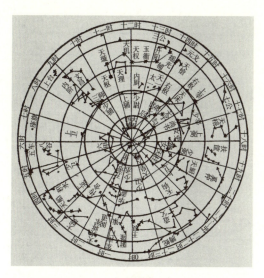

中官星图

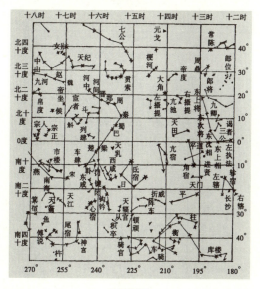

东官星图

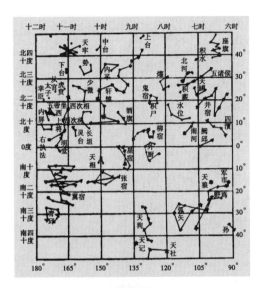

南官星图

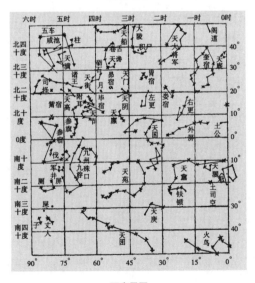

西官星图

天老爷的"五官"长得是什么样?

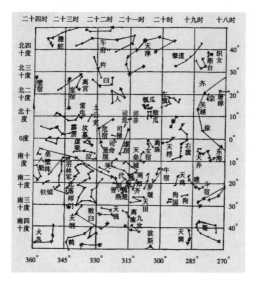

北官星图

上古时期,人们在夜晚仰望星空时,最容易感知的,是漫天星斗随着地球自转而发生的移徙。当然,人们也很容易发现,这漫天星斗是环绕着一个中心点转动的——对于生活在北半球的中华先民来说,这一点就是北极。

如果我们想象一下,把地球无限放大,就可以把天空想象为一个球体,这就是所谓"天球"。那么,北极可以说是"天轴"的北端,是一个点。在这个端点上,通常不会正赶上有一颗恒星。于是,人们便以北极点附近的一颗亮星作为北极的标志,这就是后世所谓"北极星",古人通常将其称作"北辰"。孔夫子说"为政以德,譬如北辰,居其所,而众星共(拱)

之"(《论语·为政》)。众星拱辰这个例子，生动而又简明地说明了北极星的独特之处，以及它在世人心目中的特殊地位。可以说，它也是天顶的标志。

由于所谓"岁差"的原因，天球的北极将近26000年会环绕所谓"黄极"移行一周，所以从古到今，北极星也随之发生变化。需要说明的是，在《史记·天官书》中并没有清楚记载当时的北极星是指哪一颗星。

《天官书》记云："中官。天极星。其一明者，太一常居也。"这里所说"太一"，指的应是天球北极点，而不是标志北极点的北极星。《开元占经》引《黄帝占》曰："北极者，一名天极，一名北辰。"（唐瞿昙悉达《开元占经》卷六七《石氏中官》）如上所述，狭义地讲，北辰指的是北极星，同北极的概念有所差异，但浑而言之，也可以用"北辰"来表述北极的概念，故此说大体不谬。从而可知，《天官书》所记"天极星"应该是位于北极区域的一个星座（或谓之曰星官），故太一（亦即北极）会"常居"于这个星座中那一颗最亮的恒星，也就是以此恒星作为北极的标志。

《史记索隐》引《春秋合诚图》曰："北辰，其星五。"《晋书·天文志》和《隋书·天文志》也都记载说："北极五星。"参据《开元占经》引《黄帝占》的说法，这个"北辰"或"北极"，指的应该就是《史记·天官书》所说的"天极星"。据此，北辰、北极或天极这个星座，应由五颗恒星组成，而其"第二星主日，帝王也"（《晋书·天文志》《隋书·天文志》）。

后世学者一般把这颗星称作"帝星"。参照《史记·天官书》"斗为帝车"（意即帝星乘坐在北斗之中）的说法，可知这样的称谓是合情合理的，这颗星被称作"帝星"，是因为它就是司马迁写《史记》那个年代的北极星，是众星所拱的北辰。

了解到这一点之后，大家再来翻看《史记·天官书》，就应该很容易理解，其"中官"这个涵盖很大区域的"天官"，体现的正是以北极为核心的天顶区域，载述的是这个区域的星象。

天球有北极，有天顶，由天顶逐渐下降，降落到零纬度

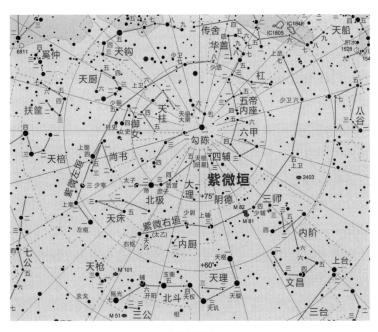

北极与帝星

处,便是天球的赤道。在天赤道南北一定幅度范围内的天赤道带,中华先人们用星官(也就是星座)把它划分为二十八个地段,这就是著名的二十八宿。设置二十八宿的目的,是要把它作为坐标,来体现地球等行星以及其他星体的运行状况。当然古人不知道地球在绕着太阳转,反而以为太阳在围着大地兜圈子。用现代的科学术语讲,这叫太阳的"视运动"。

随着太阳在其视运动轨道上的位置变化,大地上也出现了春、夏、秋、冬四时的更替。春、夏、秋、冬四时的明显变化,让人们有理由把太阳视运动的轨迹切割为与四时相对应的四个段落。这样,体现太阳视运动轨迹的二十八宿便被分成了七宿一组的四组。《史记·天官书》载述的东官、南官、西官和北官四大星区,反映的就是这四个太阳视运动运行区间的恒星,再按照赤道面上的东、南、西、北四方分别给这四个大区域星官命名,这就是东官、南官、西官和北官。这些恒星散布在这一区间赤道南北两侧的一定范围之内,北侧与北极天顶外围的"中官"之星相邻接,南侧则直至南天极外围那些隐而不见的星体为止,当然其核心地带就是二十八宿。

这样看来,司马迁在《史记·天官书》中对天之"五官"的描摹,眉目清晰,丝毫也不混乱。

不过司马迁写得不错,并不等于他的书在流传过程中不会出现文字错谬。

我们看在把"五宫"订正为"五官"之后的东、南、西、北"四官"开头部分,其形式如下:

天老爷的"五官"长得是什么样?

> 东官苍龙。房、心。心为明堂。……房为天府,曰天驷。……
>
> 南官朱鸟。权、衡。衡,太微,三光之廷。……权,轩辕。轩辕,黄龙体。……
>
> 西官咸池,曰天五潢。五潢,五帝车舍。……
>
> 北官玄武。虚、危。危为盖屋,虚为哭泣之事。……

上列苍龙、朱鸟、玄武,是所谓四象中的三象,而苍龙或书作青龙,朱鸟或书作朱雀,玄武则是由黄鹿(或神化成为瑞兽麒麟)蜕变而来,这些早已成为中国古代天文学史的基本常识,而西官与之匹配的词语,显然应该是四象中的另一象——白虎,这是理所当然的事情,本不必多加解说。

可是,不仅传世《史记》的所有版本都像上面这样缺失白虎未载,就连承用《史记·天官书》的《汉书·天文志》也同样如此。不过,很早就有人对这种不合理状况提出质疑。南宋时人吴仁杰在所著《两汉刊误补遗》一书中即针对《汉书·天文志》的状况指出:

> 《天文志》东官苍龙、南官朱鸟、西官咸池、北官玄武。仁杰按:苍龙总东方七宿言之,朱鸟、玄武亦各总其方七宿而言,至咸池,则别一星名,自在二十八舍之外。《晋·天文志》所谓"天潢南三星曰咸池,鱼囿者"是已,此岂所以总西方七宿者哉!今以咸池与苍龙、朱鸟、玄武并称,又列参白虎于昴、

毕之后,何其类例之驳也?(《两汉刊误补遗》卷五"咸池一"条)

其后清乾隆年间齐召南、梁玉绳等人更直接表明,若"以文势推之,应曰'西宫(官)白虎咸池',《史记》偶脱二字,《汉书》遂仍之尔"(清佚名《汉书疏证》卷八),即谓应在"西官"之下、"咸池"之上增补"白虎"二字。

这本来是一项很合理的意见,遗憾的是当时的史学考据第一高手钱大昕,却以为"参为白虎已见下文,此处不当更举。《史》《汉》未尝以四兽领四方诸宿,或先书,或后书,于例初无嫌也"(钱大昕《潜研堂文集》卷三四《与梁耀北论史记书二》)。案钱氏所云"四兽"即所谓"四象"。所谓智者千虑,必有一失,这话就像是针对钱大昕此语而发的一样。实际上司马迁在《史记·天官书》中述此上天之东、南、西、北"四官",恰恰正是"以四兽领四方诸宿",而我讨论这一问题的意义也正在于此,并不仅仅是订补《史记·天官书》一处文字脱漏而已。

首先,前述《天官书》"东官苍龙""南官朱鸟"和"北官玄武"的写法,已经清楚表明太史公正是要"以四兽领四方诸宿",而且挈领的范围已溢出"四方诸宿"范围之外,兼及诸多与"四方诸宿"毗邻的恒星。今中华书局点校本在"东官苍龙""南官朱鸟"和"北官玄武"诸句之下都施以逗号,这很不合理。依据文义,其末都应句断,用以昭示其统领下文的"小篇题"性质,即可以分别将苍龙、朱鸟和玄武理解成为东官、南官和北官的星官名称。前引司马迁在《史记·天官书》末尾写的那段话,谈

天老爷的"五官"长得是什么样?

到"紫宫、房心、权衡、咸池、虚危列宿部星,此天之五官坐位也",而坐在这五个"坐(座)位"之上的"五官",就应该分别是天极、苍龙(青龙)、朱鸟(朱雀)、白虎和玄武,亦即中官天极、东官苍龙、南官朱鸟、西官白虎和北官玄武。

明白了这一点,也就很容易理解,作为西官"坐位"(座位)的咸池,是绝不可能同苍龙、朱鸟和玄武同等并列的,其上必定脱佚了"白虎"二字。我们看《天官书》中的"东官苍龙""南官朱鸟"和"北官玄武"都只孤零零地像一个小标题一样,与下文没有直接联系,可"西官咸池"的"咸池"却与下文之间衔接,这样的文字表述形式,也显示出它与苍龙、朱鸟、玄武诸语完全不同的性质。

要想深刻理解并准确把握苍龙(青龙)、朱鸟(朱雀)、白虎和玄武这四大星官名称的设定,需要清楚理解"四官"以至"五官"的天文意义。前面我已经谈到,东官、南官、西官和北官这四大星区,反映的是太阳视运动所行经四个区间的恒星,而苍龙(青龙)、朱鸟(朱雀)、白虎和玄武四象原初语义,应是用以形象地体现太阳视运动与之对应的四个阶段,即春、夏、秋、冬四时太阳视运动所经行的四个时段,这是四个动态的时间段落。苍龙(青龙)、朱鸟(朱雀)、白虎和玄武这四种活生生的动物形象,可以很好地体现时间的流动特性。在人们用以标记苍天上恒定的四大星区之后,这四兽的名称仍然形象地提示人们日月五星在天空中周而复始的运转。这样一动一静,两相映照,老天爷的面目就鲜活生动地呈现在大家的面前了。特别是，大家若能够注意到在二十八宿背景下周而复始的太阳视运动同天顶上一动也不动的北极星，其对比是更为强烈的，这样也就能够更为深切地理解古人以苍龙（青龙）、朱鸟（朱雀）、白虎和玄武四兽来命名东、南、西、北四大星官的意义。

至于钱大昕所说"参为白虎已见下文，此处不当更举"，还是没有能够很好地把握《史记·天官书》叙事的体例——在四大星官每一星官的起首处，先标举以四兽亦即四象为名的星官名称，再逐一载述该星区内的各个恒星。看一看《史记·天官书》的原文，应该很容易理解司马迁为什么在这里提到"参为白虎"之事：

> 参为白虎。三星直者，是为衡石。下有三星，兑，曰罚，为斩艾事。其外四星，左右肩股也。小三星隅置，曰觜觿，为虎首，主葆旅事。

显而易见，"白虎"云云在这里只是用以说明表征参星的图形是一只白虎，并且参星这个星座中"衡石"之外的四颗星，是处于白虎的"左右肩股"位置之上，还有"觜觿，为虎首"，也就是二十八宿中的觜宿相当于白虎的头颅，因而非先说明"参为白虎"不可。如此而已，这同每一星官起首处叙述的星官名称，是全然不同的两回事儿，根本不存在复述其事的问题。

最后我想说明的是，《史记·天官书》中的"中官"，最初很可能也有个动物的名称——这就是黑豕（或称"玄豕"），也

天老爷的"五官"长得是什么样?

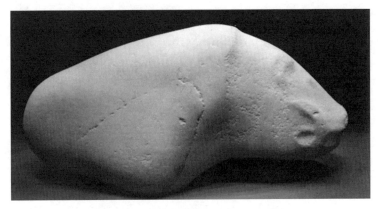

安徽含山凌家滩新石器时代遗址出土巨型玉猪

就是黑色的野猪。这是因为野猪是北极的象征,最近在河南郑州巩义双槐树仰韶时期聚落遗址发现的北斗七星遗迹,其斗魁正对着一个猪的骨骸。对照《史记·天官书》"斗为帝车"的说法,足以认定这个猪的骨骸体现的就是北极,当然也可以说是太一。从前附星图中可以看出,组成北辰、北极或天极这个星座的五颗恒星呈一"⌒"形,其状略如拱背而立的野猪。安徽含山凌家滩新石器时代遗址出土的具有重大象征意义的巨型玉猪,其造型便很接近这样的形态。野猪毛呈黑色,性夜行,这些都与暗夜密切相关。不过这是一个非常复杂的问题,还会牵涉很多中国上古时期的天文历法观念,我将另行专门解说。

2021 年 6 月 4 日记

秦以十月为岁首的开始时间

一 相关天文历法问题

时下很多不了解中国古代历法的人，以为像现在这样在正月初一过大年，是这个国家自古沿袭下来的成规定例，是中华民族一以贯之的优良传统。当然，我们也可以把这种年称作"中国年"。在这当中，有一些比较特别的人，你要是跟他一说这年还有别的过法，譬如，遵循国家法令在公历1月1日过年，他就要跟你急。

稍加观察，就不难发现，这些比较特别的人有个共同的特点，这就是大多崇拜秦皇汉武。既然这一派人对秦皇汉武如此着迷，那就让我们来看看他们让万民百姓过的是一种什么样的"年"。如果我们以秦始皇锻造的大秦帝国作为"秦朝"开始的话，那么，这个秦朝的历法，是岁首始自十月——也就是每一年都从十月开始过，十月初一就是大年初一，九月三十就是大晦之日，九月三十到大年初一之间这个夜晚，也就是所谓

秦以十月为岁首的开始时间

"除夕"。

那些秦皇汉武的"粉丝",看到这种情况,恐怕都会大吃一惊,想不到被他们视之为亘古不变的"中国年"原来却是这么一番怪模样。更让这些"粉丝"惊讶不已的是,秦始皇这么折腾也就罢了,秦二世,以至汉高祖、惠帝、文帝、景帝,这堂堂大年和每一年里的每一天,就一直这么奇奇怪怪地过;更让他们难以相信,也更难以接受的是,雄武的汉武大帝竟然也照样这么过,直到太初元年,刘彻已登基三十六年之后,才把岁首改到正月,所谓大年这才随之挪到正月初一。

根据《史记·秦始皇本纪》的记载,秦朝这种岁首始自十月的历法,是赵正在始皇二十六年以血腥的武力征服关东各地之时作为治理天下的重要手段推出的(附案,"赵正"是秦始皇的标准姓名,别详拙著《生死秦始皇》):

> 始皇推终始五德之传,以为周得火德,秦代周德,从所不胜。方今水德之始,改年始、朝贺皆自十月朔;衣服、旄旌、节旗皆上黑;数以六为纪,符、法冠皆六寸,而舆六尺,六尺为步,乘六马;更名河曰德水。以为水德之治(德勇案,"治"《史记》原文作"始",字讹不通,据苏辙《古史》卷七《秦始皇本纪》改),刚毅戾深,事皆决于法,刻削毋仁恩和义,然后合五德之数。于是急法,久者不赦。

"年始"就是一年开头的意思。文中"年始"与"朝贺"之间,今中华书局新点校本《史记》逗开不连,读作"改年始,朝贺皆自十月朔",把原来附着在"改年始朝贺"之后的《史记正义》,移易到"十月朔"下,并未出校勘记进行说明。可这样一来,"改年始"这句话,就只剩有更改每年的起始时间这一层语义,而无由知晓是把一年的开始时间挪移到了什么时候。检张守节《史记正义》文曰:"周以建子之月为正,秦以建亥之月为正,故其年始用十月而朝贺。"知张氏乃连读"年始"与"朝贺"通释之,足见二者密不可分,而经今中华书局新点校本此番操作之后,语义离析,已乖离太史公原意。盖"皆自十月朔"的"皆"字本即兼该"年始"与"朝贺"二者而言,是不可分开来的。

或谓这"年始"与"朝贺"是否可以不必从中逗开,不是像张守节那样把这话理解成"其年始用十月而朝贺",而是径行解作"年始"之际的"朝贺"?核诸《史记》相关的记载,可知这是使不得的。

盖《史记·封禅书》对此事复有记载云:

> 秦始皇既并天下而帝,或曰:"黄帝得土德,黄龙地螾见。夏得木德,青龙止于郊,草木畅茂。殷得金德,银自山溢。周得火德,有赤乌之符。今秦变周,水德之时。昔秦文公出猎,获黑龙,此其水德之瑞。"于是秦更命河曰"德水",以冬十月为年首,色上黑,度以六为名,音上大吕,事统上法。

秦以十月为岁首的开始时间

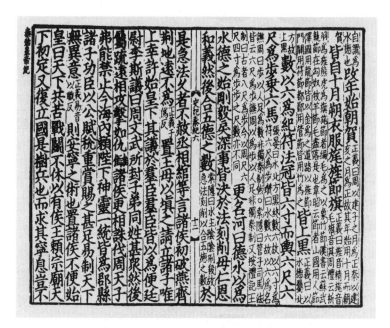

百衲本《二十四史》影印南宋建安黄善夫书坊刻
三家注本《史记·秦始皇本纪》

两相对比,可知这里所说"年首"应当就是《史记·秦始皇本纪》的"年始",同样是一年启始之时的意思,故赵正在始皇帝二十六年大秦帝国建立之后才把岁首改作十月,这就是《史记》告诉我们的秦朝历法情况。

这种情况,看起来简单明了,似乎已经没有什么疑义,可实际情况却并非如此简单,甚至还很不明了。

其不甚明了之处,首先是同岁首相关的还有"月序"这一事项。所谓"月序",又称"建正",即把正月排在哪里的问题。

　　提到这个问题，很多人可能一下子不大容易理解——正月排在哪里？正月不就是排在二月前边还能排在哪里？月份的排列由前向后，小大有序，情况固宜恒定如此，可是把各个具体的月份排在哪一个季节，却并非固定不变，决定这一排法的就是正月的位置，所谓"建正"云者即就此而言。

　　谈到"建正"，就又会涉及"斗建"这一术语，这就自然而然地把我们带入了相关天文历法问题的实质属性，即这些术语赖以产生的基础，是太阳年的体系。所谓太阳年，简单地说，就是地球公转的一个周期，这也可以称之为太阳视运动的周期。在这一事实基础上，我们就能够比较容易理解，所谓"斗建"，即通过每晚特定时刻的斗柄指向在一个太阳视运动周期内同步变化的过程，来体现太阳视运动的进程。

　　太阳视运动虽然是一种假想的运动，但这样的运动有着切实基础，这就是地球环绕太阳的公转。不管是用太阳视运动来表述，还是从地球公转运动的角度来理解，相对其星空背景，这一位移过程是可以观测，也可以量度的。在中国古代，它体现为相对于二十八宿的位置移动。

　　二十八宿是天赤道带上的二十八组恒星群，其天文历法意义同西方的黄道十二宫极为相似。不过用二十八宿作为刻度来体现太阳视运动或地球公转周期，也有一个很大的缺陷，就是这二十八组恒星的间距很不规则，宽的很宽，窄的很窄，就像你手里拿着一把尺子，尺子上的每一寸，长度都不相等，你

秦以十月为岁首的开始时间

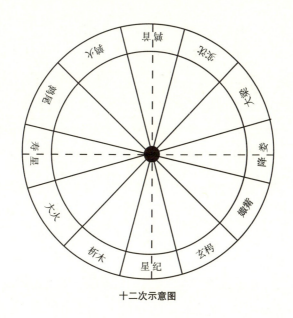

十二次示意图

说这尺子可怎么用？于是，中国古代的先人们又创制了一套"十二次"的体系，即把天赤道带均匀地十二等分，其每一个刻度，称作"一次"，合之则为"十二次"。

这十二次的名称，依次为星纪、玄枵、诹訾（或书作"娵訾"，又写作"娵觜"）、降娄、大梁、实沈、鹑首、鹑火、鹑尾、寿星、大火、析木，亦可总名之曰"星次"。当然，星次锚定的天文背景，还是二十八宿，在《汉书·律历志》里就一一载述有各个星次同二十八宿的对应关系。

星纪、玄枵等十二次的排列次序，同地球等太阳系行星的运行方向一致，即若是从北极上空俯视，乃是逆时针行进。在地球轨道的外侧,有一颗同地球性质相同的行星,现在我们一般把它叫作木星,木星在古代还有一个名称,就是"岁星"。这个行星的名称,缘于它大致十二年运行一周,每年大致行经十二星次中的"一次",这也就是一岁,确切地讲,是大致经历了一个太阳年。"岁"字在天文历法方面的本义,指的就是一个太阳年(别详拙文《说岁释钺谈天道》,收入拙著《天文与历法》)。

与同地球的关系一样,太阳相对于岁星,也会有视运动的现象。为更好地体现这种相对运动,中国古代的先人们创制了一个假想的天体,称作"太岁"。大家明白太阳视运动同地球以及岁星等行星公转运动的关系犹如镜像一样,也就很容易理解,中华先人设定这个太岁的运行方向同岁星相反,即若是从北极上空看,是沿顺时针方向运行。

同岁星方向相反做同步运动的那个假想的天体,更准确地说是同岁星做反向同步视运动的那个天体,只能是太阳,换句话来更清楚地讲,太岁实际上体现的就是太阳。这样一来,大家也就很容易想到,用这个太岁不仅可以体现木星的运行状况,还可以体现太阳系内其他任何一颗行星的公转过程,譬如地球。

对地球人来说,人们当然希望太岁体现的太阳视运动周期同地球的公转周期存在整倍数关系,这样就可以用地球的公转周期做基本单位来考察其他天体,特别是金、木、水、火、土这五大行星的运行。然而遗憾的是,由于岁星运行一周的时间是11.86年而不是12年，这样与之镜像运行的太岁便也是11.86年一个周期。

按照我的理解，正是基于这一情况，人们又创造出"太阴"这一假想天体来。这个太阴虽然同太岁一样，在天球上朝着与岁星相反的方向运行，但不同的是，先人们特地设定，它要在十二年内绕行一周，也就是每年运行十二分之一（别详清钱大昕《潜研堂文集》卷一四《答问》十一中相关诸条，又《潜研堂文集》卷三四《答大兴朱侍郎书》《与孙渊如书》）。

如果把太阳视运动周期的轨迹看作一个圆周的话，就很容易发现，把圆周十二等分，用前述十二星次的刻度来体现太阳视运动的进程，应该是件很便利的事情。原因是在人们比较熟悉也比较适宜的"十"上下这一数量范围内，十二等分圆周是很自然也很便宜的，而十等分圆周从数学意义上讲是很不容易的。

实际上，中国古代先人们用以体现太阴运行状况的刻度，是把太阴的一个运行周期用子、丑、寅、卯等十二地支来等而分之，并谓之曰"十二辰"。由于太阴这个假想天体的运行周期是十二年，而"十二"这个数字实质上是等分圆周的刻度，所以，当然也可以用太阴和十二辰来体现一个太阳年的运行状况，即以这十二辰来体现太阳相对于地球的视运动周期。

具体地讲，其实质性意义是把一个太阳年等分为十二个单位。若以 $365\frac{1}{4}$ 作为一个太阳年的时间长度，那么，其十二分之一则为30天多一点儿，同一个朔望月，也就是人们一般所说的"月"时间长度相近。因而，古昔先人们便自然而然地借用朔望月之"月"的概念，将这一时间段落称之为"月"。

这样的"月"，可以称之为"天文月"，实质上，其性质同现在所谓"公历"中的月份是完全相同的。在传世典籍中，《吕氏春秋·十二纪》《礼记·月令》和《淮南子·时则》载述的就是这种天文月，同大家熟知的朔望月毫无关系。这一点，可以说是绝大多数阅读这些典籍的文史学者根本意识不到的一个重要问题，亦即古往今来的学者，大多都是把这几部史籍中提到的"月"当作朔望月的月份来看。

《吕氏春秋》等书载述的这种天文月，其基本情况如下表所示：

《吕氏春秋·十二纪》、《礼记·月令》与《淮南子·时则》四时十二月主要内容对照表

月名	《吕氏春秋·十二纪》	《礼记·月令》	《淮南子·时则》	公历月日（2022）
孟春	日在营室	日在营室	招摇指寅	
	昏参中	昏参中	昏参中	
	旦尾中	旦尾中	旦尾中	
	东风解冻，蛰虫始振。鱼上冰，獭祭鱼，候雁北	东风解冻，蛰虫始振。鱼上冰，獭祭鱼，鸿雁来	东风解冻，蛰虫始振苏。鱼上负冰，獭祭鱼，候雁北	
	是月也，以立春	是月也，以立春	无	2月4日

秦以十月为岁首的开始时间

（续表）

月名	《吕氏春秋·十二纪》	《礼记·月令》	《淮南子·时则》	公历月日（2022）
仲春	日在奎	日在奎	招摇指卯	
	昏弧中	昏弧中	昏弧中	
	旦建星中	旦建星中	旦建星中	
	始雨水，桃李华，苍庚鸣，鹰化为鸠	始雨水，桃始华，仓庚鸣，鹰化为鸠	始雨水，桃李始华，苍庚鸣，鹰化为鸠	
	是月也，日夜分	是月也，日夜分	是月也，日夜分	3月20日
季春	日在胃	日在胃	招摇指辰	
	昏七星中	昏七星中	昏七星中	
	旦牵牛中	旦牵牛中	旦牵牛中	
	桐始华，田鼠化为鴽，虹始见，萍始生	桐始华，田鼠化为鴽，虹始见，萍始生	桐始华，田鼠化为鴽，虹始见，萍始生	
	是月也，乃合累牛腾马游牝于牧	是月也，乃合累牛腾马游牝于牧	乃合纍牛腾马游牝于牧	
	行之是令，而甘雨至。三旬	无	行是月令，甘雨至。三旬	
孟夏	日在毕	日在毕	招摇指巳	
	昏翼中	昏翼中	昏翼中	
	旦婺女中	旦婺女中	旦婺女中	
	蝼蝈鸣，丘蚓出，王菩生，苦菜秀	蝼蝈鸣，蚯蚓出，王瓜生，苦菜秀	蝼蝈鸣，丘蚓出，王瓜生，苦菜秀	
	是月也，以立夏	是月也，以立夏	无	5月5日
	行之是令，而甘雨至。三旬	无	无	

（续表）

月名	《吕氏春秋·十二纪》	《礼记·月令》	《淮南子·时则》	公历月日（2022）
仲夏	日在东井	日在东井	招摇指午	
	昏亢中	昏亢中	昏亢中	
	旦危中	旦危中	旦危中	
	小暑至，螳蜋生，鵙始生，反舌无声	小暑至，螳蜋生，鵙始鸣，反舌无声	小暑至，螳蜋生，鵙始生，反舌无声	
	是月也，日长至	是月也，日长至	日长至	6月21日
季夏	日在柳	日在柳	招摇指未	
	昏心中	昏火中	昏心中	
	旦奎中	旦奎中	旦奎中	
	凉风始至，蟋蟀居宇，鹰乃学习，腐草化为蚈	温风始至，蟋蟀居壁，鹰乃学习，腐草为萤	凉风始至，蟋蟀居奥，鹰乃学习，腐草化为蚈	
	行之是令，是月甘雨三至。三旬二日	无	无	
孟秋	日长至四旬六日	无	无	
	日在翼	日在翼	招摇指申	
	昏斗中	昏建星中	昏斗中	
	旦毕中	旦毕中	旦毕中	
	是月也，以立秋	是月也，以立秋	无	8月7日
	行之是令，而凉风至。三旬	无	行是月令，凉风至。三旬	

秦以十月为岁首的开始时间

(续表)

月名	《吕氏春秋·十二纪》	《礼记·月令》	《淮南子·时则》	公历月日(2022)
仲秋	日在角	日在角	招摇指酉	
	昏牵牛中	昏牵牛中	昏牵牛中	
	旦觜觿中	旦觜觿中	旦觜觿中	
	是月也,日夜分	是月也,日夜分	日夜分	9月23日
	行之是令,白露降。三旬。	无	无	
季秋	日在房	日在房	招摇指戌	
	昏虚中	昏虚中	昏虚中	
	旦柳中	旦柳中	旦柳中	
	候雁来,宾爵入,大水为蛤,菊有黄华,豺则祭兽戮禽	鸿雁来,宾爵入,大水为蛤,鞠有黄华,豺乃祭兽戮禽	候雁来。宾雀入大水为蛤。菊有黄华。豺乃祭兽戮禽	
孟冬	日在尾	日在尾	招摇指亥	
	昏危中	昏危中	昏危中	
	旦七星中	旦七星中	旦七星中	
	水始冰,地始冻,雉入大水为蜃,虹藏不见	水始冰,地始冻,雉入大水为蜃,虹藏不见	水始冰,地始冻,雉入大水为蜃,虹藏不见	
	是月也,以立冬	是月也,以立冬	无	11月7日

（续表）

月名	《吕氏春秋·十二纪》	《礼记·月令》	《淮南子·时则》	公历月日（2022）
仲冬	日在斗	日在斗	招摇指子	
	昏东壁中	昏东辟中	昏壁中	
	旦轸中	旦轸中	旦轸中	
	冰益壮，地始坼，鹖鴠不鸣，虎始交	冰益壮，地始坼，鹖旦不鸣，虎始交	冰益壮，地始坼，鳱鴠不鸣，虎始交	
	是月也，日短至	是月也，日短至	是月也，日短至	12月22日
季冬	日在婺女	日在婺女	招摇指丑	
	昏娄中	昏娄中	昏娄中	
	旦氐中	旦氐中	旦氐中	
	雁北乡，鹊始巢，雉雊鸡乳	雁北乡，鹊始巢，雉雊鸡乳	雁北乡，鹊加巢，雉雊鸡呼卵	
	是月也，日穷于次，月穷于纪，星回于天。数将几终，岁将更始	是月也，日穷于次，月穷于纪，星回于天。数将几终，岁且更始	是月也，日穷于次，月穷于纪，星周于天。岁将更始	
	行之是令，此谓一终。三旬二日	无	无	

表中的"孟春""仲春""季春"诸字，可以更为清楚地记作"孟春之月""仲春之月"或"季春之月"等。这应该是这种天文月在太阳年体系内的严谨称谓。

若是如前文所说,用十二地支(亦即十二辰)来等分太阳视运动的周期,并用图形来表述这种天文月同太阳视运动周期(亦即一个太阳年)的关系,将如下图所示:

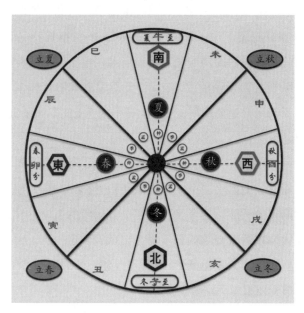

一个太阳年内的十二天文月

这样的图形体现了古代中国一个太阳年的基本形态,而由此出发才能清楚地理解前文所说"建正"或"斗建"的问题。附带说明一下,由于是用地支来表示体现太阳视运动周期的十二辰,所以人们又称太阳年中的天文月为"干支月"。

严格地讲,"斗建"体现的就是一个太阳年内北斗斗柄于每晚特定时刻在上图十二辰间的指向变化过程。斗柄指向哪一辰，就称之为"建某"，如"建子""建丑""建寅"等。其原理是斗柄指向的周期变化乃依循太阳视运动的轨迹而发生，太阳视运动转一圈，斗柄也跟着变化一周。上列《〈吕氏春秋·十二纪〉、〈礼记·月令〉与〈淮南子·时则〉四时十二月主要内容对照表》中《淮南子·时则》的"招摇指某地支"，体现的就是这样的周期变化。然而所谓"建正"则与此有很大不同，纵观古人谈论的"建正"，无不脱离太阳年体系，将其置于时下诸多普通公众所知晓的"中国年"（亦即阴阳混合年）的框架之下。

这种"中国年"，亦即阴阳混合年与太阳年的不同，是它乃积月而成，即以十二个或十三个朔望月作为一年，前者短于一个太阳年的长度，后者又长于一个太阳年的长度，只是在长时段内大体接近太阳年的长度而已。认识到这一点，大家也就能够明白，周期的长短既然不同，"斗建"的周期同"中国年"的运行节奏便根本无法协调一致。

"斗建"同"中国年"相互结合的困窘在于首尾不能相应，即二者的周期长度并不相等。可首尾不能相应，并不等于二者不能从同一个地方开始，也就是说，若是硬往一起靠，也能将就比附。事实上古人所说"建正"，就是这样硬把"中国年"的月份同用十二辰表述的太阳年体系联系起来。这样做的缘由，是借用太阳年的体系来体现"中国年"这种阴阳混合年启始的时间，也就是把正月设在哪里。

在这方面，很早就有夏、商、周三代的"建正"是递相更替的说法,即谓"夏正以正月,殷正以十二月,周正以十一月。盖三王之正若循环,穷则反本"(《史记·历书》)。在我看来,夏、商、周三代实际过的是怎样一种年,目前还是一个有待深入论证的复杂问题。譬如,按照我很不成熟的看法,夏、商两朝就很可能过的是太阳年(说见拙文《追随孔夫子 复礼过洋年》,又《论年号纪年制度的渊源和启始时间》,俱收入拙著《天文与历法》),不过在这里不妨对此置而不论,即使依据目前通行的说法,把这夏、商、周三代人过的日子和月份都归到"中国年"里去,其实际岁首也绝不是那么回事儿。所谓"三王之正若循环"只不过是一个莫名其妙的传说而已。

这里讲述的基准,是所谓夏朝的月序,即以夏朝正月所处的十二辰"辰位"为依据,来依次比定其他诸月的位置,再据此讲述殷商以及周朝的正月所对应的夏朝月份。如上所述,这只能是在岁首部分大致对应而已,越往后就越对不上。因为十二辰同十二个月(平年)或十三个月(闰年)根本就不是一套体系,完全配不到一起。到了年底,或搭不上开启其岁的始点,也就是正月初一(十二个月的平年),或如田径场上"扣圈"般超过这个始点一大截(十三个月的闰年)。

分析《史记·历书》的说法,夏人实质上是以"建寅"之月为正月。假如不顾上述"中国年"和太阳年的差异,亦即不顾实际的天文天象硬把这两套体系搭配到一起,其月份配置情况将如下图所示:

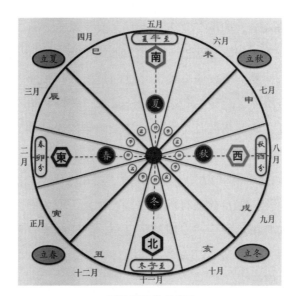

所谓"夏正"示意图

大家一看这图就会明白，同这十二辰相匹配的，本来是天文月的孟春之月等。《尚书大传》称"夏以孟春月为正，殷以季冬月为正，周以仲冬月为正"（班固《白虎通义·三正》），若是把这孟春、仲冬、季冬诸月都理解为天文月，倒是更能体现其内在特征。现在硬把"中国年"的十二月同十二辰相匹配，严格地说，哪一点都对不上，就连起始点也是配不上的。因为正月启始于初一，而孟春之月启始于立春，只有在正月初一赶在立春那一天的时候，二者才能合为一事。不言而喻，这样的概率是很低的。用北京城里市井间的土话讲，"大概其"而已。

秦以十月为岁首的开始时间

尽管只是连头面都顾不好的"大概其",古人都一本正经地这么讲、这么用了,我们也只好顺着他们的胡话往下说。当然先人这么做是出于不得已,因为一年之初的正月从什么时候开始是人定的,司马迁在《史记·天官书》里说"正月旦,王者岁首",即谓正月初一乃是骑在劳动人民头上作威作福的那个君主定的年,他想把这个日子定在哪里就定在哪里。然而不管你怎么胡定,历法的本质是天道,年岁的实质是太阳视运动的周期,因而这个"王者岁首"总要同天道有所联系。于是,就只好这么"大概其"地把它和十二辰联系到一起,而事实上这么做也就够了。

夏商周时期所谓"三正"与"中国年"十二月对应关系

	寅	卯	辰	巳	午	未	申	酉	戌	亥	子	丑
夏历	正	二	三	四	五	六	七	八	九	十	十一	十二
殷历	二	三	四	五	六	七	八	九	十	十一	十二	正
周历	三	四	五	六	七	八	九	十	十一	十二	正	二

在理解上述所谓"夏正"的月份安排之后,大家也就能够理解,如上表所示,《史记·历书》所说"殷正以十二月,周正以十一月",都是以前述"夏正"为基础。"殷正"是以"夏正"的十二月为正月,"周正"是以"夏正"的十一月为正月,其情形可图示如下:

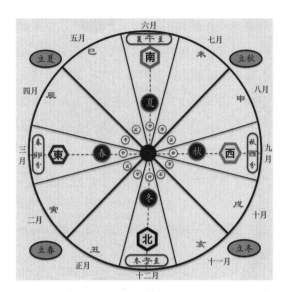

所谓"殷正"示意图

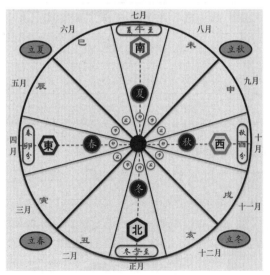

所谓"周正"示意图

看了上面这两幅图，人们就会理解，《史记·历书》为什么会说商人是以"建丑"之月为正月，周人是以"建子"之月为正月。

以上述这些情况为背景，我们就能够比较透彻地理解前面提到的秦朝的"月序"或"建正"问题了。

商、周两朝分别以"夏正"的十二月和十一月作为岁首。同样，《史记》谓秦人以十月为岁首，指的也是所谓"夏正"的十月。如前所述，夏、商、周三代的"建正"分别为建寅、建丑和建子，依此通例，秦人既然是以"夏正"十月为岁首，它的"建正"就应当是建亥。相应地，其逐月月序便应如下图所示：

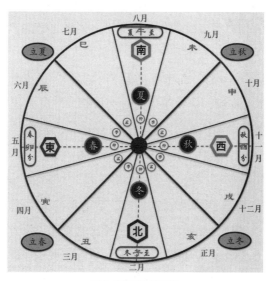

建亥"秦正"示意图

就像大家在前列引文中所看到的那样,《史记》对此并没有清楚的说明,因而自然会有人援依所谓夏、商、周三代的"建正"的通例,如此这般地看待这一问题。

在持此看法的学人当中,汉魏间人文颖是较早的一位。文颖在注释《汉书·高帝纪》时谓之曰:"十月,秦正月。始皇即位,周火德,以五胜之法胜火者水,秦文公获黑龙,此水德之瑞,于是更名河为'德水',十月为正月,谓建亥之月水得位,故以为岁首。"可是,对《史记》《汉书》中每年之下先书十月而后记正月、二月的纪事,又当作何解释呢?文颖并没有做出任何说明。

检《汉书·高帝纪》载:"(项)羽怨怀王不肯令与沛公俱西入关而北救赵,后天下约。乃曰:'怀王者,吾家所立耳,非有功伐,何以得专主约!本定天下,诸将与籍也。'春正月,阳尊怀王为义帝,实不用其命。"曹魏时人如淳释此"春正月"曰:"以十月为岁首,而正月更为三时之月。"这里所说"三时之月",义不可解,清人王引之以为应是"三时之首"的讹误(说见王念孙《读书杂志》之《汉书》第一"春正月"条),窃以为不如解作"春时之月"或更允当。盖"三"字乃"春"之泐损,"春时之月"者,系缘此"春正月"前未如普通"夏正"纪年那样,因属岁首而冠以年数,乃远承前文"十二月"而来,故如淳特地为此做注,释此正月已非岁首,仅为春时之月而已,而且它也绝不可能是由冬十月更改而来,自是属于春时的正月——如淳与文颖的看法不同,他以为当时只是以十月为岁首,并没有改变"夏正"的月序。

正因为如此,唐初人颜师古才针对如淳这一释语做出不同的说明:

> 凡此诸月号,皆太初正历之后,记事者追改之,非当时本称也。以十月为岁首,即谓十月为正月。今此真正月,当时谓之四月耳。他皆类此。

若果如颜氏之说,诚可很好地解释《史记》《汉书》相关纪事先十月后正月的"书法"问题,清人顾炎武即笃信颜说,固持秦正建亥的主张(顾炎武《日知录》卷四"改月"条),其后复有俞正燮进一步伸张其说(俞正燮《癸巳类稿》卷一一"秦汉亥正记事记言说"条)。

颜师古这一说法若是仅仅用来解释《汉书》相关的纪事,单纯从逻辑上来讲,虽有几分道理,但核诸具体的记载,仍多扞格难通。

如《汉书·文帝纪》载,文帝二年"十一月癸卯晦,日有食之。诏曰:'……乃十一月晦,日有食之,适见于天……'",这篇汉文帝诏书原文讲述的日食时间,同《汉书》纪事所书完全一致,都是"十一月晦",而《汉书》纪事的"十一月晦"正次于岁首的"二年冬十月"之后,足证《汉书》的纪事并没有像颜师古所说的那样,对太初元年以前的实际月份做过追改,不过直书其事的寻常笔法而已。盖史家叙事,或可以便宜的纪时体系述之,犹如今人以公元纪年称述史事,但引述前人言论,特别是皇帝的诏书,岂可妄自改换当时的用法?

至于《史记》所记秦汉之际史事,其以十月为岁首的记述比比皆是,竟有何人得以妄自代为太史公遍行更改其书?这实在太不可思议了,在阅读《史记》《汉书》的学人之间很难获得广泛认同。

如前所述,曹魏时人如淳所持看法就与文颖不同,当然也同由文颖那里脱胎而出的颜师古大不一样。比颜师古更晚一些的开元年间人司马贞,就直接针对颜氏的观点反驳说:"诸书并云十月为岁首,不言以十月为正月,《古今注》亦云'群臣始朝十月'也。"(《史记·刘敬叔孙通列传》之《索隐》)后世专门论述这一问题比较有代表性的学者,还有元人方回(方回《古今考》卷二九"朝十月朝岁朝正"条)、清人王引之等(王念孙《读书杂志》之《汉书》第一"春正月"条),他们都对颜师古的说法做出了更具体的反驳。

最能直观体现秦始皇更改岁首后秦朝月序情况的资料,是出土秦简所示当时的实际用历。诸如周家台秦简中的《卅四年质日》,又如岳麓书院藏秦简中的《廿七年质日》《卅四年质日》《卅五年质日》等,其每一年都无不从十月启始而终于九月(或后九月),据此可以确证,秦始皇二十六年至汉武帝太初元年之间的岁首乃是十月朔日,并没有把"夏正"的十月更改为正月。

论述至此,可谓真相大白。在我们的面前,并没有呈现前

秦以十月为岁首的开始时间

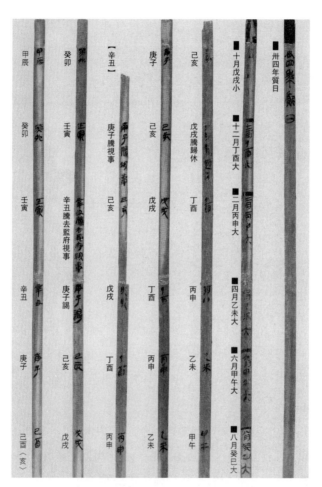

岳麓书院藏秦《卅四年质日》（局部）
（据朱汉民、陈松长主编《岳麓书院藏秦简》）

文所推想的那种"建亥"的"秦正"。与夏、商、周三代"三正"递相更替的传说相比，秦始皇没有把"夏正"的十月改作"正月"，这看起来似乎不循常规，有违古昔盛世的成例，实际上却是在遵循天道。事实上，三代之世寅、丑、子"三正"逆流而行的规律根本不存在，更重要的是，殷墟甲骨卜辞的实际用例告诉我们殷商时期也根本不是什么"子正"。面对这样的现象，若是彻底抛开那个从未存在过的"三正"更替之说，从天文历法原理的角度去解释，或许能够得到一些新的认识。

关于"正月"的"正"字，过去我在《生死秦始皇》里通俗地解作"标杆儿"的意思。所谓"标杆儿"，就是二月、三月以下诸月开始的端点。秦人正规地为赵正避讳，要把这个"正月"写作"端月"，而这个"端"字恰好更清楚地体现出"正月"乃一年开端的语义。

尽管还有很多问题有待深入研究，但我认为，古人的一年，并不是随便在哪里都能够开启的，这需要有合理的缘由。因为年的深层意义是天道，天道体现的是天意，而天意当然不能违背天理。

按照我在前面讲述的原理，所谓"中国年"，实质上只是在保障"月相"（即月亮圆缺形态）变化周期完整性的基础上，让朔望月同与之相应的天文月强行搭配在一起。因此，在"中国年"体系中设置岁首之月的时候，必定会安排一个在太阳年体系内具有特别天文历法意义的月份来作为岁首。

结合中国处于北半球这一实际情况，这种在太阳年体系内

秦以十月为岁首的开始时间

凤凰出版社影印宋刊十四行单附《集解》本
《史记·秦楚之际月表》

岳麓书院藏秦始皇《廿七年质日》
（据朱汉民、陈松长主编《岳麓书院藏秦简》）

具有特别天文历法意义的月份，可能有两个：一个是冬至所在的子月，另一个就是立春所在的寅月。前者，是中国自古以来通行的太阳视运动回归周期的转折点；后者，是春、夏、秋、冬四时的起点（须知这种"四时"乃分别始自立春、立夏、立秋和立冬这"四立"，同始自正、四、七、十诸月朔日的"四季"性质完全不同），也是中国古代太阳年的岁首。前文所说《吕氏春秋·十二纪》《礼记·月令》和《淮南子·时则》记述的太阳年，其岁首都是如此。

一方面，合理的"建正"，亦即正月所在的位置，便只能是建子或是建寅，而所谓建丑，除了后世因笃信虚假的"三正"演替之说而强行"复古"(如王莽新朝,事见《汉书·王莽传上》),在秦汉以前的上古时期是没有存在的道理的。

另一方面,在建子和建寅这两种可能存在的太阳年中,前者是否实际存在,在我看来还是一个需要深入论证的问题,至少我们看到的实际情况是后者才有广泛的应用。

谈到这一点,须知如前引《史记·秦始皇本纪》所记,赵正"改年始、朝贺皆自十月朔"的前提,是"方今水德之始",而这个"水德之始",我们可以在秦吞并六国之前吕不韦在门客协同下撰著的《吕氏春秋》一书中看到它的面目。

如前所述,《吕氏春秋·十二纪》中载有一个建寅的太阳年。下面这份表格,就是《吕氏春秋·十二纪》中载述的木、火、金、水"四行"之德同春、夏、秋、冬四时的搭配关系:

孟春之月	立春,盛德在木
孟夏之月	立夏,盛德在火
孟秋之月	立秋,盛德在金
孟冬之月	立冬,盛德在水

据此,孟、仲、季三冬时之月,俱属水德,而同"中国年"中十月相匹配的孟冬之月适为"水德之始",故秦始皇方有将岁首改至十月朔日之举。《史记·孝文本纪》载,文帝十四年公孙臣上书,言当时乃值土德,故"当改正朔服色制度","天子下其事与丞相议,丞相(张苍)推以为今水德始明,正十月,上黑事(德勇案,今中华书局新点校本读作'丞相推以为今水德,始明正十月上黑事',差误殊甚),以为其言

非是,请罢之"。张苍所说"水德始明"为"水德正盛"之义,故岁首定在十月,颜色以黑为上。这个事例正很好地说明了水德同十月之间的对应关系。

理解这样的天文历法基础之后,大家才能够理解,由于在这个建寅的天文年中,春、夏、秋、冬四时的发生次序是不能更改的,所以,基于这四时十二天文月的"中国年",其月序也不能变更,作为"中国年"首月的正月便只能同十二天文月中的孟春之月相对应。这就是秦始皇为什么不能把十月改成正月的天文历法原理。

二 秦国岁首的演变历程

在阐明秦始皇更改岁首为十月后的月序实况及其天文历法原理之后,我们才能更好地探索这次历法变更的历史渊源,也只有由此出发,才能更好地理解何以发生这样的变更。此点正是秦始皇复位岁首之举的另一不甚明了之处。

其实只要前后连贯地通读《史记》,人们便很容易发现,在赵正自创自居于皇帝之位前,秦国的君主很早就曾把岁首从正月改到十月。太史公记述秦国史事,在每一年中,若是先书十月,而后载正月以下诸月,这时就一定已经改以十月为岁首了。

譬如,南宋学人吕祖谦谈道:

> 按《秦纪》:昭王四十二年,先书"十月,宣太后薨",

次书"九月,穰侯出之陶"。四十八年,先书"十月,韩献垣雍,秦军伐赵",次书"正月,兵罢"。五十年,先书"十月,白起有罪,为士伍",次书"十二月,益发卒军汾城旁",次书"二月,攻晋军,斩首六千"。而《吕氏春秋·季秋纪》亦书"合诸侯,制百县,为来岁受朔日,与诸侯所税于民轻重之法"。则自昭王以来,用十月为岁首久矣。特始皇立定为制耳。(吕祖谦《大事记解题》卷七)

简而言之,秦以十月为岁首,并非赵正在始皇二十六年所创,而是从他形式上或社会学意义上的曾祖父秦昭襄王那里沿袭下来的老规矩,只不过是把它定作大秦帝国南北各地普遍通行的制度而已。明人董说以及清人王念孙、郭嵩焘等,也是如此看待这一问题(董说《七国考》卷五。王引之《经义述闻》卷一四"为来岁受朔日"条。郭嵩焘《礼记质疑》卷六)。

看到吕祖谦诸人这一说法,人们自然会问:为什么呢?即秦昭襄王为什么要把岁首改到十月里来呢?对此,郭嵩焘推测说:

秦改朔在昭襄王十九年僭称帝时。其后去帝号,而正朔相沿不改。始皇并天下,称皇帝,始颁正朔于天下。(郭嵩焘《礼记质疑》卷六)

秦昭襄王称帝事,见于《史记·秦本纪》记载,述云:"(昭襄王）十九年，王为西帝，齐为东帝，皆复去之。"昭襄王实际称帝的时间，不过在两个月之内而已（《史记·六国年表》），其具体经过，特别是齐国与秦国并称东、西二帝复又去之的原委，在《史记·田敬仲完世家》别有记载。《史记·田敬仲完世家》的记载告诉我们，顾虑招致各国的普遍憎恶，秦、齐两国很快主动去掉帝号。

"帝"是什么？它是遥远往古时期轩辕尧舜那样的神圣人物才有资格享用的名号，当时名义上的天下共主周天子也不过只是个"王"而已。尽管为时甚短，还是东、西两帝并称，远没有独得天下，但既然称帝，就意味着秦昭襄王已经完全无视东周天子赧王的存在，甚至连与之比肩并立为王都很不屑。也只有这样，原来身为一方诸侯的秦昭襄王才有资格启用"帝"这个名号，来彻底碾压业已名存实亡的周室。此事对秦人影响之大，以致五十多年以后，李斯还以昭襄王"使秦成帝业"作为示范来劝勉秦王赵正（《史记·李斯列传》）。

了解秦昭襄王僭称西帝的政治意义，我们也就很容易理解郭嵩焘推测"秦改朔在昭襄王十九年称帝时"的合理性。由于所谓"正朔"（亦即纪年）的启始形式是天子地位的重要标志，帝王革命，必改正朔。所以，一个新的朝代，一定要启用与前朝不同的"正朔"。具体地讲，前文所说夏、商、周三代"建正"的递相更替，就是基于这样的内在缘由，而这种建寅、建丑、建子"三正"轮替的说法在社会上流传既久，秦昭襄王便很自然地依循此说，用建亥（亦即以十月）为岁首的形式来体现其取代东周王室的地位。

值得注意的是,《史记·六国年表》载述秦昭襄王称帝的具体时间是在这一年的十月,剖析这一情况,与郭嵩焘差相同时的清末学人张文虎"疑先秦改十月为岁首当始此"(张文虎《校勘史记集解索隐正义札记》卷一),即合理地推定秦国从昭襄王十九年十月开始就颁行了这一新的历法制度。

郭嵩焘、张文虎指明秦昭襄王改以十月为岁首的具体时间,为我们揭示了这一举措的政治内涵,无疑进一步申衍了吕祖谦的看法。然而,这并不等于吕氏所说都合乎历史实际。情况不仅不是这样,而且吕祖谦以至王念孙、郭嵩焘诸人的说法还同历史实际有着重大差异。

这个差异之处不在秦以十月为岁首的开始时间,而是秦昭襄王此举同始皇帝二十六年"改年始、朝贺皆自十月朔"的联系。问题是吕祖谦称"自昭王以来,用十月为岁首久矣",郭嵩焘云秦昭襄王去掉帝号之后,其所定十月为岁首的正朔尚"相沿不改",待"始皇并天下,称皇帝,始颁正朔于天下",即谓秦始皇以十月为岁首,是从秦昭襄王十九年起持续不断地沿袭下来的旧规,并不是吞并六国后新定的制度,秦始皇只是将其推行于天下各地而已。

对这一认识提出挑战的人,是清初著名考据学家阎若璩。阎若璩考察这一问题的办法很简单——同吕祖谦等人一样,审看太史公记秦事书写月份的先后次序,只不过更加放长眼光,再往下看看秦王正时期的纪年:

二十六	二十七	二十八	二十九	三十
十八 客卿錯擊魏夏至軹取城大小六十一	十九 十月為帝十二月復為王任鄙卒	二十 秦拔我垣曲陽之城	二十一 魏納安邑女河内 溫	蒙武擊齊 二十二
七	八	九	十 秦拔我兵夏山	十一
十	十一 秦拔我桂陽徐廣曰一作梗	十二	十三	十四 與秦會中與秦會宛
十	十一	十二	十三	十四
二十三 二十五 為東帝二月復為王	二十四 三十六	二十五 三十七	二十六 三十八 齊滅宋	二十七 三十九 秦拔我列

《中华再造善本》丛书影印宋乾道七年蔡梦弼
东塾刻本《史记·六国年表》

秦以十月为岁首的开始时间

《秦始皇本纪》：四年，先书三月，继书十月；十三年，先书正月，继书十月。——又以十月为殿，忽建寅。或曰安知其建寅？盖观所书灾异与夏之月数相应。如九年四月寒冻有死者；十三年大旱，六月至八月乃雨。是则秦不改月数，于兹益信。（阎若璩《尚书古文疏证》卷六上）

历史研究就是这么简单，大师出手，也不过像这样做一些最简单、最普通的归纳和对比而已。基本的事实清楚了，结论自然而然也就出来了：在秦王正时期，也就是秦始皇吞并六国、一统天下之前，秦国的岁首又改回了正月。

历史的演变总是复杂多端，在某一历史现象发生、发展的过程中，常常会有很多细节，需要耐心辨析。

对于阎若璩所揭示的这一变化，有两个重要事项需要澄清。一是秦王正时期是否真的以正月为岁首？或者说秦王正时期是否一直以正月为岁首？二是具体地说，秦人的岁首由十月改回到正月发生在什么时候？

前面第一个事项，缘自吕祖谦所说"自昭王以来，用十月为岁首久矣"这一认识的重要前提，也就是"《吕氏春秋·季秋纪》亦书'合诸侯，制百县，为来岁受朔日，与诸侯所税于民轻重之法'"这些语句。不过这段话中同本文论述主题直接相关的内容，实际上只有"为来岁受朔日"一句话，即若把季秋之月理解成"中国年"中与之对应的九月，论者以为既然是在九月"为来岁受朔日"，那么，不言而喻，即将到来的"来岁"也就是下一年应该是从十月开始的。

对这一语句的理解，还涉及《吕氏春秋·十二纪》作者的问题。《吕氏春秋·十二纪》之《序意》篇谈到其撰著年代是"维秦八年"，亦即秦王正八年，秦王正十二年，吕不韦即离世而去（《史记·秦始皇本纪》）。因而若不考虑吕祖谦所说秦昭襄王时就已经以十月为岁首，那么，既然秦始皇二十六年才告示天下"改年始、朝贺皆自十月朔"，这载述"为来岁受朔日"的《吕氏春秋·十二纪》又怎么可能是吕不韦撰著成书的呢？难道吕不韦能预知来世不成？于是，颇有一些学者由此出发来思索《吕氏春秋·十二纪》同吕不韦到底是怎样一种关系（如清徐文靖《管城硕记》卷一三、卢文弨《龙城札记》卷一"月令太尉"条等都谈到这一问题）。

为了更好地理解《吕氏春秋》这句话的含义，在这里先引述《吕氏春秋·季秋纪》相关纪事原文如下：

> 是月也，大飨帝，尝牺牲，告备于天子。合诸侯，制百县，为来岁受朔日，与诸侯所税于民轻重之法，贡职之数，以远近土地所宜为度，以给郊庙之事，无有所私。

依照《吕氏春秋》的体例，这段话讲的是在此季秋之月理应处置的重大事宜，因此我们首先需要从这部书的总体叙述形式出发，来斟酌"为来岁受朔日"这话到底是什么意思。

《吕氏春秋·十二纪》逐一载述一年十二月诸月的性状与

秦以十月为岁首的开始时间

《四部丛刊初编》影印明宋邦乂等刊本
《吕氏春秋·十二纪》

应办事宜,这样的内容就是所谓"月令",必须再一次指出的是,按照我的看法,《吕氏春秋》之十二月体现的只能是一个纯而又纯的太阳年,而不是阴阳混合的"中国年"。

这两种年的突出差别,是前者的岁首为立春,后者是正月初一,而古人称呼初一这一天严谨的术语就是"来岁受朔日"的"朔"。"中国年"以正月初一为岁首,鲜明体现出"朔"在这一历法体系中的重要性。因为"中国年"正是由朔望月累积而成,相对于太阳年,又可以把这种"中国年"的历书称作"朔日"。

东汉人高诱在注释《吕氏春秋》时就是这样理解的,他说:

> 来岁,明年也。秦以十月为正,故于是月受明年历日也。由此言之,《月令》为秦制也。诸侯所税轻重、职贡多少之数,远者贡轻,近者贡重,各有所宜。

高诱所说"历日"就是我们现在所讲的历书,当然他是把《吕氏春秋·十二纪》的"月"理解成了"中国年"的月份,也就是朔望月。由于"中国年"的朔望月同太阳年的天文月存在大致对应的关系,所以高诱在这里把季秋之月理解成九月,把孟冬之月理解成十月,也算大致说得过去,实际上我们也只能在这样的基础上来讨论这一问题。

正是因为高诱的说法写在《吕氏春秋》的注文里,而他的注释又一直附于此书流传于世，影响甚大，前文所述吕祖谦的看法，就是由此而来，所以在讨论秦之岁首问题时，对高诱这一说法就不能不加以辨析。

清人徐文靖从《吕氏春秋》叙事通例角度，对高诱所说做出批驳：

> 试问：秦以十月为来岁，即以十月为来年，而孟冬祈来年于天宗，又以何者为来年乎？季冬与大夫共饬国典，论时令，以待来岁之宜，若谓秦以十月为来岁，即以季秋为岁终，而季冬何以待来岁乎？（徐文靖《管城硕记》卷一三）

其中，"秦以十月为来岁，即以十月为来年"是个假设的语句，徐氏接下来举述的两个例证，都是在驳斥这一说法。高诱的说法若是能够成立，那么，《吕氏春秋·十二纪》谓孟冬"祈来年于天宗"，来年的岁首就应该是与仲冬之月相对应的十一月，同样，既然是在季冬之月"以待来岁之宜"，来年的岁首就应该是与孟春之月相对应的正月。可一年只能有一个岁首，故高诱的说法不能成立。在这一点上，乾隆年间人卢文弨所持看法与徐文靖完全相同（卢文弨《龙城札记》卷一"月令太尉"条）。

不过稍微深入一些思考这一问题，有人或许会以为"为来岁受朔日"一事同徐文靖所说"祈来年于天宗"和"待来岁之宜"毕竟有所不同，即前者直接述及来年颁行的历书，而在新的一年开始之前天子"为来岁受朔日"（亦即接受为来年编制好的新历），岂非顺理成章的事情？

真实的历史，其实不那么简单。先秦时期朝廷制历、进历与颁历的过程，我还不甚明了。东汉人郑众注释《周礼·春官·太史》尝有语云"以十二月朔布告天下诸侯"，朱熹《论语集注》卷二由此引申出"古者天子常以季冬颁来岁十二月之朔于诸侯"的说法，这实际上是把郑众所说一年十二个月之朔理解为两层意思，一重意思是前郑原意之一年十二个月，而朱熹衍生的另一重意思则是颁朔的时间是在十二月，也就是季冬，可这后一重语义只是朱熹个人的想法而已，并没有任何切实的依据。至迟到宋代，就看到许多清楚的记载，可供分析这个问题做参考。

《宋会要辑稿》载："徽宗政和七年十月一日诏以来年岁运历数颁告天下曰……自是月朔布政，孟冬颁历，率推改气运，具之文辞以为常。"（徐松《宋会要辑稿》之《运历》一）又王称《东都事略》卷一一《徽宗皇帝本纪》及陈均《宋九朝编年备要》卷二八也有相同记载，而"自是月朔布政，孟冬颁历，率推改气运，具之文辞以为常"云云语句，意在说明"率推改气运，具之文辞"是政和七年十月一日以后的新制，至于"月朔布政，孟冬颁历"，应该是宋人一以贯之的成规。明人俞汝楫称"宋以每岁十月朔明堂设仗如朝会仪，受来岁新历（历），颁之郡县"〔俞汝楫《礼部志稿》卷八八《历（历）日备考》〕，讲的就是宋代这种通制。

秦以十月为岁首的开始时间

既然颁历之时定在孟冬，那么相关人员编制历书的时间自应在此之前。明朝的史籍对此有比较清楚的记载，黄道周《博物典汇》卷三《进历》讲述：

> 我朝每年春二月钦天监先进来岁历，预颁天下藩服，俾其依式印造。至十一月朔，钦天监行进历礼，然后下诸司颁布民间。

实际上这个钦天监行进历的时间，在明朝前后曾有变化，明徐学聚《国朝典汇》和余继登《典故纪闻》俱载，成化十五年把朝廷颁历的日期由十一月朔日改为十月朔日（徐学聚《国朝典汇》卷七二《吏部》，又余继登《典故纪闻》卷一五）。成化十五年以后，每年在十月初一颁行新历的制度，被清朝沿袭未改，成为一种固定的形态。清人富察敦崇谓，京师城中"十月颁历（历）以后，大小书肆，出售宪书（德勇案，即历书），衢巷之间，亦有负箱唱卖者"（富察敦崇《燕京岁时记》之"卖宪书"条），就很形象地展现了这一情况。

明朝把每年颁历的时间由十一月朔日改到十月朔日有特殊的原因，即回避与冬至赶在同一日子。通观宋代以来的情况，我们可以看出，至少宋人于十月朔日颁历的做法应当渊源有自，《吕氏春秋·十二纪》载，天子于季秋之月"来岁受朔日"，适可为其在孟冬之月颁布新的历书提供必备的前提，即从宋代以后的实际情况来看，在孟冬之月或与之对应的"中国年"的十月颁行新一年的历书,是非常通行合理的做法。盖新历的普遍行用,要以各地接到朝廷编制的历书为前提,而在古代社会的交通条件下,要想把每年新编的历书送达各地,是需要很长时间的。这个月颁布历书,下个月就普天之下一并通行,这是绝对办不到的。

在认定上述情况之后,我们就可以清楚裁断,《吕氏春秋·十二纪》所说在季秋之月"为来岁受朔日",绝不意味着次于其后的孟冬之月,更准确地说是与之对应的"中国年"十月就是"来岁"的岁首。所以,我们并不能用《吕氏春秋》季秋之月"为来岁受朔日"的记述,来否定秦王正时期以正月为岁首的实况,换句话说,也就是秦王正时期一直是以正月为岁首。

那么,大家就自然会问前面提到的第二个问题,即昭襄王时期以十月为岁首的做法是什么时候发生改变的呢?关于这一问题,史籍中并没有记载,我们只能根据相关史事,尽可能做出合理的推测。

对此,我可以做出两种解说。第一种,是往实里说,即做出实证性的考据,提供一个看得见也摸得着的结论;第二种,在缺乏实证性材料的情况下,尽可能做出合理的分析,推断这一改变发生的时间和缘由。

在实证研究方面,前文所说吕祖谦举述秦昭襄王以十月为岁首的例证,最迟的一个事例,截止于秦昭襄王五十年,而在睡虎地秦墓竹简《编年记》中,我们看到有秦昭襄王五十六年

"后九月"的记载。所谓"后九月"是秦至西汉前期设置的闰月,是把闰月设在年终最后一个月的后面,因而只有在九月为年终的情况下,才会出现这种"后九月",从而可知一直到秦昭襄王五十六年还是以十月为岁首。

在这一问题上,著名战国史研究专家杨宽先生持有完全不同的看法。杨宽先生的看法,集中体现于2002年他在台湾商务印书馆出版的《战国史料编年辑证》一书当中。在这部著述中,杨氏主要援引张文虎昔时旧见来申说自己的认识。因而要想讨论杨宽先生这一看法,需要先从清人张文虎谈起。

张文虎在同治年间给官办的金陵书局校勘三家注本《史记》,刊成的版本就是今中华书局旧、新点校本共同遵用的底本。由于遍校全书,张氏对《史记》的阅读比其他学者更为通贯,从而在校勘《秦本纪》时看到了他人未尝注意的问题,并将自己的看法写在昭襄王"四十八年十月"条下:

> 案:上四十二年先书十月,后书九月。此年先书十月,后书正月。《大事记》(德勇案,此处实际是指吕祖谦《大事记解题》)《古文尚书疏证》谓秦先世已尝改十月为岁首,是也。自此年以后,复用夏正,故下文书"其十月"云云,遂不以为岁首,而四十九年先书正月,后书"其十月",文甚明白。《志疑》(德勇案,指清梁玉绳之《史记志疑》)乃以四十二年之"十月"为"七月"之误,四十八年之"十月"为衍,考之未审矣。(张文虎《校勘史记集解索隐正义札记》卷一)

文中所说梁玉绳《史记志疑》的观点，是梁氏以"时秦尚未以十月为岁首"做出的判断，即谓因此司马迁"不应先书十月"（梁玉绳《史记志疑》卷四）。由于这一点正是我们现在所要探讨的问题，并不是确切无疑的事实，所以对梁玉绳这一看法自可置之不论，而张文虎对昭襄王四十八年和四十九年纪事系时顺序的看法，则未必符合太史公本意。

杨宽先生对张文虎关于昭襄王四十八年以后无复以十月为岁首的看法表示了高度的认同，并进一步做出如下申说：

> 考《秦本纪》记载史事，用字极有分寸，于四十八年先书"十月"，继书"正月"，后书"其十月"，分明此"十月"已不作岁首，因而特加"其"字。于四十九年先书"正月"，后书"其十月"亦然。……通观《秦本纪》全文，其记月，别处无加"其"字者，惟有此二年称"其十月"，以示有别于作岁首之十月。

为了更清楚地了解清人张文虎与杨宽先生的看法，我们需要覆案一下《史记·秦本纪》的原文。《史记·秦本纪》昭襄王四十八九两年的纪事全文如下：

> 四十八年十月，韩献垣雍。秦军分为三军。武安君归。王齮将伐赵武安、皮牢，拔之。司马梗北定太原，尽有韩上党。正月，兵罢，复守上党。其十月，五大夫（王）陵攻赵邯郸。

秦以十月为岁首的开始时间

凤凰出版社影印宋刊十四行单附《集解》本《史记·秦本纪》

四十九年正月,益发卒佐(王)陵。陵战不善,免,王龁代将。其十月,将军张唐攻魏,为蔡尉捐弗守,还斩之。

历史问题的研究就是这么麻烦,需要自己动手经眼,一项一项地仔细审视原始的记载;否则,很可能就被别人带到沟里去。对那些声名显赫的大人物的所谓高见,更需要倍加小心。

杨宽先生在《战国史料编年辑证》一书中更为具体地讲述了他对上述内容的解读:

(昭襄王四十八年)是年以十月为岁首,《秦本纪》又称"其十月五大夫(王)陵攻邯郸",盖是年延长三月至十二月,以便明年改以正月为岁首。《秦本纪》于是年与明年两称"其十月"者,以有别于作为岁首之"十月",加"其"字有其特殊用意。

(昭襄王四十九年)是年恢复以正月为岁首,《秦本纪》下又称"其十月",以示有别于作为岁首之十月,与上年记载同例。秦从此恢复以正月为岁首,但仍沿用颛顼历之历法。

这些话看起来言之凿凿,煞有介事,可真实的情况并非如此。

首先,就论证的逻辑而言,杨氏既谓昭襄王四十八年之初,秦国尚沿承旧规,以十月为岁首,且云为"便明年改以正月为岁首"而将"是年延长三月至十二月",那么,其月份构成形式便如下表所示:

秦以十月为岁首的开始时间

四十七年	十月	十一月	十二月	正月	二月	三月	四月	五月	六月	七月	八月	九月		
四十八年	十月	十一月	十二月	正月	二月	三月	四月	五月	六月	七月	八月	九月	十月	十一月	十二月
四十九年	正月	二月	三月	四月	五月	六月	七月	八月	九月	十月	十一月	十二月			

如果说在昭襄王四十八年因有两个十月存在,才不得不在后一个十月前冠以"其"字,以示区别,那么,至四十九年,在业已改以正月为岁首的情况下,这一年的首项纪事又恰恰是在正月,明晃晃地,众目睽睽,在这种情况下,又有什么必要再用这种方式来标示"十月"这个再正常不过的月份了呢?窃以为这是根本说不通的。

杨宽先生的解释,既然在逻辑上说不通,那么我们就来看看《史记·秦本纪》上述记述是不是另有因缘。

《史记·秦本纪》载述的这几件史事,其实前后贯通,无不密迩相连,而《秦本纪》的文字,颇有舛谬,订正这些错讹,才能看清其本来面目。相关史事,尚别见于《史记·白起王翦列传》,而事情要从著名的长平之战时看起:

> 至九月,赵卒不得食四十六日,皆内阴相杀食。来攻秦垒,欲出。为四队,四五复之,不能出。其将军赵括出锐卒自搏战,秦军射杀赵括。括军败,卒四十万人降武安君。武

安君计曰:"前秦已拔上党,上党民不乐为秦而归赵。赵卒反复,非尽杀之,恐为乱。"乃挟诈而尽坑杀之,遗其小者二百四十人归赵……

四十八年十月,秦复定上党郡。秦分军为二:王龁攻皮牢,拔之;司马梗定太原。韩、赵恐,使苏代厚币说秦相应侯曰:"武安君禽马服子乎?"曰:"然。"又曰:"即围邯郸乎?"曰:"然。""赵亡则秦王王矣,武安君为三公。武安君所为秦战胜攻取者七十余城,南定鄢、郢、汉中,北禽赵括之军,虽周、召、吕望之功不益于此矣。今赵亡,秦王王,则武安君必为三公,君能为之下乎?虽无欲为之下,固不得已矣。秦尝攻韩,围邢丘,困上党,上党之民皆反为赵,天下不乐为秦民之日久矣。今亡赵,北地入燕,东地入齐,南地入韩、魏,则君之所得民亡几何人。故不如因而割之,无以为武安君功也。"于是应侯言于秦王曰:"秦兵劳,请许韩、赵之割地以和,且休士卒。"王听之,割韩垣雍、赵六城以和。

正月,皆罢兵。武安君闻之,由是与应侯有隙。

其九月,秦复发兵,使五大夫王陵攻赵邯郸。是时武安君病,不任行。

四十九年正月,陵攻邯郸,少利,秦益发兵佐陵。

两相对比,可知《史记·秦本纪》的记述颇有差错,如其"秦军分为三军"之"三军"就应该是"二军"的讹误。盖王龁所率攻皮牢者为一军,司马梗所率攻太原者为另一军,而武安君白起只身归朝，并没有统军而行，因而理应依据《白起王翦列传》来订正《秦本纪》这处文字。

与我们论述主题直接相关的文字出入，是《秦本纪》载五大夫王陵率军攻赵邯郸是在"其十月"，而《白起王翦列传》则是书作"其九月"。按照《白起王翦列传》载述的时间顺序，依次为昭襄王四十八年十月、正月、九月，其以十月为岁首，文从义顺，没有任何窒碍之处，而且平常得很，也没有任何特别的地方。在这种情况下，若是没有其他证据，两相权衡，窃以为还是应当以《白起王翦列传》的"其九月"为是，没有道理非要强取《秦本纪》而舍弃《白起王翦列传》的记载。"其"字用在这里，可以起到提示前文年份的作用，加强"秦复发兵，使五大夫王陵攻赵邯郸"之事同前面叙事的联系，"秦复发兵"的"复"字同这一"其"字正相呼应。如果用白话把"其九月"翻译成"这一年的九月"，大家就可以看得更为清楚了。

至于《秦本纪》"四十九年正月，益发卒佐（王）陵"的纪事，被写在"其十月，将军张唐攻魏"等事之前，是因为这条纪事乃是紧接着上一年"其九（德勇案，如上所述，原文讹作'十'）月，五大夫（王）陵攻赵邯郸"事而来，司马迁在这里的叙事，先书正月，后记十月，只是为了使这一事件的前后发展过程更为连贯，这也显示出秦军围攻赵都邯郸之役的重要性。"其十月，将军张唐攻魏"句中的"其"字，则是在破例先书正月纪事的情况下，引导读者的目光回归岁首的

"十月"。

逐一对比《秦本纪》与《白起王翦列传》相关的记载,二者同出一源的迹象是比较清楚的,这样我们也就更好理解,《秦本纪》在昭襄王四十九年下先书"正月益发卒佐陵",或许在很大程度上只是先依样搬移其原始史料,然后再添加"其十月,将军张唐攻魏"的纪事,并不意味着这一年的历法是正月先于十月。

这一点,若是通观后来的情况,特别是睡虎地秦简《编年记》中秦昭襄王五十六年设有"后九月"这一史实,就更不宜简单地将这一"正月"看作岁首的标志〔附带说明一下,睡虎地秦简《编年记》在"五十六年,后九月,昭(襄王)死"后记有"正月,遫产"字样,这是因为秦昭襄王是国王,地位尊贵,所以才会先记他在后九月去世的事,再记小民"遫产",并不是因为这个"正月"排在"后九月"的后面〕。杨宽先生在论述这一问题时还特别强调了颛顼历的

睡虎地秦简《编年记》
(据陈伟主编《秦简牍合集》)

秦以十月为岁首的开始时间

朔闰时日问题,但我认为朔闰时日同岁首设定并没有必然的联系,在这里置而不论可也。

在此,还需要适当说明的是,吕祖谦等人谓秦昭襄王五十年,先书"十月",次书"十二月",次书"二月",这种说法不够准确。《史记·秦本纪》在是年十二月纪事之后,并没有述及"二月"这个月份,而是记作"二月余,攻晋军,斩首六千,晋楚流死河二万人",即历时两个多月。不过由十二月起算,两个多月以后,已经进入正月,这同以十月为岁首的认识并不矛盾。

现在回到前文所说秦昭襄王五十六年仍以十月为岁首的情况,《史记·秦本纪》记载"五十六年秋,昭襄王卒,子孝文王立",睡虎地秦墓竹简《编年记》记述秦昭襄王就是在这年后九月去世的。这时,距离新的一年,最多已不到一个月了。

《史记·秦本纪》接下来的记载,多少有些令人困惑。

> 孝文王元年,赦罪人,修先王功臣,褒厚亲戚,弛苑囿。孝文王除丧,十月己亥即位,三日辛丑卒,子庄襄王立。

郭嵩焘分析这段内容,以为"昭襄王五十六年卒,子孝文王立,而云十月己亥即位,明昭襄王以十月为岁首,嗣君即位,即以是月改元耳"(郭嵩焘《礼记质疑》卷六),即因先书"除丧",后记"即位",说明在昭襄王去世之时与孝文王即位之日中间是有一段时间空隙的,这告诉我们"十月己亥"这个即位时间是刻意选择的，郭氏认为，孝文王特地把即位的日子选在十月，便说明当时还是沿袭昭襄王时期的制度，以十月为岁首。

郭嵩焘称秦孝文王"嗣君即位，即以是月改元"，这是基于通行的新君继位翌年改元的做法，就是新的君主在继位之后，通常都在继位的当年沿用故主纪年，在下一年才启用自己的新元。这就是《公羊传》所谓"缘始终之义，一年不二君"之义（汉何休《春秋公羊经传解诂》文公九年）。正是由于当时通行这种"一年不二君"的观念，秦孝文王便在老爹去世的时间迫近年底的情况下，干脆以服丧的名义不马上即位，待来年之初再登基即位，把即位与改元这两件事合二为一。

尽管郭嵩焘上述看法并没有直接的证据，但合情合理，可以信从。这样我们就可以把昭襄王时期以十月为岁首的制度，下延到孝文王元年。

对此需要稍加说明的是，清人阎若璩认为："昭襄王五十六年庚戌秋（卒），去孝文王元年辛亥冬十月，仅二三月，此二三月竣丧葬之事，明年新君改元，方大施恩礼，至秋期年之丧毕，然后书孝文王除丧。……秦既用建亥月为岁首，孝文王元年应有十月，今于除丧后又书十月，分明是孝文王已逾二年矣……"（阎若璩《尚书古文疏证》卷六上）即谓昭襄王在五十六年秋初故世，此时距下一年的新年还有两三个月时间，新年十月朔日之后又守丧一年，才行"除丧"之举，正式"即位"。这样，孝文王在位并且启用自己纪年的时间就应该在两年以上。

今案，昭襄王在五十六年"后九月"离世，此时距下一年新年十月朔日已不足一月，这一点已经由睡虎地秦墓竹简《编年记》揭明，而孝文王继立为王，仅"享国一年"，这在《史记·秦始皇本纪》中也有明确记载。《史记·秦本纪》既已明言孝文王是在"十月己亥即位"，那么，在其尚未"即位"之前又何以会有自己的纪年？《史记·秦本纪》书"孝文王元年，赦罪人，修先王功臣，褒厚亲戚，弛苑囿"，这是讲孝文王举行即位典礼之前所施行的事宜，时间或在昭襄王去世的当年，亦即昭襄王五十六年后九月剩下的那一小段时间里，或在孝文王元年十月之初；又写"孝文王除丧，十月己亥即位，三日辛丑卒，子庄襄王立"，只是为彰显孝文王为王时间甚短而在载述其死亡时间时记明即位之时，依照即位时间算，孝文王只做了三天秦国的君主。因为依照通例，《史记·秦本纪》是不载君主即位时间的。睡虎地秦墓竹简《编年记》记载"孝文王元年，（孝文王）立即死"，可以更直接地证明阎若璩的观点是不能成立的。

孝文王去世后，继位的庄襄王子楚仅享国三年（《史记·吕不韦列传》。附案，《史记·秦本纪》有庄襄王"四年"的纪事，此"四年"当属《史记》编年的错误。由于孝文王即位只有三天就离世而去，为时过短，太史公便误将庄襄王在这一年的作为都记作庄襄王元年，真正的元年及其以下诸年的纪事便都被依次推后一年，这样才会出现庄襄王"四年"的纪事。说详清黄式三《周季编略》卷九）。目前还没有史料能够表明庄襄王一朝用历的情况,不过审度这三年期间秦庄襄王的作为,我看不到他有更改既有纪年形式的缘由和可能。所以,可以大致判断秦庄襄王还是在沿用以十月为岁首的定例。

三 吕不韦的岁首与赵正的岁首

如前所述,一直延续到秦庄襄王末年的十月岁首制,在赵正继位秦王之后,发生了变化,又把一年开始的时候改回到了正月。

如前所述,清朝学者阎若璩在《尚书古文疏证》中引述《史记·秦始皇本纪》中以正月为岁首的例证,其中最早的一项事例是秦王正四年。那么,这种新的变化,是否就发生在秦王正四年这一年呢?

史阙有间,谨慎的学者往往存而不论,所谓多闻阙疑,慎言其余是也。不过从另一方面看,历史研究的趣味,其中有很大一部分,正是来自基于不完备材料的间接推论。在我看来,历史研究犹如侦探破案,要是杀人越货者都像武松那样把真名实姓写在行凶的现场,那还要侦探干什么?

郭嵩焘在思考秦人把岁首从正月改到十月这一问题时,着眼的基本点是秦国政治的大背景。其间的道理,前文已经谈到,就是岁首在很大程度上可以同所谓"正朔"等而视之。它象征着一种政治地位,也昭示着一种重大的政治立场,并不是随随便便想改就改的事情,也不是不管什么时候,说改就能去

秦以十月为岁首的开始时间

改的事情。

基于这样的认识，把这一问题放在秦国历史演变的背景下去看，我推测这一变化很可能就发生在赵正即位为王之初，而具体谋划并实施这一新制度的人只能是吕不韦。

《史记·秦始皇本纪》记载，赵正"年十三岁，庄襄王死"，于是他便"代立为秦王"。十三岁这个年龄，毕竟还是个孩子。《史记·秦始皇本纪》也说"王年少"，就是尚未长大成人的意思。长大成人的人都明白，不能让小孩子来干大人的事儿。国王虽然说死就死，像秦孝文王，刚即位三天就死了，可国祚是要永存的（像秦之始皇帝就想传之万世。附案，万世是个虚数，实际是永远的意思）。所以，老国王的夫人，也就是赵正他老妈就不能不承负起对江山社稷的责任，暂时代行其职。

说是老妈，其实当时她的年龄也不是很大。这位年轻的太后，果断地决定把秦国的前程交由吕不韦来代为执掌。关于这件事儿，《史记》中虽然没有正面记载，但我们看《史记·秦始皇本纪》称由于赵正十三岁即位为王，年龄太小，于是"委国事大臣"，而《史记·吕不韦列传》记载赵正一即位就"尊吕不韦为相国"，正是把治理国家的行政权力全都交到了吕不韦的手中。当然，小小年龄的赵正自己做不了这个主，这么重大的事情，只能出自老妈的主张。

这相国本来名为"相邦"，汉人为避高祖刘邦的名讳，改书若此。按照我的看法，秦国的丞相制度，就首发于相邦的设置，时间大约是在秦"惠文君"四年（前334年，即惠文王称王之前在位的第四年）。其后二十五年的秦武王二年（前309），才同时分设左、右丞相，用以替代相邦，分散其权。从其设置缘起上就可以看出，相邦的地位明显尊于丞相（别详拙文《正史中的秦始皇》，待刊）。直到西汉时期，仍然如此。

《史记·吕不韦列传》记述说，生下赵正的这位太后，乃是"赵豪家女"，也就是出自赵国钱多势力大的家庭。这意味着她从小就见过大世面，所以能够处变不惊，担得起事儿。其实这一出身带给世界更大的影响，是她的生物遗传，是她的血液和基因。不过这是后话，在此不妨姑且按下不表。附带说一下，由于这位女性来自赵国，为称呼方便，下面我就姑且以赵太后或赵后名之。

足够的见识和气度，致使赵太后勇于任事，敢于决断，可敢做敢当并不等于做事就也得法得当。后来的秦二世和赵高也都很敢干，可一干就弄得国灭身亡。赵太后把一国朝政托付给吕不韦，并不仅仅是因为吕不韦在庄襄王时期就已经身为丞相，由丞相升任相国是自然而然的事情，除此之外，还有两项重要原因。

第一，这个人要值得信任。在这一方面，赵太后和吕不韦的关系十分特殊，赵正同吕不韦的关系更为特殊——赵太后本来是吕不韦的小妾，怀上了赵正之后，才被秦国的王子子楚娶入王室。也就是说，赵正实际上是吕不韦的儿子，至少从生物学意义上讲是这样。

这一情况，本来在《史记·吕不韦列传》里有清楚的记载，东汉明帝甚至干脆就直接称呼秦始皇为"吕政（正）"（《史记·秦始皇本纪》），以符合其真实状况。有些让人意想不到的是，近年有人别出新见，否定这一史实，在一定范围内造成影响。前此我撰写《秦始皇生父到底是不是吕不韦》，努力澄清世人的疑惑，向人们展现了秦始皇生身的真实状况（详见本书后文）。

根据《史记·吕不韦列传》的记载，赵太后同吕不韦情深意笃，不仅在赵正即位之初还"时时窃私通吕不韦"，后来"始皇帝益壮"，仍继续维持"太后淫不止"的状况。当然，司马迁这个"淫"字用得不大妥当，这是站在秦国王室的立场上来谴责赵太后的私生活。

须知赵太后本是吕不韦的爱妾，是子楚仗着自己的王子身份，横刀夺爱，强求来的。当初为了实现投机于政治的目的，吕不韦虽然不得不忍痛割爱，可心不甘，情不愿，在庄襄王死后，两人旧情复萌。正因为有这一层极为特殊的关系，庄襄王一死，赵太后就让赵正管吕不韦叫"仲父"，这"仲父"就是北京市井语言中的"二大爷"。这就相当于明面上叫干爹，实际上是在认亲爹。

阐明这一情况，大家也就很容易理解，就父子血缘和男女亲情的意义讲，赵太后把权柄交给吕不韦，实际上比放在庄襄王手中要更为妥当，也更为可靠。

第二，这个人要具有治国的韬略。关于吕不韦在政治方面的抱负与能力，以往的研究，大多注意不够。然而，知夫莫若妇。对于这位"赵豪家女"初嫁的男人、心爱的情夫，赵太后对吕不韦的心思和手段应该了解和体味得最为清楚，可谓心知肚明。

赵太后是伴随着夫君吕不韦在赵都邯郸与秦国王子子楚相遇的。当时，子楚作为秦国的质子（也就是以王子身份做人质）被抵押在邯郸。吕不韦打定主意要把子楚作为政治投机的对象，同他结成十分亲密的伙伴关系。

关于吕不韦要拿秦庄襄王子楚做政治投机的情况，《史记·吕不韦列传》的记载只有寥寥数语，乃谓"子楚……质于诸侯，车乘进用不饶，居处困，不得意。吕不韦贾邯郸，见而怜之，曰'此奇货可居'"，而《战国策》则比较具体地展示了吕不韦的心思：

> 濮阳人吕不韦贾于邯郸，见秦质子异人，归而谓父曰："耕田之利几倍？"曰："十倍。""珠玉之赢几倍？"曰："百倍。""立国家之主赢几倍？"曰："无数。"曰："今力田疾作，不得暖衣余食；今建国立君，泽可以遗世。愿往事之。"（《战国策·秦策五》）

这里所说的"秦质子异人"，指的就是作为人质被抵押在赵国的公子子楚，"异人"是他的初名，当然也可以说是他的本名。赵正他爹由"异人"改称"子楚"，正是吕不韦投机活动刻意营造的结果(《战国策·秦策五》)。

我们看"建国立君,泽可以遗世"这两句话,吕不韦此番举动似乎只是想要获取比经营珠玉等高端奢侈品更大的利润,也就是无穷亦且无尽的好处;至少在他从事这项"居奇"伟业之初,就是这样想的。

为此,吕不韦在运作的前期至少直接拿出了一千六百金的钱财,此即《史记·吕不韦列传》所记"以五百金与子楚,为进用,结宾客,而复以五百金买奇物玩好,自奉而西游秦",去活动子楚之父安国君(即后来的秦孝文王)的正室华阳夫人。另外,在秦昭襄王五十年秦军围困赵都邯郸时,为帮助子楚外逃,吕不韦又"行金六百斤予守者吏",可见确实投下了很大的本钱。

一方面,商人是很讲究"契约精神"的,花这么多钱,子楚总得有所回报——他当即应允吕不韦说,"必如君策,请得分秦国与君共之",后来甫一即位,即"以吕不韦为丞相",且"封为文信侯,食河南雒阳十万户"(《史记·吕不韦列传》)。不过这既尊且贵的身份,倒不仅仅是得自子楚恪守的信用。须知秦孝公时商鞅变法,已颁布法令,对像吕不韦这样"事末业"的行商坐贾,国家是要"举以为收孥"的,也就是要被官府捉去沦为官奴的(《史记·商君列传》)。现在,吕不韦反而获得此等荣耀,你闭上眼睛想想就能明白——子楚硬抢来人家的爱妾,总该给些特别的补偿。而在这当中有没有那位"赵豪家女"回报前夫的情谊,甚至是出自吕不韦和她两人之间的密谋，也很耐人寻味。

另一方面，人的理想会随着情况的变化发生改变。在庄襄王时期做了三年丞相并已诛乱拓土的吕不韦，到赵正即位的时候，已经"招致宾客游士，欲以并天下"了（《史记·秦始皇本纪》）。显而易见，吕不韦很快就超越单纯的物质欲望，有了更高的政治追求。

关于吕不韦的政治理想，在赵正即位八年之时写成的《吕氏春秋》一书中做了全面的展示。关于这部《吕氏春秋》的撰著宗旨及其价值，自从班固编录《汉书·艺文志》以来，就一直缺乏合理的认识。在这里无暇展开讨论对这一问题的认识，只能简单地陈述我的基本看法。

班固在《汉书·艺文志》中将《吕氏春秋》著录于诸子略杂家类下，谓乃"秦相吕不韦辑智略士作"，而他所依据的底簿，是刘向及乃子刘歆相续而成的《七略》。《汉书·楚元王传》载录刘向语云"秦相吕不韦，集智略之士而造春秋"，这"春秋"当然是指《吕氏春秋》而言。据此，我们可以更为明确地了解《汉书·艺文志》上述说法的来源。

《汉书·艺文志》这样的著述形式，显然突出了其书并非出自吕不韦本人手笔的印象，而这样的描述，最早见于《史记·吕不韦列传》：

> 当是时，魏有信陵君，楚有春申君，赵有平原君，齐有孟尝君，皆下士喜宾客以相倾。吕不韦以秦之强，羞不如，

亦招致士，厚遇之，至食客三千人。是时诸侯多辩士，如荀卿之徒，著书布天下。吕不韦乃使其客人人著所闻，集论以为八览、六论、十二纪，二十余万言，以为备天地万物古今之事，号曰《吕氏春秋》。布咸阳市门，悬千金其上，延诸侯游士宾客，有能增损一字者，予千金。

就是上面这段记述，使得刘向、班固辈乃至诸多后世看客，俱以为《吕氏春秋》不过是吕不韦出于虚荣而指使门下宾客胡乱攒成的一本杂家之书。两汉时期这一派人中表述最为甚者，是东汉初年人桓谭，径云"吕不韦请迎高妙作《吕氏春秋》"（《文选》卷四〇杨修《答临淄侯笺》唐李善注引桓谭《新论》），干脆把吕不韦彻底排除于作者之外。

两汉间人如此看待吕不韦与《吕氏春秋》的关系，再加上腐儒对商人的普遍蔑视，导致后世很多学人，以一种轻慢的态度对待《吕氏春秋》及其作者吕不韦。清人卢文弨谓"世儒以不韦故，几欲弃绝此书"（卢文弨《抱经堂文集》卷一〇《书吕氏春秋后》。案，宋黄震《黄氏日钞》卷五六《读诸子》之"吕氏春秋"条就谈到过这一点），讲述的就是这种情况，明初人方孝孺下述评议颇有代表性："不韦以大贾乘势市奇货致富贵，而行不谨，其功业无足道者。特以宾客之书显其名于后世，况乎人君任贤以致治者乎？"（方孝孺《逊志斋集》卷四《读吕氏春秋》）这话讲得不仅轻慢，而且还很轻佻了。

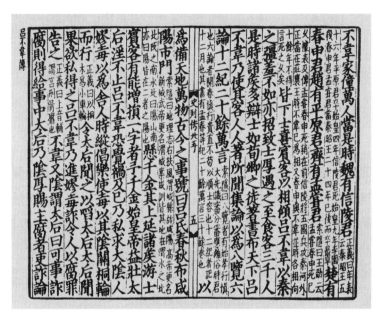

百衲本《二十四史》影印南宋建安黄善夫书坊刻
三家注本《史记·秦始皇本纪》

至清乾隆年间纂修《四库全书》时，参与其事的馆臣虽然说在对吕不韦其人其书的评判这一问题上，以为"论者鄙其为人，因不甚重其书，非公论也"，同时竟以"旧本题秦吕不韦撰"的形式，直接否定吕氏的作者身份（案，"旧本题某人撰"，是旧时在否定书中所题作者时通用的表述形式），还一本正经地说："考《史记·文信侯列传》（德勇案，指《吕不韦列传》），实其宾客之所集。"简直根本与吕不韦无关了，而且他还成了个欺世盗名的妄人（《四库全书总目》卷一一七《子部·杂家类》)。以《四库全书》在古代文史研究中的权威地位和评价,清代中期以后的学人愈加轻视《吕氏春秋》,也更为轻视吕不韦在此书形成过程中的作用。

吕不韦的出身和上位,在评价一位政治家的时候,并不重要,"大贾乘势事奇货"也不一定就比寒窗苦读往权力的阶梯上爬更下贱,更不比诛兄夺位的唐宗宋祖品行恶劣。对吕不韦的政治作为,需要认真审看当时的形势和吕氏不同于赵正的举措,来做出具体的分析。如果我们抛开吕不韦是个一味贪图富贵的商人这一刻板印象,正视他是一位在秦国发展的关键时期通盘执掌一国大政的政治家这一显而易见的事实,就应该很容易看清其政治抱负和社会理想。

首先,秦庄襄王甫一即位,就面临一项严峻的挑战,这就是"东周君与诸侯谋秦",即东周君与关东诸侯合谋攻秦。

盖周赧王时,王畿之土分为东、西两部分,其君主分别为侯称公,自为其政,而赧王乃寄寓于西周侯国而存。至周赧王五十九年,亦即秦昭襄王五十一年,在秦军威逼下,西周君入秦,尽献土地与属民,最后一位周天子周赧王不堪再蒙其赧,随即在下一年自杀殉国(案,这只是我的推测,没有直接的史料证据),而周之旧民不愿意被野蛮落后的秦国奴役,纷纷向东方各地逃亡,秦人掠走象征着天子地位的九鼎宝器,史称姬周就此宣告灭亡。"东周君与诸侯谋秦"事发生于姬周亡国之后七年,即秦庄襄王元年(《史记》之《周本纪》《秦本纪》)。

这位与关东诸侯串谋反秦的东周君,只是个普普通通的侯国之主而已，更没有什么军事实力，然而他毕竟是周天子的嫡系后裔，可以被关东诸侯拥立为新的天子，作为诸侯抗秦的共主。这自然会产生很大的号召力和凝聚力，阻遏秦人对外侵略扩张的脚步。面对东周君和关东诸侯这一举动，刚刚被秦庄襄王任用为丞相的吕不韦当机立断，亲自出马，率人杀掉东周君，"尽入其国"，也就是吞并了东周侯国的全部领土。此举充分体现了吕不韦在政治上的战略眼光和决断力量，这是一位优秀政治家才能具备的良好素质。

在战国后期，秦国不仅早已是一个地区大国，在武力上也是独一无二的强国。在列国之间国土扩张与兼并活动日趋激烈的情势下，建立一个明确适应形势的战略目标，是一位有见识的执政者所应肩负的职责，而吕不韦正是这样一位颇有见识的政治家。前已述及，《史记·秦始皇本纪》称在辅佐庄襄王时期，吕不韦即已"招致宾客游士，欲以并天下"，这"并天下"三字就是吕不韦为秦国设定的政治目标，当然这也可以说是吕不韦个人的事业和抱负。

时代在剧烈地变化，思想观念自然也要随之演变，政治理念的演进尤为突出。并观《史记·秦始皇本纪》和前引《史记·吕不韦列传》的记载可知，吕不韦网罗这些"宾客游士"的实质目的，是为了实现其兼并天下的政治目标，所谓"羞不如"信陵君、春申君、平原君和孟尝君而"招致士，厚遇之"，不过是世人眼中的表面原因而已。吕不韦组织宾客协助他撰著《吕氏春秋》，绝不会是为了炫示自己的体面，而应该是为治理天下拟定思想纲领。

前已述及,《汉书·艺文志》是把《吕氏春秋》著录在诸子略杂家类下,班固称所谓"杂家者流,盖出于议官,兼儒、墨,合名、法,知国体之有此,见王治之无不贯"。这里"国体"与"王治"对举,具体指的是国家的典章制度,统而言之,无非是讲王者治国的道术。至于"议官"云云,望文解义,想来不过议事之官的意思。《隋书·经籍志》改称"杂者盖出史官之职也",就是因为这"议官"实在是个说不清道不明的官职。

"议官"之名如此,班固对《吕氏春秋》的属性及类别归属的划分自然更颇有可议之处。司马迁之父老太史公司马谈对学术流派的划分,就与《汉书·艺文志》有很大不同。

《汉书·艺文志》把体现学术思想流派的诸子之学分作十家,司马谈则将其归为六家。《汉书·艺文志》所说融入《吕氏春秋》的儒、墨、名、法已居有其四,另外还有两家,则一为阴阳,一是道家。司马谈称道家"其为术也,因阴阳之大顺,采儒墨之善,撮名法之要,与时迁移,应物变化,立俗施事,无所不宜",这里讲的是秦汉时期的道家而不可能是春秋战国之际的早期道家。我们只要稍一翻检《吕氏春秋》,特别是其"十二纪"部分就能够清楚看到,顺应四时之序以施政行事,正是这部书的一项根本宗旨。我们看司马谈阐释阴阳家的要义,乃谓之曰:"夫春生夏长,秋收冬藏,此天道之大经也,弗顺则无以为天下纲纪,故曰'四时之大顺,不可失也。'"

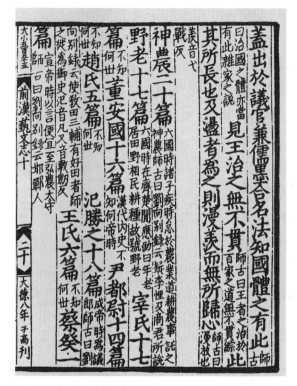

百衲本《汉书》影印所谓景祐本《汉书·艺文志》

(《史记·太史公自序》)可见阴阳家观念在《吕氏春秋》中是占有重要地位的,显示出这部书在构成形式上同道家的相通之处。

近人吕思勉先生称《吕氏春秋》等所谓杂家之书"所以异于道家者,驱策众家,亦自成为一种学术,道家专明此义,杂家则合众说以为说耳"(吕思勉《先秦学术概论》)。实则至战

秦以十月为岁首的开始时间

国后期,诸家思想学说呈现出强烈的互通互融趋势,关于这种互通互融的趋势,老太史公司马谈所说的道家是一个方向,以《吕氏春秋》为代表的所谓杂家是另一个方向。

吕思勉先生以专门家之学和杂学家之学来阐释杂家的学术特征,谓"专门家虽有所长,亦有所蔽。……国事当合全局而统筹,实不宜如此",即云杂家适合当权者的行政运作,仅仅是一种实用的政治学说(吕思勉《先秦学术概论》)。在这一点上,清人章学诚把《吕氏春秋》看作"论治之书",并谓"其每月之令文,正是政令典章,后世会典、会要之属"(章学诚《校雠通义》内篇卷二《补校汉艺文志》),与吕思勉先生的认识颇有相通之处。

我想若是把吕思勉先生所说"合众说以为说"解释为融众说为一说的思想体系,或许更为符合实际情况。吕思勉先生和余嘉锡先生都对《吕氏春秋》内容的系统性和内在联系的有机性做过很好的论述,清楚显示出这部书绝非乱抄拼凑而成,因而也就必然要有统一的撰著思想。在那个剧烈变化的时代里,身处相位且具有并兼天下心志的吕不韦,积极思索并适时提出一套治国平天下的政治理念,应该是合情合理的。

论述至此,我们有必要回过头去,再来看一下吕不韦在撰著《吕氏春秋》这部书的过程中所起的作用。

如前所述,在否定吕不韦作者地位的诸说当中,《四库全书总目》的说法最具有代表性,而四库馆臣非常明确地告诉我们其史料依据是《史记·吕不韦列传》的记载。其实只要我们稍稍静下心来审读一下《史记·吕不韦列传》的文字，就可以看出，所谓"吕不韦乃使其客人人著所闻"，这里的"著"字乃是言明、称述之义，而不是撰著之词，《吕不韦列传》下文云吕氏"集论以为八览、六论、十二纪"，其所"集"之"论"自然是承接其门客所"著"者而言，吕氏门客之"著"即此等论说。

抛去先入为主之见，上下通读"吕不韦乃使其客人人著所闻，集论以为八览、六论、十二纪"这句话，今天任何一位稍通古汉语的人都不难看出，司马迁分明是讲在吕不韦"集论"成书的事，怎么会有"实其宾客之所集"的意思？四库馆臣俨乎其然的"考证"，毋乃曲解太史公本意太甚。

就其总体情况而言，清代乾嘉考据研究一项显著的弊病，便是往往只盯住一棵树看而对外围那一大片森林完全视而不见。吕不韦亲撰《吕氏春秋》这件事，不仅在《吕不韦列传》里有清楚的记载，司马迁在《史记》其他地方也有表述。譬如，在讲述自己著述缘由和宗旨的《太史公自序》里，他就用"不韦迁蜀，世传《吕览》（德勇案，此《吕览》即指《吕氏春秋》）"这样的语句，讲述了作者的悲惨遭遇与其传世著述之间的关系（案，古往今来读《太史公书》者对这两句话均有误解，我将另行撰文具体阐释我的解读）。

更为重要的是，在《史记·十二诸侯年表》的小序当中，司马迁还这样写道：

秦以十月为岁首的开始时间

> 吕不韦者,秦庄襄王相,亦上观尚古,删拾春秋,集六国时事,以为八览、六论、十二纪,为《吕氏春秋》。

这段内容对理解《吕氏春秋》撰者的重要意义,是我们又一次看到了《吕不韦列传》谓吕氏"集论以为八览、六论、十二纪"的"集"字。对比《十二诸侯年表》"集六国时事,以为八览、六论、十二纪"的文字,可知《吕不韦列传》所"集"之"论"应当就是所谓"六国时事",而这正与吕不韦招致的"宾客游士"多来自关东六国相应——这一点,我们读一下李斯的《谏逐客令》就可以看得一清二楚(关于李斯所谏阻的被逐宾客系吕不韦门客,请参见黄永年先生《李斯上书谏逐客事考辨》,见《黄永年文史论文集》第一册)。

《史记·吕不韦列传》谓《吕氏春秋》"备天地万物古今之事",其所谓"古"者,乃《十二诸侯年表》"上观尚古"之事,所谓"今"者即秦国本身的情况以及"六国时事"。须知不管是"古",还是这"今",都不过是著述的参考资料而已,而实际执笔撰著这部书籍的只能是吕不韦本人。其实只要看一看《吕氏春秋》空前严整的结构,即可知其书绝非杂出众手,必一人精心结撰,始得以成之。

在《吕氏春秋》"十二纪"部分之末,有一篇《序意》,它实际上是全书的序文(我将另文具体说明这一问题)。在这里,吕不韦直接以自己"文信侯"身份讲述其著述宗旨:

文信侯曰：尝得学黄帝之所以诲颛顼矣，爰有大圜在上，大矩在下（东汉高诱注：圜，天也；矩，方，地也），汝能法之，为民父母。

盖闻古之清世，是法天地。凡十二纪者，所以纪治乱存亡也，所以知寿夭吉凶也。上揆之天，下验之地，中审之人，若此则是非可不可无所遁矣。

天曰顺，顺维生。地曰固，固维宁。人曰信，信维听。三者咸当，无为而行。行也者，行其理也。行数，循其理，平其私。夫私视使目盲，私听使耳聋，私虑使心狂。三者皆私设精则智无由公。智不公则福日衰，灾日隆，以日倪而西望知之。

不难看出，法天地而"为民父母"，是吕不韦的根本政治理念，这也就是《吕氏春秋》所要阐释的基本思想。

后世学人在评判《吕氏春秋》的学派属性时，在《汉书·艺文志》的杂家归类之外，早有东汉人高诱讲述说："此书所尚，以道德为标的，以无为为纲纪，以忠义为品式，以公方为检格，与孟轲、孙卿、淮南、杨（扬）雄相表里也"（高氏训解《吕氏春秋》序），即谓《吕氏春秋》并非百家之言的杂乱堆积，而是兼融诸说。不过在高氏看来，其基本思想似乎与道家更为接近，又清代四库馆臣乃谓其"大抵以儒为主，而参以道家、墨家"（《四库全书总目》卷一一七《子部·杂家类》），卢文弨则以为书中所述"大约宗墨氏之学而缘饰以儒

《中华再造善本》丛书影印元至正嘉禾学宫刻
明补修本《吕氏春秋·十二纪》

术"(卢文弨《抱经堂文集》卷一〇《书吕氏春秋后》)。这些评价出入这么大,真是仁者见仁,智者见智,局外人好像很难判断。

其实若是回到我在前文表述过的看法,把《吕氏春秋》的思想内容理解为一种融合多种学说的思想体系,我们就不宜用战国前期各种思想流派的分野来看待它的学派归属,而应该把它看作诸多思想流派发展到战国末期的一个自然而然的结果,至少是其中的一个趋向。它适应的是把各地诸侯并兼为一家天下的统治意向。这样看来，吕不韦遵循法天地而"为民父母"这一政治理念而写成的《吕氏春秋》，应如元人陈澔所云，乃"将欲为一代兴王之典礼也"（元陈澔《礼记集说》卷三）。

至于这套思想是不是已经完善到可以具体应用于天下的治理，以及它到底适不适合治理天下，这在很大程度上成了一个假想的问题。因为历史没有给吕不韦留下充分的时间去尝试，去实践，史籍中更几乎见不到相关的记载。对此，稍后我再做详细的说明，这里先谈一下本文的主题，亦即秦国的岁首问题。

前文推测，秦国把岁首从十月改回到正月，应该发生在赵正继位之初。这时，他年龄尚幼，没有能力执掌权柄，国政完全委之于吕不韦，像更改岁首这样的事情，只能出自吕氏的旨意。

《吕氏春秋》虽然成书于赵正即位之后的第八年，但这么严谨详备而且内容丰富的著述不会是一两年的时间就能写成的，从立意酝酿到完稿成书，要有一个很长的过程。更为重要的是，像《吕氏春秋》所体现出来的那一整套政治思想观念，绝不会是一朝一夕间就能够形成的——用现在的语言来讲，它是以一个人的人生观、世界观为基础的，而这些可以说是吕不韦固有的观念。

具体地说，我们在思考这一问题时应该看到，在庄襄王时期，吕不韦就已经"招致宾客游士，欲以并天下"了。吞并天下之后，当然就要治理天下，而辅佐君王治理天下，正是丞

秦以十月为岁首的开始时间

相本分的职事,所以在这一时期,吕不韦就应当有了《吕氏春秋》一书所体现的基本思想。更何况在庄襄王继位成王之前,甚至早在吕不韦把赵姬连同腹中孕育的赵正奉献给子楚之前,也就是子楚通过吕不韦的运作被后来的秦孝文王及其正室华阳夫人认作嫡嗣的时候,他就已经成为子楚的老师——也就是"傅"了(《史记·吕不韦列传》)。须知这种老师可不是教子楚识字写字的,他是辅导子楚为人处世的,先训育他做个合格的贵公子,再把他培养成为一个理想的储君,当然会向子楚讲述治国平天下的理路。所以,《吕氏春秋》的基本理念,至迟在这时就已经萌生。

于是,当庄襄王离世,自己亲身制造的小王子赵正甫一即位之时,全面掌握一国大政的吕不韦,就按照自己的理念,把岁首从十月改回到正月。当然,这只是我根据前前后后各种相关情况所做的推测,并没有直接的证据。

那么,大家自然要问:吕不韦为什么要把岁首改到正月呢?从昭襄王十九年起,四十多年过去了,秦人一直在十月初一这一天过年,别扭是别扭,可一两代人都这么过来了,还非改回去干啥?

我认为,这关系到两个问题:一是所谓夏商周三正递相更替与月序,二是吕不韦的思想观念。前者更多的是技术性的问题,后者则是思想观念问题。

关于夏商周三正递相更替之说,前文已经做过简单的叙说,其天文历法含义,就是硬把"中国年"的十二月同体现太阳年十二月的十二辰相匹配，夏商周各个朝代其岁首月份若是定在哪一辰所对应的月份，就称之为"建某辰"，这也就是"建某地支"。所谓夏人建寅、商人建丑、周人建子，就是这一说法的具体体现。

可这建寅、建丑和建子体现的首先是岁首设在哪一个辰位，而要想知晓这个辰位对应的是几月，又涉及月序的问题，这就是当时的正月是与哪个辰位相对应的。譬如，秦昭襄王十九年起改以十月为岁首，也被人们称作"建亥"，当时的月序却仍旧依循所谓夏正，以建寅之月为正月。

夏商周三代是否存在建寅、建丑以至建子的更替，这是一个相当复杂的问题，实际上每一个环节恐怕都不能成立，至少在我看来绝不存在这样一个体系化的更替过程。在这里，且先抛开这个问题不谈，单纯来看传世文献记载中这三朝的月序。尽管传统认识的主流，或者说绝大多数人的看法，都认为夏、商、周三朝的正月分别为寅月、丑月和子月，但也有一些学者持有不同看法，以为自古以来的月序都是以寅月居首，夏、商、周三代之间并没有什么不同。

这一派学者以南宋初年胡安国最为著名。胡安国在笺释《春秋》时提出了"以夏时冠月，垂法后世"的著名观点（胡安国《春秋胡氏传》卷一隐公上），即谓夏商周三代的月序都与建寅的"夏正"一样，是以寅月为正月。这一看法本来极有见地，可由于考据学家一向轻视《春秋》胡注，后世甚少有人关注，更乏人认可。不过一项正确的认识是不会永远埋没不显

秦以十月为岁首的开始时间

春王正月

春王正月之說盈庭矣。漢孔安國、鄭康成謂周人改時與月。宋胡康侯謂夫子以夏時冠周月。程伊川、朱晦菴則謂改月而不改時。獨蔡九峰謂不改時亦不改月。至於元吳仲迂、陳定宇張敷言、史伯璿、吳淵穎、汪克寬輩則又遠宗漢儒,力詆蔡氏,而趙汸、熊朋來、王陽明、咸宗之。按泰誓惟十有三年春,孔氏以爲建子之月,蓋謂三代改正朔,必改月數,改月數必以其

清康熙汗青閣刻本《古今釋疑》

的，清代博学多识的学者方中履就不仅认识到胡说的合理性，还进一步旁征博引，做了更为深入的论证，清晰指出："三代虽正朔不同，然皆以寅月起数。"（方中履《古今释疑》卷一三"春王正月"条）

这样看来，秦始皇二十六年只是把岁首从正月改到十月，而未改动以寅月起数算的月序，正是自古以来的通行做法，并没有什么特别的地方，形成这种情况的根本原因，是所谓寅月在太阳年体系中乃是孟春之月。

前文论及，《吕氏春秋》所记太阳年的天文月便始于孟春之月。孟春之月是春时的首月，春时又为四时之首。换句话讲，也可以说四时始于孟春之月，月序以正月为首，顺应天时，体现天道。

如前所述，《吕氏春秋》一书的根本思想是法天地而"为民父母"，《吕氏春秋》又云"民无道知天，民以四时寒暑日月星辰之行知天"（《吕氏春秋》卷二四《不苟论·当赏》），即谓四时之行是识得天机的孔径，可见它在吕不韦的治国理念中占有何等重要的地位。

遵循这样的治国理念，吕不韦对以十月为岁首的秦历自然不会满意，很自然地改以正月为岁首，以顺应天道。

这绝不是简简单单的一项技术性的历法改革，实质上意味着正朔的更改，实在是一个重大的变革。吕不韦甫一执掌秦国大政，就做出如此重大的举动，充分体现他的政治胸怀和执政施政的意愿。从另一角度考虑，由于新王赵正出自吕不韦的骨血,这当中是不是暗含以吕氏王朝来取代嬴姓社稷的意味,就不好做出更多的揣测了。

前引《史记·吕不韦列传》谓其招致食客三千人,主要是为了实现自己的政治抱负,《秦始皇本纪》所言"欲以并天下"就是直接的证据。在笼络人心方面,吕不韦取得了很大成功,即使后来在秦王正十年被免除相国之位而退居河南雒阳封地的时候,在秦国之外,依旧有"诸侯宾客使者相望于道"(《史记·吕不韦列传》),延请吕不韦去往他国。两年后吕不韦自杀,仍有"其宾客数千人窃共葬于洛阳北芒山",这惹得赵正大怒,或驱逐出国,或流放边地,或褫夺爵位,对这些人做出严厉惩处(《史记·秦始皇本纪》并唐司马贞《索隐》)。透过这些情况,可以清楚看出吕不韦的威望和政治感召力,他的影响力已经超越国界,遍及天下各地。吕不韦显然是一位举足轻重的政治家,绝不仅仅是一个豪富的商人。

然而,在当时,作为一个成功的政治家,吕不韦似乎还缺少一项重要的素质——这就是狼性,也就是说他还不够冷酷,不够残忍。所有的政治家当然都不能有妇人之仁,作为一个集权体制的最高统治者,心狠手辣更是最基本的素质。秦国走向更高度的集权,虽然是在赵正直接掌控权柄以后才发生的事情,但自从秦孝公任用商鞅时起,以连坐告密为标志的野蛮秦法就通行于世(《史记·商君列传》),统治者控制社会的权力业已疯狂生长。

妨碍吕不韦施展政治抱负的人,是他的儿子赵正。十三岁即位为王的赵正,一开始,虽然无力掌控权柄,但随着年龄的增长,他知晓了权力的滋味和魅力。

硬从吕不韦身边强行索走赵姬的庄襄王一死,那位身为太后的女人便马上同前夫重续旧好,"时时窃私通吕不韦"(《史记·吕不韦列传》)。太后或皇后有情人,这本身,在东汉以前算不上什么事儿,西汉国母吕后与宠臣审食其之间就是这样的关系(《史记》之《吕后本纪》《陈丞相世家》)。可这事儿要是闹得风声太大,很容易牵出赵正的血缘问题,那他有没有资格继续做这个秦王,在秦人眼里就是个很大的问题了。以吕不韦当时的势力和能力,先下手为强,除掉赵正当然是合理的选项,然而赵正是他自己的骨血,这位商人显然下不去手。

从后来一系列事件和他一生的行事来看,赵正的生性同吕不韦大不相同,他身上颇具狼性,我想这更多应该是那位"赵豪家女"老妈的遗传。在这种情况下,别谈什么政治理想,吕不韦若是能够及时抽身远祸,也就谢天谢地了。

《史记·吕不韦列传》记载:

> 始皇帝益壮,太后淫不止。吕不韦恐觉祸及己,乃私求大阴人嫪毐以为舍人,时纵倡乐,使毐以其阴关桐轮而行,令太后闻之,以啖太后。太后闻,果欲私得之。吕不韦乃进嫪毐,诈令人以腐罪告之。不韦又阴谓太后曰:"可事诈腐,则得给事中。"太后乃阴厚赐主腐者吏,诈论之,拔其须眉

秦以十月为岁首的开始时间

> 为宦者,遂得侍太后。太后私与通,绝爱之。有身,太后恐人知之,诈卜当避时,徙宫居雍。嫪毐常从,赏赐甚厚,事皆决于嫪毐。嫪毐家僮数千人,诸客求宦为嫪毐舍人千余人。

一句话,从床笫到庙堂,嫪毐都完全取代了吕不韦的地位,尽管在名义上吕不韦还是最高行政长官相国。当然吕不韦乃从其所愿,自以为这样就可以躲过命运的摧折。

俗话说,是福不是祸,是祸躲不过。嫪毐不仅受宠得势,还与太后生下两个儿子。得意忘形的嫪毐同赵太后密谋,当赵正故世之后,要由他们的儿子继承王位。事情弄得越来越大,结果在赵王正九年,招致告发,嫪毐狗急跳墙,发兵叛乱。吕不韦虽然以相国身份平叛成功,翌年还是由于同嫪毐的特殊关系,被褫夺相位,并在赵王正十二年敕命流放蜀地。不堪其辱的吕不韦,只好饮鸩而死(《史记》之《秦始皇本纪》《吕不韦列传》)。

当然这也就彻底灭绝了吕不韦的政治理想。而吕不韦的政治遗产在形式上被彻底消除,是十六年后赵正一统天下的时候。元人陈澔云:"始皇并天下,李斯作相,尽废先王之制,而《吕氏春秋》亦无用矣。"(陈澔《礼记集说》卷三)其实赵正更改吕不韦故辙最为昭彰,也最有象征性的举措,便是如同本文开头引述的那段《史记·秦始皇本纪》所述,大秦帝国甫一建立,赵正这位始皇帝就把岁首从正月改到了十月。

赵正这样做的原因,一是他"推终始五德之传,以为周得火德，秦代周德，从所不胜，方今水德之始"，这是基于当时流行的五行学说，以为秦既然已取代周成为天下共主，它的德运也要与周人不同——周属火，水胜火，故秦当属水德。《吕氏春秋·有始览》之《应同》篇有言曰"代火者必将水"，《史记·封禅书》谓"今秦变周，水德之时"，讲的就是这个意思。《史记·封禅书》复有语云"昔秦文公出猎，获黑龙，此其水德之瑞"，这话进一步伸张了秦应水德之运的历史兆象。与这水德相应的岁首就应该是十月，这一点在《吕氏春秋》之"十二纪"中有清楚表述。在前文里，我已列表表述过《吕氏春秋·十二纪》中木、火、金、水"四行"之德同春、夏、秋、冬四时的匹配关系，其实《吕氏春秋·十二纪》还在季夏之月里提到有土德之事，合之可以更好地了解五德与五行的对应关系。

孟春之月	某日立春	盛德在木
孟夏之月	某日立夏	盛德在火
季夏之月		中央土
孟秋之月	某日立秋	盛德在金
孟冬之月	某日立冬	盛德在水

二是赵正"以为水德之治，刚毅戾深，事皆决于法，刻削毋仁恩和义，然后合五德之数"。这样的统治方式很符合他的狼性，可他又不愿意大大方方地承认自己就是一头残忍的狼，而是用"水德"来为自己张目，显示这背后有理论深度的大道理。这样我们就能更好地理解所谓水德与秦政的关系，从而更好地理

解秦始皇改以十月为岁首的缘故。

至于汉武帝在太初元年又把岁首改回到正月，则同他是否施行同秦始皇不同的仁政，是毫无关系的。在残虐子民这一点上，汉武帝同秦始皇一样，是乐之终生而死不悔改的（别详拙著《制造汉武帝》）。普天之下古往今来的暴君，莫不如此。

这篇从虎年正月初四开始写的文稿，本来以为一个星期可以写完，结果拉拉杂杂地越写越长，一直写到今天——二月初七，实在超乎预定的篇幅，不过在具体展开论述的过程中，也获得了很多始料未及的新认识。虽然这个问题，实际上相当复杂，我的这些看法，不一定都能经得起时间的检验，只要能够在前人研究的基础上多多少少地向前有所推进，我就感到十分满足了。

2022 年 3 月 9 日傍晚记
2022 年 3 月 17 日晚改定

多余的周国之君

读今中华书局新点校本《史记》，在其《周本纪》下有这样一段内容：

> 周君、王赧卒，周民遂东亡。秦取九鼎宝器，而迁西周公于悪狐。

这里的"王赧"即周赧王。阅读这段内容，让我感到困惑的是，当时离世的到底有几个人。若按照中华书局新点校本现行的标点形式，死去的是周君和王赧两个人，可实际的情况恐怕并非如此。

要想清楚地说明这一问题，首先需要了解相关的历史背景。简单地说，按照《史记·周本纪》的记载，至周赧王时，王畿之土已经分为东、西两个部分，其君主各自为侯称公，自行其政。《战国策》之"东周""西周"二策，载述的就是这两个侯国的史事。二周之间时有冲突，而赧王依附西周而存。

多余的周国之君

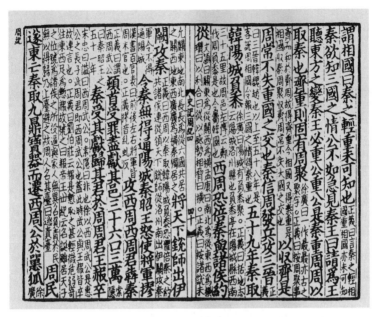

百衲本《二十四史》影印南宋黄善夫书坊刻三家注本《史记》

《史记·周本纪》在所要考订的这条纪事之上,记述了发生的前因:

> 五十九年,秦取韩阳城负黍,西周恐,倍秦,与诸侯约从,将天下锐师出伊阙攻秦,令秦无得通阳城。秦昭王怒,使将军摎攻西周。西周君犇秦,顿首受罪,尽献其邑三十六,口三万。秦受其献,归其君于周。

这段纪事的要点,是西周君入秦,献上所有的城邑和居民,秦国接受之后，又把西周君放回他原来的属地。《史记·秦本纪》载述此事，情况与此完全相同。

前因明了之后，我们再看"周君、王赧卒"之事后继的结果——这就是"周民遂东亡。秦取九鼎宝器，而迁西周公于𢡟狐"。上下连贯通读，这个"西周公"理所当然地就应该是前面提到的"西周君"。盖诸侯国君，本来就是以"公"相称，称"王"者俱属僭越。那么，西周君就没有同周赧王一同离世，死去的便只有周赧王一人。结论显而易见，"周君王赧卒"句中的"周君"二字，应是涉上文而衍。

检视《史记》旧注，可知这一讹误由来甚久，至迟在南朝时期就已产生。传世《史记》注本中最早的一家，即南朝刘宋裴骃的《史记集解》，就在"周君王赧卒"句下注云："宋忠曰谥曰'西周武公'。"这显然是针对"周君"二字而发。

不过这只是随文释义而已。裴骃《史记集解》固然类多如此，无意对《太史公书》文字的是非正误多加辨析。到唐人司马贞撰著《史记索隐》，就大胆果断地肯定了"周君王赧卒"这句话乃准确无误。

司马贞疏释之匆率，首先体现在误解裴骃原意上，即他误以为裴骃的注释是针对周王赧而施，谓"宋忠曰谥曰'西周武公'，非也"。他也不稍稍想一下，王赧堂堂大周天子，怎么能以"武公"作为谥号？裴骃何以会无学至此！在这样错误认识的前提下，司马贞一方面肯定"西周武公"指的就是"周君王赧卒"句中的"周君"，一方面又解释说："此时武公与王赧皆

多余的周国之君

卒,故连言也。"(司马贞《史记索隐》卷一)

可这位"周君"若是"西周武公",那么,在他与周赧王同时离世之后,下面那个被秦人迁到𢠸狐去的"西周公"又会是谁呢?司马贞说他是"武公之太子文公也",这个文公是"武公卒而立,为秦所迁"(司马贞《史记索隐》卷一)。这么讲,看起来好像文义通顺了,可实际上却扞格难通。

首先,从行文逻辑上讲,假如被迁至𢠸狐去的"西周公"与跟周赧王同时卒去的那个"周君"不是同一个人,按理说,司马迁是应当在书中写明的,或者说,像现在这样写,在逻辑上太混乱了,很不合理,是不应该出现的情况。

其次,司马贞指认前一"周君"为"西周武公",后者为"武公之太子文公",并没有向我们出示任何根据,而且他的论述本身也相当混乱。

要想更清楚地说明这一问题,需要再展开分析赧王时王畿之土分裂为东、西二周这两个侯国的情况。前面讲到,根据《史记·周本纪》的记载,赧王时,周王畿已分作东、西两部分,《史记》记述此事的原文是"王赧时东、西周分治"(《史记·周本纪》),而出现这一情况的渊源,可追溯到周考王时期:

> 考王封其弟于河南,是为桓公,以续周公之官职。桓公卒,子威公代立。威公卒,子惠公代立,乃封其少子于巩以奉王,号东周惠公。(《史记·周本纪》)

上述世系承续情况，脉络清晰，总的来说，没有什么悖戾历史实际的地方，也没有什么文字讹误，只是"封其少子于巩"这句话，前人往往误读误解，得出错误的认识，而准确理解这段话的本意，也是我们研读《太史公书》时需要解决的一个重要问题。

所谓前人误读误解其语，是错误地把"封其少子于巩"的"其"字，理解为继威公而立的惠公，因而受封于巩这个人便是"惠公之子"。从南朝刘宋时人徐广起，到当代战国史研究学者杨宽先生，都是这样（《史记·周本纪》附刘宋裴骃《集解》，杨宽《战国史》）。

在体制的规则这一意义上，能够册封诸侯的只有周天子，故"乃封其少子于巩以奉王"这句话被省略掉的主语，只能是当时在位的周王，而不会是继威公代立的那个惠公。单纯从字面上看，"封其少子于巩"句中这个"其"字，既可以代指惠公，也可以代指故去的威公，而通读上下文义，还是指称威公的可能性更大。《汉书·古今人表》自注谓东周惠公乃"威公子"，足以佐证这样解读《史记·周本纪》的记载更为合理。这样，标点时就应该在"子惠公代立"后句断。杨宽先生依据《韩非子·内储说下》等记载，考订"东周惠公当是西周威公的少子，和西周惠公是昆仲"（杨宽《战国史》），此等史实与上述判读相应。

至于这西、东二周分治王畿之土的具体时间，《史记·周本纪》说"王赧时东、西周分治"，只是在记述王赧徙居于

"西周"事(详下)时附带说明当时二周分治的状况,而不是在记述分治开始的时间。实则此事发生在周显王二年,亦即赵成侯八年。这一年,赵国"与韩分周以为两"(《史记》卷四三《赵世家》)。

另外,裴骃《史记集解》和司马贞《史记索隐》提到的"西周武公",刘宋时人徐广解释说他是"惠公之长子"(《史记·周本纪》并刘宋裴骃《集解》)。

经过这样的论证,按照《史记·周本纪》上述记载,二周的世系由来可图示如下:

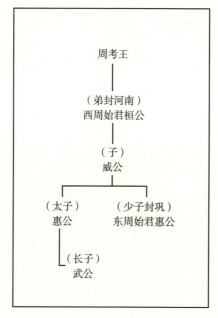

西东二周世系图

须知所谓"王畿之地",就是今河南洛阳之周人都城附近那一小片地区,何以还会封授诸侯,而且还一封再封?实则这是周天子权势走向彻底衰落的体现。

周代至平王东迁,史称"东周"。与这个"东周"相比,本文讲述的这个始封于巩的"东周"只能称之为"小东周"。平王东迁,是中国历史上一个重大事件,史称"平王之时,周室衰微,诸侯强并弱,齐、楚、秦、晋始大,政由方伯"(《史记·周本纪》)。只剩一个空架子的姬周王室,衰微的趋势愈演愈烈。

上举世系图中居于最上源位置的周考王,是周定王的子嗣,《史记·周本纪》记述其上位经过云:

> 定王崩,长子去疾立,是为哀王。哀王立三月,弟叔袭杀哀王而自立,是为思王。思王立五月,少帝嵬攻杀思王而自立,是为考王。此三王皆定王之子。

表面上看,到考王夺位之后,兄弟之间接二连三的厮杀似乎停止了,因为周考王是在位十五年之后寿终正寝的,没再被抢权的兄弟索去性命。

然而政治斗争的内幕并没有这么简单,我们看西周始君桓公受封的原委,是"以继周公之官职"(《史记·周本纪》)。这简简单单的一句话点明了内中全部秘辛。周公是什么人物?他是周武王的弟弟,曾辅佐武王克商,在武王的儿子成王继位之后，又全权摄理朝政。西周始君桓公乃是周考王嫡亲的老弟，因而考王安排桓公来"继周公之官职"，实质上应是让桓公像周公一样分享治国的权力，甚至兼司王政。对于每一个稍习中国古代宫廷政治内情的人来说，一眼就能够看出，考王这位老弟，一定大力支持并积极参与了他杀兄夺位的政变，还发挥了至关重要的作用。所以，周考王在政变成功之后，才不得不做出这样的安排，以稳定自己的地位。

虽然表面看来，周考王通过这样的安排稳定了自己的地位，但实际上他作为周天子却成了彻头彻尾的摆设，失去了所有的行政权力。因为在册封桓公之前，周天子已经完全失去对各地诸侯的控制力，甚至没有什么影响力了，他所能管理的只是都邑周围这一小块王畿之地。现在，再封个桓公，实际上是在王畿之地设一个诸侯国，天子脚下就连个立锥之地也没有了。飘浮在云端的天子，还能对人世间有什么权力呢？周天子在王畿之地的所有权力都完全掌握在桓公的手中。在这块土地上，桓公的实际地位已远超当年的周公。

这就是姬周晚期政治生态和政治版图的真实情况。这种情况，也许会让很多对西周历史只有"概念"式了解的人感到相当困惑——那么周朝实际上岂不等同于灭亡了吗？然而西周侯国在后来的变化，也许会让人更加困惑——这就是周显王二年时，赵、韩两国又连手肢解西周侯国，让威公少子在巩邑分设一个"东周"侯国。

赵、韩两国这一举措，显然是为了削弱西周侯国的实力，进一步削减姬周王室的影响。因为在实质上，西周侯国与王室已经合二而一，是它在操纵和控制着王室。西周侯国一分为二之后，不仅实力减半，而且两周之间免不了争强比胜，相互制约。只是在名义上，赵、韩两国还要有个掩人耳目的说法，这就是"乃封其少子于巩以奉王"那句话中的"奉王"二字。这种说法的内在含义，是说由于西周侯国未能尽到侍奉王室的义务，所以赵、韩两国才"仗义"而行，逼使其割让土地，分出个东周侯国来起到这样的作用。

既然如此，在东周侯国始设之际，王都和周王就都应在东周侯国境内，可是后来又出现了"王赧徙都西周"的情况（《史记·周本纪》）。

这里又涉及另一组"西周"与"东周"的称谓，它指的是平王东迁之后王室的都邑。其大致情况是：西周武王克商后，在今河南洛阳瀍河岸边筹措营建雒邑，至成王时成之，时称"成周"，平王东迁于此后，其地被称作"王城"。至敬王时，周又在今洛阳白马寺以东地区修筑新都，但仍沿承老城之"成周"旧名，世俗则依其方位较旧城偏东，称作"东周"。相对而言，在敬王东入新都之后，原来的"王城"便又被称作"西周"，桓公之西周侯国即以此为都（《史记·周本纪》、《史记·刘敬叔孙通列传》并唐张守节《正义》。晋杜预《春秋释例》）。所谓"王赧徙都西周"，是讲周赧王被从敬王以来的都邑"东周"迁移到西周侯国的都邑"西周"，也就是西迁到了"王城"。显而易见，周赧王的身份如同被软禁的囚徒一般，而敬王兴建的新都"成周"当然应在东周侯国的辖境（若非如此，东周侯国便无以"奉王"）。

上述这些情况，就是《史记·周本纪》赧王之卒以及西周公被迁于憚狐的历史背景。在这一背景之下，我们看周赧王之卒，似乎更应该是在寄寓于两周侯国屋檐底下多年之后，因不忍面对西周侯国被秦人吞并这一局面愤而自绝，或是忧愤而死。赧王死后，周民无主，只好纷纷逃向东方，秦人于是掠取象征着天子地位的九鼎宝器，而对西周侯国的君主"西周公"的处理办法，是把他迁徙到了憚狐这个地方。

弄清楚东、西二周这两个侯国的来龙去脉，我们才能回过头来心中有数，同时眼底也明明白白地来审度一下《史记·周本纪》记载的这个"西周公"以及所谓"周君"是不是西周侯国的武公。

依据《史记·周本纪》的记载，我们仅能知道西周武公可能生活在赧王时期，但赧王前后在位五十九年，时间相当漫长，西周侯国在武公之后再有一位甚至两位君主继位都是很正常的。因而依据现有传世文献，我们还很难断定这位"西周公"以及所谓"周君"到底指的是谁，唐人司马贞指认所谓"周君"为"西周武公"，实际上也只能是想着说的说法，并没有任何史料依据。

至于司马贞径云"西周公"为"武公之太子文公"，这更简直如同信口开河。根据《史记·周本纪》的记载，我们仅能知晓西周武公本来先有所谓"共太子"，"共太子"死，公子咎

明末汲古阁刻本《史记索隐》

继立。如此而已,绝没有丝毫记载告诉我们有个继位为侯并且在去世之后被谥为"文公"的太子。

现在再来看一看司马贞"迁西周公于惠狐"这条释文的全文,以清楚了解他的思维和认识状况:

> 西周,盖武公之太子文公也。武公卒而立,为秦所迁。而东周亦不知其名号。《战国策》虽有周文君,亦不知灭时定当何主。盖周室衰微,略无纪录,故太史公虽考众书以卒其事,然二国代系甚不分明。(司马贞《史记索隐》卷一)

文中"西周"下当夺落一"公"字,这是显而易见的事情(案,东周始封之君惠公卒于周显王,见《史记·六国年表》刘宋裴骃《集解》引古本《竹书纪年》,故东周文公的在位时间最早不得早于这一年)。如前文所说,司马贞谓"西周公"为"武公之太子文公",并没有交代任何依据,而早期史籍中唯一让我们想到所谓周文公的文献,只有司马贞提到过的《战国策》中的"周文君"(《吕氏春秋》称作"周昭文君"),可这个"周文君"在《战国策》中分明是列在"东周策"部分(《战国策·东周策》。《吕氏春秋》之《慎大览·报更》《士容论·务大》),这讲的当然只能是东周的文公而不会是什么"西周公"。

按照我的理解,司马贞如此怪异的表述,只能出自他谬误而又错乱的认识。所谓谬误,是司马氏误把东周侯国的文公,认作西周侯国的君主，并将其视作西周武公的继嗣；而其认识的错乱之处，在于他转过头来，又意识到这个文公（或称文君）原本身属东周侯国，脑子实在迷糊了，于是又讲述了一番他无从知悉东周侯国世系的无奈。

　　看到司马贞的认识竟然如此颠顸，我们也就不必理会他把《史记·周本纪》的"周君"和"西周公"指认为两人的说法了，其"周君、王赧卒"句中的"周君"二字自属衍文无疑，即这个"周君"只能是个多余的周国之君。昔清人梁玉绳读解《史记·周本纪》此文，专门做过一段考证。尽管梁氏的考证并不十分高明，却早已看出"《史记索隐》谬以武公与王赧同卒，遂移东周之文君，指为武公太子，以当下文之西周公，李代桃僵"，陋妄若此，"岂不乖乎"？（梁玉绳《史记志疑》卷三）

2022年3月15日草稿
2022年3月16日晚改定

商鞅"相秦"多少年?

商鞅是中国历史上大名鼎鼎的人物。他辅政秦孝公,变法图强,获得成功,史称"商鞅变法"。不过这种种新兴的举措,都不是寻常小民想做就能做的事儿,得先有个与之相配的身份。

那么,商鞅是以什么身份参与秦国中枢政治的呢?这个事儿看起来好像很简单,其实很难说清。至少以我之孤陋寡闻,到目前为止,还没看到有人把它讲清楚,甚至绝大多数学人根本没有觉察到这是个值得一提的事儿。

商鞅本姓公孙。因系卫国诸庶孽子,亦称"卫鞅";孝公二十二年,被秦孝公封为列侯,因其封邑在商地,复名"商鞅",号"商君"。所以不管是称呼他为"商鞅",还是记作"商君",都是所谓"史终言之"的用法,即以其最后的名号来做人身的称谓。

商鞅入秦,是在秦孝公元年,时值公元前361年。是年,孝公下令国中以求贤臣,宣称"宾客群臣有能出奇计强秦者,吾且尊官，与之分土"。鞅闻令西行，以求显达富贵。实际上他也很快如愿以偿，达到了目的。不过福兮祸伏，乐极生悲。秦孝公死后，其子"惠文君"（也就是后来妄自称王的秦惠文王）继位，因为商鞅执法严苛，跟他结过怨，这位"惠文君"甫一即位就抓捕商鞅，还以一种很残忍的方式"车裂"处决了他。这个时间是在秦孝公二十四年，时值公元前338年（《史记》之《秦本纪》《商君列传》）。

我在这里特别强调秦孝公二十四年这个年份，是因为《史记·商君列传》就在这一年间载有如下纪事：

  商君相秦十年，宗室贵戚多怨望者。赵良见商君。商君曰："鞅之得见也，从孟兰皋，今鞅请得交，可乎？"赵良曰："仆弗敢愿也。孔丘有言曰：'推贤而戴者进，聚不肖而王者退。'仆不肖，故不敢受命。仆闻之曰：'非其位而居之曰贪位，非其名而有之曰贪名。'仆听君之义，则恐仆贪位贪名也，故不敢闻命。"商君曰："子不说吾治秦与？"赵良曰："反听之谓聪，内视之谓明，自胜之谓强。虞舜有言曰：'自卑也尚矣。'君不若道虞舜之道，无为问仆矣。"商君曰："始秦戎翟之教，父子无别，同室而居。今我更制其教，而为其男女之别，大筑冀阙，营如鲁卫矣。子观我治秦也，孰与五羖大夫贤？"赵良曰："千羊之皮，不如一狐之腋；千人之诺诺，不如一士之谔谔。武王谔谔以昌，殷纣墨墨以亡。君若不非武王乎，则仆请终日正言而无诛，可乎？"……后五

時伐魏魏不支秦必東徙東徙秦據河山之固東鄉以制諸侯此帝
王之業也孝公以為然使衛鞅將而伐魏魏使公子卬將而擊之軍
既相距衛鞅遺魏將公子卬書曰吾始與公子驩今俱為兩國將不
忍相攻可與公子面相見盟樂飲而罷兵以安秦魏魏公子卬以為
然會盟已飲而衛鞅伏甲士而襲虜魏公子卬因攻其軍盡破之以
歸秦魏惠王兵數破於齊秦國內空日以削恐乃使使割河西之地
獻於秦以和而魏遂去安邑徙都大梁梁惠王曰寡人恨不用公叔
座之言也衛鞅既破魏還秦封之於商徐廣曰弘農商縣也十五邑號為商君
商君相秦十年宗室貴戚多怨望者趙良見商君商君曰鞅之得
見也從孟蘭皋今鞅請得交可乎趙良曰僕弗敢願也孔丘有言
曰推賢而戴者進聚不肖而王者退僕不肖故不敢受命僕聞之
曰非其位而居之曰貪位非其名而有之曰貪名僕聽君之義則恐
僕貪位貪名也故不敢聞命商君曰子不說吾治秦與趙良曰反聽
之謂聰內視之謂明自勝之謂彊虞舜有言曰自卑也尚矣君不若

凤凰出版社影印宋刊十四行本《史记》

月而秦孝公卒,太子立。

即在同一年内五个月之后,孝公卒,太子"惠文君"继位,商鞅随之被杀。这里商鞅对赵良所说"吾治秦"云云,自是就其"相秦"以来之政治作为而言,由此可以看出,所谓"商君相秦十年",是讲商鞅在秦孝公去世之前的十年时间之内,一直持续做着"相秦"的工作。

谈到商鞅"相秦"的"相"字,很多人,包括很多历史学人,可能很容易想到丞相。然而,商鞅并不是秦国的丞相,盖秦国的丞相始置于武王二年,亦即公元前309年(《史记·秦本纪》),在商鞅"相秦"的时候,这个诸侯国还没有丞相这个职位。

关于丞相这一官职的产生时间和它的早期形式及演进过程,是中国古代史上的一个重大问题,我拟另文述说,这里姑且置而不论。唯《史记·商君列传》此处这一"相"字不过犹如"宰相"之"相",只是一个通行的泛称而已,并不是什么正式的官职称谓。如《韩非子·显学》云"明主之吏,宰相必起于州部,猛将必发于卒伍";又如《庄子·盗跖》云"仲尼墨翟穷为匹夫,今谓宰相曰,子行如仲尼墨翟,则变容易色称不足者,士诚贵也",所说"宰相",都是对朝堂之上那些掌权辅政高官的泛称,商鞅"相秦"之"相",行的也就是这种"宰相"之职。

《史记·陈丞相世家》记载:"里中社,平为宰,分肉食甚

商鞅"相秦"多少年？

均。父老曰：'善，陈孺子之为宰！'平曰：'嗟乎，使平得宰天下，亦如是肉矣。'"所谓"宰天下"者，应即古文献中"冢宰""太宰"之类的官职，而"宰相"一称之得名或缘于陈平所说的语义——辅佐君主公平处置各方利益，即宋景公所说"宰相，所与治国家也"（《吕氏春秋·季夏纪·制乐》），实质上主要是维护君主的最高利益。

直到春秋时期，这种"相"一直是卿大夫之类贵族行使的职事，进入战国以后，情况发生变化，开始由专职的行政官僚来行使相应的职权。这是中国古代行政运作制度的一项重大变化。商鞅就是在这一背景下入秦"相秦"的。

商鞅由卫国来到秦国，其身份只是一介平民，秦孝公元年入秦。第二年，昭告天下想要发奋图强的秦孝公，即蒙"天子致胙"，也就是周天子显王把供奉给先祖先王的祭肉分出一部分来赏赐给他。这是一项殊荣，给了秦孝公很大一个面子，原因当然是秦国咄咄逼人的争霸态势。再下一年，也就是秦孝公三年，亦即公元前359年，孝公听取商鞅的建议，"变法修刑，内务耕稼，外劝战死之赏罚"（《史记·秦本纪》），全面开启了变法图强的历程。

在这里，我想顺便郑重指出，秦孝公三年，即公元前359年，这也就是所谓"商鞅变法"正式展开的一年，现在中国一些通行的历史教科书，采信杨宽先生的看法（说见杨宽《战国史》），把"商鞅变法"的开始时间定在公元前356年，亦即秦孝公六年，可这并不合理。

《史记·商君列传》记述说，就在这一年商定变法改革的过程中，由于高度认可商鞅的提议，"孝公曰：'善。'以卫鞅为左庶长，卒定变法之令"。依据这样的记载，稍后正式发布的变法令似乎是商鞅以左庶长身份制定出来之后才被颁行的，至少绝大多数人都会做出这样的解读。

在此需要清楚说明的是，这个"左庶长"并不是什么行政官职，而是一个爵号，是秦汉二十等爵制中第十等爵位的名号（《汉书·百官公卿表上》）。明此可知，秦孝公是在给卫鞅颁爵，而不是授官。这一举措的历史含义，容下文再予叙说。

然而《史记·秦本纪》载述秦孝公"以卫鞅为左庶长"的时间，与《史记·商君列传》不同，乃是在孝公三年所记变法事宜下叙及变法的后续影响时讲道："卒用鞅法，百姓苦之；居三年，百姓便之。乃拜鞅为左庶长。"即谓在"商鞅变法"三年之后，他才获得左庶长的身份。若是从启动变法的孝公三年开始，足足"居三年"之后，就是秦孝公六年，亦即公元前356年；若是把启动变法的孝公三年就算作变法一年，这样至所谓"居三年"之时，就是秦孝公五年，即公元前357年。

大多数读书人对此并不深究，往往泛泛依据《商君列传》的孝公三年说来叙事立论，而经过严谨考辨仍采信此说者，当以《资治通鉴》最有代表性（宋司马光《资治通鉴》卷二周显王十年）。不过也有人依从《秦本纪》，采用孝公五年说，譬如清人梁玉绳、王念孙（梁玉绳《史记志疑》卷二九。王念孙《读书杂志》之《战国策》卷一"八年"条）。那么，究竟哪一

商鞅"相秦"多少年？

种说法对呢？

大家阅读《史记》，首先要对它的著述体例有所了解。《太史公书》叙述史事的一个重要特点，就是在不同篇章之间，刻意采用详略互见的笔法，错综为文。这样，既使得行文有曲折回环之妙，也能合理地安排本纪、列传、世家和书、表各种不同构件的内容，令其产生最佳的效果。

《史记》的本纪，直接承自《春秋》等早期编年体史书，重在以编年的形式和简明扼要的文字载述重大史事的梗概，是这部史书纪事的大纲和主干；列传则是通过相关的代表性人物来比较详细地记述史事的细节，是这部史书纪事的分支和枝叶。

关于"商鞅变法"及商鞅其人的记载，主要分见于《秦本纪》和《商君列传》两处。本纪既然是纪事的主干，便只能记其略，但对事件发生的时间，要尽可能清楚准确，故其系年的准确性往往会高于列传；列传是《史记》纪事的枝叶，因而需要不厌其详，多载述细节，但在叙事过程中，文字往往前后交错，缤纷多彩。

基于这一文献学背景来揣摩《秦本纪》和《商君列传》的纪事歧异，窃以为商鞅为左庶长还是应当以《史记·秦本纪》载述的时间为准。仔细审度《秦本纪》的纪事可以看到，其"拜鞅为左庶长"云云，是严格依照时间的先后次序写入书中的，即前面先说秦孝公三年，"卒用鞅法，百姓苦之"，继之复云"居三年，百姓便之"，亦即施行至孝公五年（含始行变法的孝公三年在内）或六年（不含始行变法的孝公三年），遵行新法的百姓已经感到它的便利（真实情况是否如此另当别论），于是秦孝公"乃拜鞅为左庶长"。《史记·秦本纪》紧接下来的纪事，是"（孝公）七年，与魏惠王会杜平"。由三年，到五年或六年，再到七年，太史公依次编排下来，文字顺畅得很，而商鞅在献策有效之后再被授予左庶长之位，因功受爵，也很合乎情理。简单地说，商鞅受爵左庶长，应当是在秦孝公五年或六年这两年间内。

相比之下，《史记·商君列传》秦孝公"以卫鞅为左庶长，卒定变法之令"的记述，并不准确。

《史记·秦本纪》在"卒用鞅法，百姓苦之；居三年，百姓便之。乃拜鞅为左庶长"云云句下，紧接着，加了这么一句注释性的话："其事在《商君》语中。"这也就是说：要想了解此事更多的细节，请看《商君列传》的记述。具体到商鞅受爵左庶长的时间这个细节问题，这等于是在说：至变法令行用三年之后，因为变法之举得到百姓的认可，获得成功，于是秦孝公给商鞅颁授左庶长爵位，以示激励。读者要在了解这一前提之下，再去阅读《商君列传》中那些相关的细节。

这样我们也就很容易理解，《史记·商君列传》中"孝公曰：'善。'以卫鞅为左庶长，卒定变法之令"的说法，并没有严格依照先后顺序来表述"卫鞅为左庶长"的时间，因为这在《秦本纪》中已做过清楚的说明，司马迁在这里只是指明商鞅为左庶长同他进献变法之策的关系而已，相当于在"孝公曰：

商鞅"相秦"多少年？

'善。'"句后加个括号，附注云"于是以卫鞅为左庶长"的意思，而这同《史记·秦本纪》相参证，很好地体现出《太史公书》彼此互见的笔法。

下文进入我们论述的主题，即"商君相秦十年"这一问题。由秦孝公二十四年（前338）向前逆推十年，为秦孝公十四年，即公元前348年。这一年，秦国并没有发生什么同商鞅本人直接相关的重大事件，《史记·秦本纪》只有"初为赋"一项记载，而在《商鞅列传》里我们也看不到商鞅的身份在这一年发生了什么变化。所以，"商君相秦十年"这一记载显得有些不可思议，或许存在某种讹误。

唐人司马贞在《史记索隐》中对"商君相秦十年"句加有如下注释：

> 《战国策》云孝公行商君法十八年而死，与此文不同者。案此直云"相秦十年"耳，而《战国策》乃云"行商君法十八年"，盖连其未作相之年耳。

司马贞这种调和其事的说法，看似简单地解决了问题，并且在很大程度上还得到清代著名学者王念孙的认同（王念孙《读书杂志》之《战国策》卷一"八年"条），可实际上却是回避了任何深入的探讨。

"相秦十年"讲不通，司马贞对《战国策》"孝公行商君法十八年而死"的解释更说不通。盖《战国策》这种纵横家的游

明末汲古阁刻本《史记索隐》

说之词,其主旨在于拿事儿说事儿,而不是忠实地记述史事,故书中对时间、年岁等项内容的记述同实际的情况往往会有所出入,不必都当真事儿来看。孝公三年始变法图强,这在《秦本纪》和《商君列传》中都有清楚记载,而由秦孝公故世之时上推十八年,为秦孝公六年,并不是实际发生此事的秦孝公三年。所以,《战国策》的说法是完全不符合历史事实的,即使是"连其未作相之年"来数算,也完全不对头。

民国学者沈家本考述《战国策》这一记载说:"鞅变法始于孝公三年,至二十四年孝公卒,凡二十二年,《国策》所言十八年实误。"(沈家本《诸史琐言》卷三)沈氏谓"《国策》所言十八年实误",斯乃得之,不过他以秦孝公变法的起始时间作为计算商鞅"相秦"之事的起点,这种做法却并不一定合理。

清人梁玉绳考辨商鞅"相秦"十年之事,起算的时间,与沈家本不同:

> 十年误。鞅以孝公元年入秦,三年变法,五年为左庶长,十年为大良造,二十二年封商君,二十四年孝公卒,鞅死。则十年以何者为始?《索隐》引《秦策》作十八年亦不合。……疑当作"二十年",自为左庶长数之也。(梁玉绳《史记志疑》卷二九)

梁玉绳以为商鞅为左庶长事在秦孝公五年,是依据《史记·秦本纪》的记载所做的裁断,其合理性前文已有说明,此不赘述。在这里,梁氏推测商鞅"相秦"之"十年"为"二十年"的讹误,且谓应当"自为左庶长数之",亦即应当从秦孝公五年算起,这些都是很有见地的看法。盖古书之"二十"或书作"廿"字者,都很容易泐损讹变为"十",而"二十"这个数目正符合从秦孝公五年到二十四年这个时间段落的长度(含商鞅始为左庶长的秦孝公五年在内)。

左庶长这个爵位虽然不是很高,但毕竟不同于商鞅初入秦国的白丁身份,已与前文所说"卿大夫"之"卿"大体相当(依杨宽《战国史》说)。"相"或"宰相"在当时虽然还不是什么正式的官职,只能看作一种行使相应职权的身份,但要想获得这种身份认可,还是需要具备某种社会地位——这就是旧时沿袭下来的贵族名号,故商鞅得先有左庶长之爵方可正式"相秦"。

后来在秦孝公十年,商鞅又因军功等获取大良造爵位(秦汉第十六等爵,又名"大上造",见司马贞《史记索隐》);孝公二十二年,复进爵最高爵位、第二十等爵彻侯(《史记·秦本纪》。附案,"彻侯"后来因避汉武帝名讳,改称"通侯",亦名"列侯")。然而,始终也没有委任给他"丞相"之类的官职,只是以这些爵位作为资本来"相秦"而已。

不过若是进一步思考这一问题,《战国策》谓秦孝公行商君法十八年而死的说法,也不容轻忽放过。此说见于《战国策·秦策一》,原文为:

商鞅"相秦"多少年？

> 商君治秦，法令至行。……孝公行之十八年，疾且不起，欲传商君，辞不受。

这里"十八年"的"十"字，通行本无之，但南宋姚宏校订本注云一别本有之（见《中华再造善本》丛书影印国家图书馆藏宋绍兴刻姚宏校订本《战国策》卷三），前述唐人司马贞所见之本正是如此。

又《韩非子·和氏》亦述及秦孝公施行商君之法的年数：

> 商君教秦孝公以连什伍，设告坐之过，燔诗书而明法令，塞私门之请而遂公家之劳，禁游宦之民而显耕战之士。孝公行之，主以尊安，国以富强，八年而薨。

清人王先慎校云："《国策》'孝公行商君法十八年而死'。《史记》'商君相秦十年'，《索隐》云《国策》盖连其未作相之年说也。案此作'八年'与《史记》《国策》皆不合，疑'八'上夺'十'字。"（王先慎《韩非子集解》卷四）几处记载，相互参证，这自然是合乎情理的判断，即《韩非子·和氏》的原本，也应当是讲秦孝公行商君之法十八年而身亡。可见这应该是战国中期以后广泛流行于世的说法。

像《韩非子》这样的子书，虽然不像《战国策》那样叙事往往严重失实，但同样旨在说理，纪事的准确性也不能同《史记》这类史书相比。

一本下有十字八年疾且不起欲傳劉作辭不受孝公已死惠王代後欲傳商君蒞臨也有商君告歸欲還歸魏也懼惠王誅之之人說惠王曰大王太重者國危左右太親者身危今秦婦人嬰兒皆言商君之法莫言大王之法莫無是商君反為王大王更為臣也且夫商君固大王仇讎也願大王圖之商君歸還惠王車裂之而秦人不憐也之曰商君之法急不得出窮而還一曰魏以其譖公子卬而没其軍怨而不納故遂下蒻惠王車裂也蘇秦始將連橫秦故曰連橫者也說秦惠王曰大王之國西有巴蜀漢中之利也利饒也北有胡貉代馬之用

《中华再造善本》丛书影印国家图书馆藏
宋绍兴刻姚宏校订本《战国策》

商鞅"相秦"多少年?

前已述及,商鞅变法始自秦孝公三年,这在《史记》当中有非常明确的记载,是不容否定的事实。但是,《战国策》和《韩非子》的说法既已广泛流行于世,即便不符合实际,也应当语出有因。

若是变换一个视角,把这十八年看作商鞅受爵左庶长之后"相秦"的年数,再采用孝公六年商鞅受爵左庶长之说,那么,从秦孝公六年(前356)起算,到孝公去世的秦孝公二十四年(前338),前后正好满十八年。这样看来,《战国策》和《韩非子》讲的都应该是商鞅"相秦"以后施行新法的年数。

了解这一情况之后,我想有理由认定,《史记·商君列传》"商君相秦十年"的"十年"也应该是"十八年"的脱误,而不是梁玉绳所推测的"二十年"的讹变,即今本《史记》在流传过程中夺落一个"八"字。只是这一脱误由来已久,在北宋人苏辙改编《史记》撰著的《古史》一书当中,就已然如此(《古史·商君列传》)。反过来看,商鞅"相秦"的起始时间,也应该定在孝公六年。

按照以上分析,今中华书局新点校本《史记·商君列传》"商君相秦十年"的"十年",理应订正为"十八年";至少应当添加一条校勘记,以事说明。

与此相关的是,《史记·商君列传》在记述商鞅变法的社会接受状况时写道:

> 行之十年，秦民大悦，道不拾遗，山无盗贼，家给人足。……于是以鞅为大良造。将兵围魏安邑，降之。居三年，作为筑冀阙、宫廷于咸阳，秦自雍徙都之。

沈家本就此"行之十年"之"十"字考述说：

> "十"乃"七"之讹也。《秦纪》卫鞅变法在孝公三年，筑冀阙在十二年。此下文云"居三年，筑冀阙"，十二年前去二，后去三，却得七年。（沈家本《诸史琐言》卷三）

"十""七"二字在秦汉间字形相近，颇易互讹，沈氏所说信而可从，故今中华书局新点校本《史记》此处"十"字当订正为"七"。

最后，需要稍加说明的是，《史记·商君列传》所记"行之十（七）年，秦民大悦"，同前面提到的《史记·秦本纪》"卒用鞅法，百姓苦之；居三年，百姓便之"那段话，文句虽颇有相通相近之处，但二者谈的不是同一码事儿。前者是讲商鞅受爵左庶长的条件，后者是讲他受爵大良造的背景，各有各的叙事缘由，所以才会有"三年"与"七年"的差别。

2022年1月9日午间草稿
2022年1月10日晚定稿

商鞅的封地在哪里?

那个给秦孝公出谋划策并亲自操持,帮助秦国变法图强的商鞅,本姓公孙,复因身属卫国诸庶孽子,又称"卫鞅"。入秦后,因功受封列侯(当时称作"彻侯")。由于其封邑位于商地,复名"商鞅",或号曰"商君"。这些,都是稍习秦汉史者知晓的事情。不过这看起来简简单单、清清楚楚的史事,也有些说不清楚的地方——这就是商鞅的封地到底在哪里?

关于这个问题,直接的记载,出自《史记·商君列传》:

> 卫鞅既破魏还,秦封之于商十五邑,号为商君。

此事的具体发生时间,在《史记·秦本纪》中有明确记载:

> (秦孝公)二十二年,卫鞅击魏,虏魏公子卬。封鞅为列侯,号商君。

又《史记·六国年表》记述的时间，与此相同。依据这样的记载，公孙鞅或卫鞅以破魏之功而受封的列侯爵位，封地在商，故名"商君"。

这些记载，对每一个稍通古文的读者来说，都是一清二楚、毫无疑义的，用不着再费笔墨。这位来自卫国的孽子"卫鞅"，因为受封于"商"，所以姓名就改成了"商鞅"。附带说明一下，不管"卫鞅"，还是"商鞅"，确切地说，都是以居地作为他的"氏"，是"卫氏"或"商氏"，"卫"或"商"都不是姓。

可是，专家读《史记》，眼光就是与普通人不同。唐朝开元年间，有位太史公的本家名叫司马贞，他在撰著《史记索隐》给《太史公书》做注时，把《史记·商君列传》"秦封之于商"的"于"字看成了另一个地名，即"于"不是虚字而是实词，并且还是个专有名词。

> 于、商，二县名，在弘农。按《纪年》云秦封商鞅在惠王三十年，与此文合。（司马贞《史记索隐》卷一八）

这《纪年》是战国时期魏国的史书，乃西晋时期出土的所谓"汲冢竹书"的一部分，故又称《竹书纪年》。因为是魏国的史书，故所称"惠王"是指魏惠王（即《孟子》里常常提到的那位梁惠王）。魏惠王三十年，正值秦孝公二十二年，所以司马贞说秦、魏两方面的记载相互吻合。

商鞅的封地在哪里？

明末汲古阁刻本《史记索隐》

司马贞做出这样的解读,当然不会是随便胡来,这里边自有他的道理。不管司马贞的道理讲得通还是讲不通,我们都姑且把它放到后面再说,这里先来确认一下"秦封之于商十五邑"这句话讲得通还是讲不通。

这么想,是因为古今文法未必完全相同,现在我们读着很顺畅的用法,古人可能根本不这么用;相反,现在我们读着很别扭的用法,可古人却偏偏就是那么用。譬如,我研究过的秦始皇"禁不得祠明星出西方"的问题,按照我们今天的逻辑,从字面上看,这是个双重否定的意向,即所谓"禁不得"就是"人们不得不做什么事"的意思,是非做不可,然而秦汉人这么用,却是"不得"的意思,也就是"禁止",亦即禁行其事。今人再觉得别扭,而秦汉人也那么用,这由不得你(别详拙文《秦始皇禁祠明星事解》,收入拙著《旧史舆地文录》)。

一方面,《史记·陈杞世家》载陈胡公满得氏由来,谓其本为帝舜之后,后因居于妫汭而"姓妫氏","至于周武王克殷纣,乃复求舜后,得妫满,封之于陈,以奉帝舜祀,是为胡公"。又《史记》同篇载杞东楼公得氏由来,谓其本为夏禹苗裔,"殷时或封或绝,周武王克殷纣,求禹之后,得东楼公,封之于杞,以奉夏后氏祀"。由"封之于陈""封之于杞"这两个例证,就足以证明,《史记·商君列传》"封之于商"的"于"字,按照秦汉时期通行的文法,一般还是将其用作文言虚词,而不宜把它读作专用的地名。

另一方面,商鞅被"封之于商"一事,尚别见于《史记·楚世家》,记述的形式是"秦封卫鞅于商"。这种用法,在《史记》当中就更常见了。如《史记·周本纪》之"封弃于邰""封神农之后于焦、黄帝之后于祝、帝尧之后于蓟、帝舜之后于陈、大禹之后于杞""封尚父于营丘""封弟周公旦于曲阜""封召公奭于燕""封弟叔鲜于管""封弟叔度于蔡",这一大串"封某人于某地"的用法,更足以证明,"秦封卫鞅于商"的"于",若是没有其他特别的语境,只能读为普通的介词,而不宜解作专有地名。

其实在唐人司马贞之前,读《史记》者本来也都是把这个"于"字解作虚字介词。例如,南朝刘宋时人裴骃撰著《史记集解》,就是在《商君列传》"秦封之于商"句下援引同时人徐广的说法,谓"徐广曰弘农商县也"。这显然是把商鞅的封地看作只有"商"这一个地方,并没有包含什么"于"地在内,即如清人雷学淇所说,"徐氏以'于'为语助"也(雷学淇《竹书纪年义证》卷三八)。

可是,面对《太史公书》这种清清楚楚、毫无疑义的记载,司马贞为什么非要做出别样的注解呢?须知司马贞撰《史记索隐》,是在裴骃《史记集解》的基础上再做新的疏释,所以他把商鞅的封地看作"于""商"两地,等于是和裴骃针锋相对,提出自己不同的见解。

这并不是司马贞非要横生别解,而是因为另有一项与之相关的记载横在他的面前,他是不得已而为之。

这项相关的记载,就是司马贞提到的《竹书纪年》。大家仔细斟酌一下司马贞那段注解，即"于、商，二县名，在弘农。《纪年》云秦封商鞅在惠王三十年，与此文合"。我们把这段话倒过来看，才能理解司马贞的思维逻辑。

这话怎么讲呢？司马贞说《竹书纪年》记载商鞅受封列侯的时间是在魏惠王三十年，这同《史记》记载的时间一致，若仅仅如此，司马贞有必要多此一举，为一个确定无疑的史事做注吗？审度相关文义，可以看出，今本《史记》所附《索隐》和汲古阁刊三十卷单行本司马贞书，这条注释的文字应有脱落之处。

附带说明一下，存世汲古阁刊三十卷单行本《史记索隐》，并非如汲古阁主人毛晋所标榜的那样，是什么"北宋秘书省大字刊本"（见汲古阁刊单行本《史记索隐》篇末毛晋识语），而是一种多有讹误脱窜的传抄本，并且其中已经羼有北宋时期的内容。其余如三家注本所附《史记索隐》，亦间有讹误脱漏（别详程金造《汲古阁单本史记索隐之来源和价值》，收入作者文集《史记管窥》）。其实对比一下汲古阁刻三十卷单行之本，就可以清楚看出，被后人附于《史记》本文的司马贞《索隐》，确有很多或错讹、或夺落的地方。

在这一历史文献学背景下，再来审视《史记索隐》这段内容，可知其原始形态的文本，理应载有《竹书纪年》所记商鞅封邑的具体地点，而这一记载，又应或直接、或间接地同将"于"字解作地名有关。

我们在《水经·浊漳水注》中看到如下记载：

商鞅的封地在哪里？

衡水又北,径邬县故城东。《竹书纪年》,梁惠成王三十年,秦封卫鞅于邬,改名曰商即此是也,故王莽改曰秦聚也。

唐朝人司马贞后来在注释《史记·商君列传》时提到的那条《竹书纪年》,其完整的内容应当就是《水经注》引述的这段文字,只不过我们今天见到的《史记索隐》已有脱落。司马贞说"《纪年》云秦封商鞅在惠王三十年,与此文合",意在通过时间的吻合来说明《竹书纪年》记载"秦封卫鞅于邬"同《史记·商君列传》所说卫鞅被"秦封之于商"是同一回事。

在这种情况下,司马贞为什么又会提出"于""商"二字是两个县名呢？清人徐文靖曾经指出:"于读为乌,古字通。《穆天子传》'于鹊与处',即乌鹊是也。"(徐文靖《竹书统笺》卷一二)即"于"应当读为"乌"字,而"乌"就是"邬"的异写,这样就可以把"于、商,二县名"解作"邬、商二县名"了。我推想,这就是司马贞的理据和他的论证逻辑。

当然,若是深入追究,司马贞这一认识肯定存在比较严重的问题。因为《竹书纪年》讲到的邬、商这两个地名,是随着时间推进而发生的纵向演替,而不是司马贞所讲的同一时间上横向的空间位置差异。不过与"邬"的位置所在相比,这个问题,显得并不那么重要,所以,下面我们就先来看看《竹书纪年》提到的这个邬邑到底是在哪里。

紧继司马贞之后,撰著《史记正义》的张守节,对司马贞的说法进一步解释说:

> 于、商在邓州内乡县东七里，古于邑也。商洛县在商州东八十九里，本商邑，周之古国（德勇案，"古国"原作"商国"，此从中华书局新点校本《史记》校勘记改）。案十五邑近此二邑。

这样，按照司马贞和张守节的解释，《史记·商君列传》的"秦封之于商十五邑"句，就要读作"秦封之于、商十五邑"，今中华书局新点校本就是这样依据司马贞和张守节的说法而做的断句。在这里，张守节谓"秦封之于、商十五邑"之"十五邑"乃"近此二邑"，自然是指这"十五邑"接近于邑和商邑两地。

在谭其骧先生主编的《中国历史地图集》上，对商、于两邑位置的标示，依据的就是张守节的说法，其具体地点如下页图所示。这两处地点最重要的地理位置特征，都是在丹水谷地的上游，这条丹水就是现在的丹江。后世对商、于两邑地望的解释，大多同谭其骧主编的《中国历史地图集》一样，完全因袭张守节《史记正义》的说法。

然而稍加推敲，就可以看出，图上的于邑地处秦武关之外，这里本是楚国的属地（参据杨宽《春秋时代楚国县制的性质问题》附录一《楚国商县考》，收入作者文集《杨宽古史论文选》卷二）。《史记·六国年表》记载说，在商鞅受封为列侯十一年前的孝公十一年，秦"城商塞"，这应该就是修建商邑东南的武关。不管这个商邑到底是不是商鞅的封邑，该地

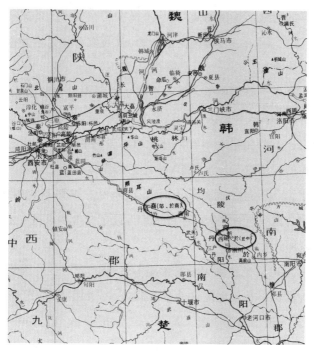

商、于二邑旧说位置图
(据谭其骧主编《中国历史地图集》之《战国·秦蜀图》)

处于武关之内，而于邑却在武关之外很远，这一点是非常明确的。

按照《史记·楚世家》记载，就在商鞅被"封之于商十五邑"这一年，秦国始"南侵楚"，也就是突破武关的限制向南推进。这意味着在商鞅受封列侯之时，这个于邑尚属楚地，故商鞅封邑是不应该包含该地在内的。杨宽先生考述相关问题，也认为这个于邑与秦国的商邑之间"相距二百五十里以上，当时商君的封地不可能如此广大"(杨宽《春秋时代楚国县制的性质问题》附录一《楚国商县考》,收入作者文集《杨宽古史论文选》卷二)。

从事历史研究的学者往往会把史事想得过于复杂。其实,创造历史的古人也是人,只要是人,其社会行为的基础都是饮食男女,不管是谁,不管是什么事,其内在机理不会相差很多。我们看商鞅封邑这件事,《史记·商君列传》说由于"秦封之于商十五邑"而"号为商君",那么,按照正常的逻辑,商鞅的封地只能解读为商邑外围十五邑了,绝不该另有个"于邑"冠加其上。

宋人司马光在编著《资治通鉴》时,或许就是因为感受到这种困惑,于是他把这件事改写为"秦封卫鞅商于十五邑"(司马光《资治通鉴》卷二周显王二十九年),即写作"商于"而不是"于商",用以凸显"商"重于"于"的意向。这只是一种没有办法的办法,甚至可以说是一种自欺欺人的把戏,对于合理、准确地理解商鞅的封地,实际上是无济于事的。

那么,若是依从《中国历史地图集》的标绘,把商鞅的封地定在张守节说的那个地方,也就是今陕西丹凤附近的丹江上游谷地,这样就可以了吗?古往今来绝大多数学者确实就是这样看、这样定的,可这样处理,仍然问题多多。

首先在地名来源上,若是依照张守节的解释,商这个地方实"本商邑,周之古国",那么,它就同《竹书纪年》因商鞅受封于此才改"邬"为"商"的记载相抵触了。

商鞅的封地在哪里?

抛开这个表面性的问题不谈,这里面更实质的问题,主要起自《史记·商君列传》下面一段记载:

> 秦孝公卒。太子立。公子虔之徒告商君欲反,发吏捕商君。商君亡至关下,欲舍客舍。客人不知其是商君也,曰:"商君之法,舍人无验者坐之。"商君喟然叹曰:"嗟乎,为法之敝,一至此哉!"去之魏,魏人怨其欺公子卬而破魏师,弗受。商君欲之他国,魏人曰:"商君,秦之贼,秦强而贼入魏,弗归,不可。"遂内秦。商君既复入秦,走商邑,与其徒属发邑兵北出击郑。秦发兵攻商君,杀之于郑黾池。秦惠王车裂商君以徇,曰:"莫如商鞅反者!"遂灭商君之家。

若把商鞅的封邑定在丹江上游谷地,那么,上面这段记载有一些根本说不通的地方。

第一,客舍主人,也就是所谓"客人"讲的"商君之法,舍人无验者坐之",这句话告诉我们,当时秦国依照商鞅制定的法令,住宿必须有"验",也就是通行和住宿的凭证。假若商邑果然是在丹江上游谷地,商鞅又是怎么能够在"无验"的情况下,逃出关外前往魏国的呢?清人沈钦韩质疑说:"《商君列传》所叙自相乖谬,商君亡至关下,欲舍,客舍弗纳,去之魏。夫无验而不舍,岂能无验而出关哉?"(沈钦韩《汉书疏证》卷二)

第二,商鞅在被魏国送回秦境之后,他返归封地商邑,举兵反叛。可是，商鞅为什么不循丹江谷地北入灞水（今灞河）以直逼秦都咸阳，却要向东北方向的黾池一带出兵呢？这样的用兵路线岂非南辕北辙？须知黾池已在秦国东门函谷关外，商鞅出兵于此，哪里像是反秦，更像是出兵征魏，或是伐韩，他究竟想要干什么呢？难道非要舍近求远，避易趋难，特地绕出于秦地之外再翻身叩关吗？还有，由于地处丹江上游谷地，当地地貌是山高谷深，由商邑外出，特别是大部队行军，通常只能北上灞水谷地以趋关中，或南下丹水谷地以赴南阳盆地或江汉平原，虽然也可以由商邑直接趋向东北，循洛水（今洛河）谷地而下，去往黾池一带，但由于需要横跨丹、洛二水之间的分水岭，大部队行军作战的难度很大；尤其当时作战，车兵还占据很重要地位，大批战车通行山道的难度，更无法想象。

道理既然怎么讲也讲不通，那么，我们就不妨换个角度，看看这个商邑有没有可能是在别的什么地方。如上所述，按照《竹书纪年》的记载，秦孝公本来是"封卫鞅于邬"，这里是在商鞅受封之后才"改名曰商"。所以，探寻商鞅的封地商邑，还是要先从邬邑的所在找起。

当然，更多更普遍以及看起来更权威的认识，是把这个邬看作丹水谷地那个商邑的前身，像《中国历史地图集》就把"邬"字括注在丹水谷地那个商邑的旁边，就很典型地体现了这种看法。然而如前所述，这种看法同张守节所说该地"本商邑，周之古国"的情况是相抵触的。

但也很早就有人并不这样看待这一问题。这事儿，一直

商鞅的封地在哪里？

可以追溯到王莽时期。新朝那个唯一的皇帝王莽，虽然志向高远，无奈精神却存在很大问题，做事儿总是一意孤行，不停地更改地名就是其无数乱政之一。

《汉书·地理志》记载在巨鹿郡下设有一个鄡县，王莽在其大肆改易旧有地名的运动中，把它改名为"秦聚"。巨鹿郡下辖的这个鄡县，远在今河北束鹿以东地区，那里是战国时期赵国或中山国的地盘，在这样的地方，怎么会有"秦聚"存在？若是大秦帝国业已建立之后，那么，一统江山，无处不是秦人的疆土，又何以会特地标称"秦聚"？

在《续汉书·郡国志》中，这个鄡县被写成了鄡县。《后汉书·光武帝纪》记载，在西汉末年天下大乱之际，光武帝刘秀尝"击铜马于鄡"，唐章怀太子李贤率人注释《后汉书》，就是用巨鹿郡下这个鄡县来为光武帝此役做注。

由于"鄡"和"邬（鄔）"字形相近，郦道元在北魏时期撰著《水经注》时，便混淆二者，把这个"鄡县"当成了"邬县"。于是，我们就在《水经·浊漳水注》中看到前面引述过的那一段内容，即把这个由"鄡县"错认成的邬县当作《竹书纪年》中讲的那个卫鞅受封之地了。郦氏所说"秦封卫鞅于邬"云云，显然是张冠李戴，放错了地方。

唐人颜师古注《汉书》，称鄡县的"鄡"字读作"苦么反"，李贤注《后汉书》称"鄡"音"苦尧反"，而么、尧叠韵，故"鄡""鄡"古音实本相同。这意味着东汉改"鄡县"为"鄡县"，应该是一个自然演变的结果，即由于"鄡""鄡"

音同，在西汉时很可能早就通行了"鄔县"的写法。《汉书·地理志》载，真定国下属绵曼县，有"斯洨水首受太白渠，东至鄔入河"，清人赵一清据此以为《汉书·地理志》的"鄔县"本应书作"鄔县"（赵一清《水经注释》卷一〇）。这样的看法虽有一定道理，但考虑到"鄔"字的稀见情况，我觉得还是由"鄔"俗写为"鄔"的可能性更大。不管如何，西汉时即已存在"鄔县"的写法，这应当是确切无疑的事实。

再进一步向前追溯，至迟在西汉末年，就应当因"鄔"和"鄢"字形相近而出现了讹"鄔县"为"鄢县"的情况。王莽改制时就是按照错讹成"鄢县"写法，把它和秦孝公时授予商鞅的封地鄢邑联系起来，将其改名为"秦聚"。

做出这样的推论，需要一个文献背景：这就是如前所述，所谓《竹书纪年》是西晋时期才被发现的"出土文献"，王莽时尚无由读到此书。在这种情况下，假若拙说成立，那么，当时就一定另有著述或是档案文书记述了秦人封授鄢邑给商鞅的情况。王莽的精神虽然很不对头，但他本人确实爱读书，而且读过很多的书，看到一些特别的记载，是很正常的事儿。历史上的很多事情，只有深入研究了你才能明了。

常语云"史阙有间"，因而我们在研究古代历史时只能直面眼前所能看到的实际情况，再据此做出合理的推论。目前，我对王莽改"鄔县"为"秦聚"的做法，只能做出这样的推论。只是王莽的精神状态确实与常人差别甚大，我依据常理来推断他的诡异行为，若出现某些偏差，相信大家可以理解。

商鞅的封地在哪里？

否定了王莽和郦道元指认的这个邬邑所在地之后，再来看一看商鞅的封邑到底在哪里？

清人陈逢衡在笺释《竹书纪年》"秦封卫鞅于邬"这一记载时指出：

> 《春秋》隐十一年王取鄔、刘之田于郑，庄二十年王及郑伯入于鄔，是鄔为周地，后归于晋；昭二十八年魏献子以司马弥牟为鄔大夫是也。（陈逢衡《竹书纪年集证》卷四七）

这里所说《春秋》，实际上都是注解《春秋》的《左传》，其中隐公十一年和庄公二十年两条纪事，诚如陈逢衡所云，说明此邬邑本属周天子直辖的地域，亦即王畿之地。盖所谓"王取""王入"指的都是周王。所谓"春秋时代"，亦即东周时期，其时周都设在洛阳，故此邬邑当距洛阳城不远。西晋杜预《春秋经传集解》即谓邬邑在洛阳东面的缑氏县西南。至于昭公二十八年魏献子以司马弥牟为鄔大夫一事，所说邬地，杜预《春秋经传集解》指为"太原邬县"，《汉书·地理志》亦谓此"太原邬县"乃"晋大夫司马弥牟邑"，故不宜与前一邬邑视为一事。

在谭其骧先生主编《中国历史地图集》的春秋部分，我们可以直观地看到缑氏县西南这个邬邑的具体位置（见下页第一图）。若是把这个邬邑添绘到《中国历史地图集》相关的战国图幅上，情况将如下页第二图所示：

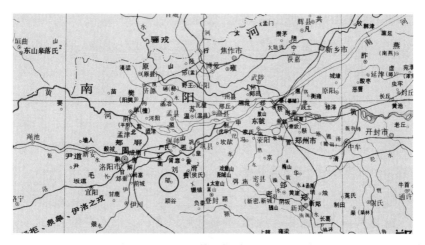

春秋邬邑位置图
（据谭其骧主编《中国历史地图集》之《春秋·郑宋卫图》）

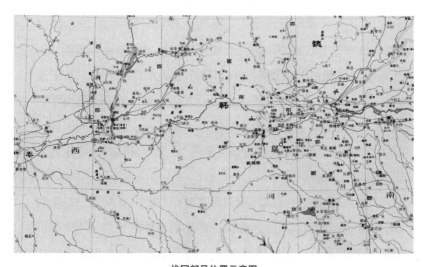

战国邬邑位置示意图
（据谭其骧主编《中国历史地图集》之《战国·韩魏图》增改）

商鞅的封地在哪里？

一个像邬邑这样业已存在的较大规模聚落的名称，除非有特别的原因，不会轻易消逝，因而邬邑被沿承至战国时期，是一个大概率事件。

下面，我们就按照这个邬邑的位置，来看一看商鞅的封邑有没有可能是在这里。

首先，把商鞅的封邑商定在这个邬邑，可以合理地解释前面提出的第一项问题，即商鞅在"无验"的情况下是怎么逃出关外前往魏国去的。这里地处函谷关外，而且已在关门之外很远，东面紧邻魏国国境，商鞅一迈腿就过去了，简单得很，也便利得很，没有任何障碍。同样，魏国把前来投靠的商鞅发回秦地，只要礼送出境，进入秦国的辖地就是了，不必送客一直到家，而且由魏国进入秦境，也就是进入了商鞅的封地，所以他才会轻而易举地在商地起兵造反。

其次，是商鞅在封地商邑举兵反叛后，之所以会向黾池一带出兵，是因为黾池地处商邑与函谷关之间，商鞅进兵黾池的目的，是通过黾池西指函谷关，以破关灭秦。商鞅封地内兵员的实力是不是足以攻克函谷关后进入关中是一回事，可道路方便行军作战是另一回事。大家看一看，这商鞅进兵黾池的合理性是不是显而易见的呢？

在此需要说明一下，《史记·商君列传》所说"杀之于郑黾池"，刘宋裴骃《史记集解》引述同时人徐广的话说："黾，或作'彭'。"唐人司马贞的《史记索隐》，对此疏释曰："郑黾池者，是黾池属郑故也，而徐广云'黾或作彭'者，按《盐铁论》云'商君困于彭池'故也。"张守节《史记正义》更进一步说明:"黾池去郑三百里,盖秦兵至郑破商邑兵,而商君东走至黾,乃擒杀之。"《史记·六国年表》复有歧说云:"商君反,死彤地。"看这些歧说纷纭的记述,商鞅死于何地,简直成了一个混乱的谜团。

其实清人梁玉绳早就针对《史记·六国年表》的记载,考证道:"考《商君传》言杀之于郑黾池,徐广曰'黾'或作'彭',《索隐》引《盐铁论》'商君困于彭池'为证。《水经·谷水注》云'黾池亦或谓之彭池'也,乃此又言鞅'死彤地',必是'彭池'之误,亦犹惠文后五年误书'戎地'为'戎池'耳。……且鞅果死彤,亦不须加'地'字,其误无疑。"(梁玉绳《史记志疑》卷九)简单地说,就是"彭池"乃"黾池"异名,而"彤地"是"彭池"的讹误,三地同为一地。

至于司马贞、张守节之所以把黾池同郑地联系到一起,是因为他们误把这个"郑"字理解成了一个城邑,这就是《商、于二邑旧说位置图》上标示在今华山脚下那个"郑县"所在的地方。在这幅图上,就在郑县的附近,是标绘有"彤"这个地方的。然而《史记·商君列传》实际上是以"郑"代称韩国,盖韩国都郑(今河南新郑),以都城代指国名是战国秦汉间普遍的用法,毫不足怪。前面提到的《孟子》称魏惠王为梁惠王,就是基于这个道理。因黾池在韩国的控制之下,故《史记·商君列传》才把此地称为"郑黾池"。

以邬邑作为商鞅的封邑,也可以很好地解释其封地之内总

商鞅的封地在哪里？

共拥有十五邑的情况。因为这里地势较为平坦，农业发达，人口稠密，在其附近形成十五个居邑，是很正常的事情。

回顾以往的研究历程，令人遗憾的是，清人陈逢衡虽然正确认识到《左传》所载"王取邬""王及郑伯入于邬"诸事同商鞅封地的联系，还清楚指明"秦封魏鞅于邬，则此地又属于秦"，可不知为什么却未能判明此一邬邑所在的具体地点，反而又把眼光转回到丹江上游谷地中去，谓之曰："《商君列传》谓鞅既破魏，封之于、商十五邑，于读为乌，当即邬也。旧止名邬，今改名曰商，故谓之商于。"（陈逢衡《竹书纪年集证》卷四七）这"商于"之地见于《史记·张仪列传》等处记载，自在秦岭南坡的丹江河谷之中。

讨论至此，还有个问题，需要解答，这就是当时秦国东部的疆土有没有可能包含我讲的这个区域呢？

关于这一问题，我们需要先来看一看商鞅受封于邬邑，也就是"秦封之于商十五邑"的前提。对此，《史记·商君列传》记载：

> 其明年，卫鞅说孝公曰："秦之与魏，譬若人之有腹心疾，非魏并秦，秦即并魏。何者？魏居岭阨之西，都安邑，与秦界河而独擅山东之利。利则西侵秦，病则东收地。今以君之贤圣，国赖以盛，而魏往年大破于齐，诸侯畔之，可因此时伐魏。魏不支秦，必东徙。东徙，秦据河山之固，东乡以制诸侯，此帝王之业也。"孝公以为然，使卫鞅将而伐魏。

魏使公子卬将而击之。军既相距，卫鞅遗魏将公子卬书曰："吾始与公子驩，今俱为两国将，不忍相攻，可与公子面相见，盟，乐饮而罢兵，以安秦魏。"魏公子卬以为然。会盟已，饮，而卫鞅伏甲士而袭虏魏公子卬，因攻其军，尽破之以归秦。魏惠王兵数破于齐、秦，国内空，日以削，恐，乃使使割河西之地献于秦以和。

商鞅得胜还朝，就被秦孝公"封之于商十五邑"。

《竹书纪年》记述此番秦魏交战时魏国面临的总体形势说：

　　五月，齐田朌伐我东鄙。九月，秦卫鞅伐我西鄙。十月，邯郸伐我北鄙。王攻卫鞅，我师败绩。(《史记·魏世家》唐司马贞《索隐》引《竹书纪年》)

所谓"齐田朌伐我东鄙"之役，或即齐军大败魏兵的马陵之战。由"王攻卫鞅，我师败绩"的记述来看，魏人在这次齐、秦、赵三国攻魏的行动中，显然更看重秦魏之间这场战役。

清人雷学淇尝论述秦孝公二十二年商鞅率师伐魏之役的重要性：

　　惠王之败于齐、秦，此盛衰一转关也。显王二十五年前（德勇案，时值秦孝公十八年），魏最强，败齐胜燕，侵楚拔赵，鲁卫宋郑之君而朝之，且率泗上十二诸侯朝天子于孟津

商鞅的封地在哪里？

以西谋秦，为白里之谋欲复兴周室，岂不胜哉！及彭喜言于郑君以败其盟，而惠王亦侈然自放，乘夏车而称夏王，此所以动天下之兵而子申、子印遂皆糜于锋刃矣。自是而齐威奋于东夏，秦孝起于西陲，东帝西帝之势，即成于此日矣。（雷学淇《竹书纪年义证》卷三八）

雷学淇这一归纳总结，正与商鞅率兵伐魏前讲给秦孝公的那番话相互印证，一个是客观结果，一个主观认识，完美地把当时的国际环境呈现在我们的面前。在这一攻守背景之下，我们才能更好地理解秦孝公把邬邑周围地域封授给商鞅的原因。

《竹书纪年》记载魏惠王六年（周显王五年，秦献公二十一年，公元前364年），魏国君主离开今山西西南部的安邑，迁都到今河南腹地的大梁。稍后，魏国于惠王十二年（周显王十一年，秦孝公四年，公元前358年），遣"龙贾帅师筑长城于西边"（《水经》之《渠水注》及《济水注》引《竹书纪年》）；继之，魏国又在三年之后的魏惠王十五年（周显王十四年，秦孝公七年，公元前355年），"遣将龙贾筑阳池以备秦"（宋乐史《太平寰宇记》卷九郑州原武县引《竹书纪年》）。这条用于"备秦"的魏国西边长城，大致就是上列《战国邬邑位置示意图》中大梁西部、北部那道绵延的城垣。

这说明在商鞅变法之后，秦国的势力迅速膨胀，从秦孝公四年起，就给魏国造成巨大压力，迫使其不得不修筑长城以防备秦军的攻击，而当时魏国对秦的防线就是这条长城线。尽管此时在秦东门函谷关与黄河南岸的魏国西长城之间，还有韩国存在，但秦军兵锋已直逼这道长城之下。

基于这一背景，再来看秦孝公二十二年商鞅伐魏之役，魏人既称"秦卫鞅伐我西鄙"，就说明这场战役发生在魏国西长城附近。不过在秦函谷关与魏西长城之间，秦、韩、魏三国的势力，颇有交叉，此消彼长，变化不定。《史记·商君列传》云"军既相距"，复谓"卫鞅伏甲士而袭虏魏公子卬，因攻其军，尽破之以归秦"，就说明秦军所攻击的"西鄙"并非这道长城防线，而应该是在长城线外附近地区两军列阵对垒之处。不然的话，魏军若是死守长城不出，秦军的战事进展绝不会如此顺利。

我认为，此时魏国的势力已经外溢于长城线以西，故秦、魏两军得以对决于此。正如雷学淇所说，当显王二十五年（秦孝公十八年）之时，魏国势力最为强盛，所以其西境向外有所拓展，也是理所当然的事情。这样，在秦军获取胜利之后，自然而然地占据了魏国西长城之外这片疆土。为有效管控这片领土，以此为桥头堡进一步对魏发起进攻，秦孝公便把这片土地上包括邬邑在内的十五所城邑封授给商鞅作为领地。

至于秦孝公为什么要把邬邑改名为商邑，我想这是因为商鞅本卫国诸庶孽子，而卫国君主及居民起初系殷商余民，故"卫鞅"实即"商鞅"。封邑之名，从其居民之先祖，这既是对商鞅的激励，也反映了秦孝公藐视东周王室的心理。盖邬邑地近周都洛阳，而商为周灭，把这片周人京畿之地名之曰"商"，

商鞅的封地在哪里？

正犹如所谓"兴灭国，继绝世"一般，当然会让周天子不爽，秦孝公则适可借此展示自己的威风。

在秦盛魏衰的转折性时刻，秦国获取邬邑周围这片土地，极大地改变了战国时期政治地理版图的格局，具有重大历史意义，对秦国进一步向东拓展疆土，意义尤为重大。

其后两年的秦孝公二十四年，在孝公去世前不久，秦军又"与晋战雁门，虏其将魏错"（《史记·秦本纪》）。这里的"晋"，实际是指出自晋国的"魏"，司马贞《史记索隐》释此"雁门"云：

> 《（竹书）纪年》云"与魏战岸门"，此云"雁门"，恐声误也。又下文云"败韩岸门"，盖一地也。寻秦与韩、魏战，不当远至雁门也。

在《战国邬邑位置示意图》上，大家可以看到，这个岸门位于今许昌市北不远的地方，正在魏国黄河南岸西长城向南的延长线上，此番两国交战，秦军也应当是出自邻近的商鞅封地。这场战役秦军大获全胜，足见商鞅封地这一战略桥头堡的作用。

另外，附带说明一下，《史记·商君列传》谓商鞅在诱捕统军出征的魏公子卬之后，"因攻其军，尽破之以归秦"，这应该是讲俘获魏军全部将士，将其编入商鞅的麾下。鉴于这场战役的重要性，公子卬统领的应该是魏国的精锐之师，秦军赢得岸门战役，应当与此具有直接的关系，这也应该是商鞅始谋投靠魏国，并且最终敢于起事反秦的一项重要因素。

正当商鞅可以依托此地大展宏图的时候，非常倚重他的秦孝公死去，继位的"惠文君"出于个人私怨逮捕并车裂了他。像商鞅这样深受前朝君主宠信并且功勋卓著的老臣，按照通行的规则，继位的新君也是一定要除去的。试看商鞅受宠之深，甚至有秦孝公"欲传位商君"的传言流行于世（《战国策·秦策一》），自然就更难以幸免了。

秦国在函谷关外持有的这块飞地，随着商鞅的罹难，很快脱离了秦国的控制，也暂时中断了秦国东扩的进程。给我们认识商鞅封邑所造成的困难，是由邬邑改名而来的这个商邑，由于行用的时间太短，还不到两年，也随着商鞅的死亡而消逝了。

2022 年 1 月 18 日晚草成
2022 年 1 月 19 日晚改定

赵正的父亲到底是不是吕不韦?

所谓"千古一帝"秦始皇,本姓赵名正,过去相沿已久的"嬴政"之名并不合理。关于这一点,我在《生死秦始皇》一书中有详细的论证。在《生死秦始皇》那本小书里,我还从生物学意义出发,明确谈到了吕不韦同赵正的父子关系。

只要认真通读一遍《史记·吕不韦列传》,再适当翻检一下《史记·秦始皇本纪》,这本来是一个平常得不能再平常的基本历史事实,甚至这都算不上揭隐私传八卦的低级趣味。大家想想,当着满朝大臣和天下子民的面儿,赵正就管吕不韦叫二大爷,还特地"尊吕不韦为相国"(《史记·吕不韦列传》称吕不韦被赵正"号称'仲父'"),凭啥呀?凭的就是那一点儿骨血。

这么显白的史实,宛若晴空皓月,举目可见。正因为如此,我们也就看到,西汉成帝时丞相王商欲奉献其女,进身后宫,有人竟上奏称"秦丞相吕不韦见王无子,意欲有秦国,即求好女以为妻,阴知其有身而献之王,产始皇帝"(《汉书·王商传》),即构陷王商欲效法吕不韦故事以图谋不轨。至东汉明帝述及秦始皇姓名,竟直接呼以"吕政"(《史记·秦始皇本纪》)。这不都是把赵正看作吕不韦的子嗣又是什么?

　　政治流氓以每个人都无法自主的出身问题来骂人,这虽然下作,但下流话并不等于就是没有事实根据的胡话。虽然所有像汉明帝这样的皇帝全都是在步秦始皇的后尘,但盗亦有道,即使大家都是骑在民众脖子上的独裁统治者,五十步和百步之间毕竟还是有一半的差距,所以汉明帝也会因看不下去而予以抨击。秦始皇暴虐天下苍生,罪行累累,罄竹难书,这是古来

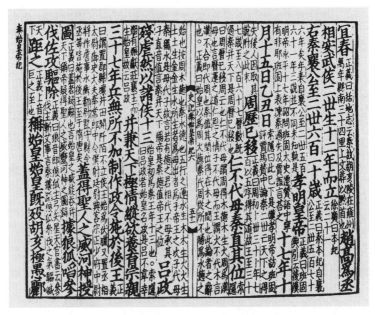

百衲本《二十四史》影印南宋建安黄善夫书坊刊刻三家注本《史记》

很多人的看法。

同所有早期典籍一样,由于时过境迁,文字词语的用法用意都在相当程度上发生变迁,再加上早期典籍的阅读范围日渐增广,《史记》中颇有一些词语渐渐不易理解,需要加以训释,才能顺畅阅读。

在中国古代"正史"(亦即所谓"二十四史")当中的《史记》《汉书》这前两史,相对而言,《史记》一直不如《汉书》更受重视。譬如,唐初纂修的《五代史志》(即《隋书·经籍志》)明言"《史记》传者甚微"。

至唐开元年间司马贞撰著《史记索隐》时,对比《史记》《汉书》这两部史书的流传、注释情况,讲述说:

> 其班氏之书,成于后汉。彪既后迁而述,所以条流更明,是兼采众贤,群理毕备,故其旨富,其词文,是以近代诸儒共行钻仰。其训诂盖亦多门,蔡谟集解之时,已有二十四家之说,所以于文无所滞,于理无所遗。
>
> 而太史公之书,既上序轩黄,中述战国,或得之于名山坏壁,或取之以旧俗风谣,故其残文断句难究详矣。然古今为注解者绝省,音义亦希。始后汉延笃乃有《音义》一卷;又别有《章隐》五卷,不记作者何人。近代鲜有二家之本。宋中散大夫徐广作《音义》十三卷,唯记诸家本异同,于义少有解释。又中兵郎裴骃,亦名家之子也,作《集解》注本,合为八十卷,见行于代。(司马贞《史记索隐后序》)

以後之學者多所未究其班氏之書成於後漢彪既後遷而述所以條
流更明是兼采衆賢輩理畢備故其旨富其詞文是以近代諸儒共行
鑽仰其訓詁蓋亦多門蔡謨集解之時已有二十四家之說所以於文
無所滯於理無所遺而太史公之書既上序軒黃中述戰國或得之於
名山壞壁或取之以舊俗風謠故其殘文斷句難究詳矣然古今爲之
解者絕省音義亦希始後漢延篤乃有音義一卷又別有章隱五卷不
記作者何人近代鮮有一家又中兵郎裴駰亦名家之子也作集解
記諸家本異同於義少有解釋又中散大夫徐廣作音義十三卷唯
注本合爲八十卷見行於代仍云亦有音義則罕說隋秘書監柳顧言尤
錄事鄒誕生亦撰音義三卷音則奇義前代久已散亡南齊輕車
善此史劉伯莊云其先人曾從彼公受業或音解隨而記錄凡三十
隋季喪亂遂失此書伯莊以貞觀之初奉勅於弘文館講授遂采鄒徐
二說兼記憶柳公音旨遂作音義二十卷音乃周備義則更略惜哉古
史徵文遂由數賢秘寶故其學殆絕前朝吏部侍郎許子儒亦作注義

明末毛晉汲古閣刻本《史記索隱》

赵正的父亲到底是不是吕不韦？

这里所说"班氏之书"是指班固撰著的《汉书》，"太史公之书"当然是指《史记》。司马贞提到的蔡谟为《汉书》所做的"集解"，是蔡谟在东晋时汇集东汉以来二十四家旧注于一书，且散注于《汉书》原文之下。这也是诸家注文第一次与《汉书》有并行之本，唐初的颜师古注本就是在蔡谟注本基础上增多衍繁而成（清钱大昕《十驾斋养新录》卷六"汉书注本始于东晋"条）。

同东晋时即已流行的二十四家注释《汉书》相比，《史记》虽然在东汉时期也有过延笃的《音义》和不知撰人的《章隐》，但后来鲜少流传。世间通行最早的《史记》注本，是南朝刘宋时徐广撰著的十三卷本《史记音义》。

《史记》现存最早的注本，就是在徐广《史记音义》的基础上撰著成书的——这就是今三家注本《史记》中成书最早的裴骃《史记集解》。裴骃行年略晚于徐广，但也是南朝刘宋时人。

在这部书的序文里，裴骃讲述了他的写作缘由和著述宗旨：

> 考较此书，文句不同，有多有少，莫辩其实，而世之惑者，定彼从此，是非相贸，真伪舛杂。故中散大夫东莞徐广研核众本，为作《音义》，具列异同，兼述训解，粗有所发明，而殊恨省略。聊以愚管，增演徐氏。采经传百家并先儒之说，豫是有益，悉皆钞内。删其游辞，取其要实，或义在

可疑，则数家兼列。(中华书局点校本《史记》附裴骃《史记集解序》)

这段话对我们理解《史记集解》具体注释的内容，至关重要。

除了明代后期以来伴随着雕版印刷的兴盛而出现的那些无聊之作以外，古书作者的序跋文字，特别是那些早期著述中的夫子自道之语，对读者合理阅读、利用这些书籍，会有诸多帮助。遗憾的是，现在很多从事中国古代文史研究的学者，大多对此视而不见。这类人抓住他所"需要"的单词只句，就洋洋洒洒地说将起来，论将起来。在我看来，这样的研究，盲目和迷失是不可避免的，对赵正生物学意义出身的研究就是一个很好的例证。

在认识赵正生物学意义之父时，我们可以从上引裴骃序文中得出如下两点重要认识，作为论证的前提。

第一，裴骃的《史记集解》完全继承了徐广《史记音义》的著述宗旨，乃"具列异同，兼述训解"，只是在徐氏基础上进一步"增演"其事而已。

第二，裴骃依据的前人旧注，只有本朝学人徐广的《史记音义》，其所"增演"者，只是"采经传百家并先儒之说，豫是有益，悉皆抄内"。要害在于没有更早于徐广《音义》的《史记》旧注供其参据。

下面，我们就基于这样的前提，来看一下赵正的生物学渊源。《史记·吕不韦列传》记其被孕及出生原委：

赵正的父亲到底是不是吕不韦?

> 吕不韦取邯郸诸姬绝好善舞者与居,知有身。子楚从不韦饮,见而说之,因起为寿,请之。吕不韦怒,念业已破家为子楚,欲以钓奇,乃遂献其姬。姬自匿有身,至大期时,生子政。子楚遂立姬为夫人。

子楚自然是赵正法律上的父亲,文中所谓"欲以钓奇",即吕不韦以子楚为"奇货可居",做政治投资,而吕不韦所献舞姬生下的这个孩子,就是赵正("政"通"正")。

大家看"姬自匿有身,至大期时,生子政"这段话,哪怕你一点儿也不懂古汉语,就是硬顺着往下蒙,也能蒙出来"至大期时"就是"到临产时"或"到出生时"的意思,相当于说"到生孩子的时候"。

我很赞赏李零先生针对古文字辨识讲过的道理,大意是不管你把一个字讲得如何天花乱坠,回到原来的上下文里若是讲不通,那就是胡扯,而正确的解析一定会文义顺畅,前通后透,了无窒碍。换个说法,就是你不能只是撅着屁股一个字儿一个字儿地认字儿,还得坐直了身子先通篇读一读写入这个字儿的那篇古文献——先读书,后识字儿;不读书,甭识字儿。

李零先生这么讲,是因为现今中国所谓"古文字界"有很大一拨人对字义的解读就是这么个样子。不过类似的做法源远流长,古人对典籍的注释,常常也会跌入这种"就字论字"的窘境。后世学者对《吕不韦列传》"大期"二字的解释,就是这样。裴骃在《史记集解》中,并没有直接表述自己的看法,而是本着"增演徐氏"的撰著原则，照录了徐广《史记音义》的旧说：

　　期，十二月也。

在分析这一解说时我先要补充说明一下，写《史记集解》的裴骃是给《国志》（就是陈寿写的被俗称作《三国志》的那部纪传体史书，别详拙文《陈寿〈三国志〉本名〈国志〉说》，收入拙著《祭獭食蹠》）做注的那位裴松之的儿子。裴家老爹注《国志》，重在为其补充与各个纪传相关的记述材料，自言本意"务在周悉"，于是"上搜旧闻，傍摭遗逸，……其寿所不载，事宜存录者，则罔不毕取以补其阙。或同说一事而辞有乖杂，或出事本异，疑不能判，并皆抄内以备异闻"（中华书局点校本《三国志》卷末附裴松之进书表）。裴松之本传称其撰著此注，乃"鸠集传记，增广异闻"（《晋书·陈寿传》），其实这就是信以传信、疑以存疑的客观表述方法。古代学术讲究家族内部世代传承的"家学"，裴骃撰著《史记集解》，在很大程度上是继承了乃父这种"述而不作"的宗旨，亦即主要是"具列异同"并一一陈述已有的旧说而已，哪怕是在他看来本即"义在可疑"，也会备列书中，而他认为徐广旧注不过"粗有所发明"，并不见得是什么高妙的见解。

　　这样的背景知识告诉我们，裴骃在《史记集解》中转述上述徐广《史记音义》对"大期"之"期"的训解，并不意味着

赵正的父亲到底是不是吕不韦？

他本人一定认同此说。在裴骃看来，这一说法的可信性很可能是一个待定的问题，有很大不确定性。

我们在考察《史记》旧注时还应当注意，由于《汉书》中很多部分是承用《史记》旧文，东晋以前，特别是东汉时期的《汉书》旧注，以及东晋时期以前那些直接或间接地承自东汉的《汉书》训释，对解读《史记》中那些与之对应的内容，具有重要参考价值，所以裴骃在《史记集解》中采录了很多这样的《汉书》注文（其中有很多内容没有被颜师古在唐代初年撰述的《汉书》注本采纳）。遗憾的是，吕不韦事同汉家一朝没有直接关系，对《史记·吕不韦列传》的注解也就缺少了这样的依托。如前所述，以明帝为代表的东汉时期人对吕不韦制造秦始皇这件事儿是一清二楚的，这就是因为他们在阅览《史记·吕不韦列传》时对这个"大期"的"期"字是不会像徐广一样做出"十二月"的解读，因为怀胎十月是世所周知的常识，也是人所共晓的常理。

不过徐广"期"为十二月的说法，也不完全是由他始创。在此之前，蜀汉人谯周即就此事做出过这样的解释，其说见于唐人司马贞写在《史记》同一条目下的《索隐》：

> 谯周云"人十月生，此过二月，故云'大朞'"，盖当然也。既云自匿有娠，则生政固当逾常朞也。

在这里，司马贞把"期"字写成"朞"形，是因为他读到的

《史记》,这个字儿就这么个写法(见司马贞《史记索隐》卷二一)。

不管谯周也好,还是徐广也罢,他们两个人虽然特地对"大期"或"期"字的含义做出解释,姑且不管把他们的解释放回到《史记·吕不韦列传》的原文里去是不是能够讲得通,重要的是这两个人并没有认为这十二月而生的情况同吕不韦作为赵正生父这一事实有什么逻辑联系,只是把赵正看作一个晚产儿而已。

从三国鼎立到南北对峙,在这么长一段历史时期之内,都没有人怀疑吕不韦制造赵正这一事实。这一时期人们阅读《史记》,得出的还是神智正常者必然会得出的正解。

就像大家在前引《史记索隐》中所看到的那样,到了唐代开元年间,情况开始发生一些变化,即司马贞开始把赵正晚产这一情况同他被孕育成人的过程联系到了一起。不过司马贞释放出来的还是一种"正能量",并没有逆着找茬跟《史记》的叙述对着讲,而是顺着他司马氏先人的意思来做解释——小司马以为《史记》既然记述说赵正生母"自匿有娠"("有娠"和"有身"是一个意思),那晚产两个月就是合情合理的事儿。不然的话,十月而生,子楚一下子就会发现这娃是别人制造的了。这样,子楚便误以为正儿如同天下绝大多数孩子一样也是十月而生,其母受孕正在自己把她弄到身边纵情做事儿这段时间之内,并不知晓被她隐匿的那两个月的身子。北宋时期司马光率人撰著《资治通鉴》,述及赵正降生事,竟直接写作其赵正的父亲到底是不是吕不韦？

国家图书馆出版社影印元刻本胡注《通鉴》

母"孕期年而生子政"(《资治通鉴》卷五周赧王五十八年十二月),这显然是采纳了谯周、徐广的注释而又认同了司马贞的分析。

历史是时间的学问,学术认识史也同样随着时间的流淌而变动。随着时间不停地向下延展,皇帝一代一代、一朝一朝地往下传,人们对赵家人血脉的传承和基因的纯正也愈加在意。在学术研究方法上,从清代初年开始,一种被称作"考据"的研究手法骤然勃兴。

在《史记》研究方面,这一时期也出现了一部重要的考据性著作,这就是邵泰衢的《史记疑问》。清四库馆臣称誉其书"大抵皆参互审勘,得其间隙,故所论多精确不移"(清官修《四库全书总目》卷四五《史部》),可见这不仅是《史记》问世以来的第一部考辨专书(《四库总目》之说),而且在清人考据学家眼中还是一部高水平佳作。"参互审勘,得其间隙",即所谓"读书得间",乃是有清一代考据学家自矜得的治学要诀。与邵氏大抵同时人徐干学,尝谓"古人之事应无不可考者,纵无正文,亦隐在书缝中,要须细心人一搜出耳"(清阎若璩《潜丘札记》卷二),这段话就很形象地表曝了这一派学人特别的好奇心态。因此,像《史记疑问》这样的著述,对继之而来的乾嘉时期的学者以及更往后的研究,不能不产生很大影响(譬如,梁玉绳在乾隆年间撰著《史记志疑》,在第三十一卷论及此事时虽然没有称引邵氏此书,但他对吕氏是否为赵正之父的认识与《史记疑问》完全相同,而梁氏在书中其他部分引述《史记疑问》不止一处,其说显然受到邵泰衢的强烈影响)。

在《史记疑问》中,邵泰衢以谯周的注释为基础,对《史记·吕不韦列传》相关记载做出如下解读:

> 谯周曰妊身十四月生者,非人能为之也。人心欲速亡秦,而驾词以为先六国而亡也。十二月而始生政,似非不韦之子矣。史迁曰"知有身""姬自匿有身"之说,从何见之哉!(邵泰衢《史记疑问》卷下)

这段话的核心,是"十二月而始生政,似非不韦之子矣",虽然是以推测的口吻讲出来的,但作者的意向显然是肯定的,邵氏下文所说"史迁曰'知有身''姬自匿有身'之说,从何见之哉"云云这些话,就已清楚表明了这一点——都敢大胆断言太史公凭空编瞎话了,还不确定无疑吗?

虽然邵泰衢在文中没有清楚讲述他做出这一推断的理据是什么,但这道理是不言自明的,即在邵氏看来,人怀胎十月而生,是必然的,所以赵正孕于母身十二月始生的说法自然也就是荒诞无稽的。若是十月生身,那就是其母来到子楚身边后两个人合作的产物。

话讲到这里,有些人或许会觉得我很无聊,但这是因为古代那些满口之乎者也的老夫子确实有些乏味,因为乏味也就真的很是无聊。一开始我就说,只要认真通读一下《史记》相关的记载，根本不需要再做什么考证，就可以明确秦始皇传承的当然是吕不韦的血脉，可让你想不到的是，清代这些考据学家竟把情况弄到了这样一个地步。正是由此开端，在赵正生父这一问题上，进入了一个"去吕不韦化"的新时代，而且其流毒贻害一直持续到今天，特别是在某些社会层面上（而不是学术层面上），甚至占据了主流的位置。这样，我们若想在是非正误间做出判别抉择，就不能不动用邵泰衢之流考据学家用过的手段重做一番"考据"。

追根溯源，以邵泰衢为代表的"去吕不韦派"学者，其史料依据只有赵正十二月而诞这一事。下面我就把它掰开来一一说明。

首先，从前面讲述的赵正生身认识史来看，从两汉到大明，人们普遍认同"吕不韦生父说"。持续的时间那么长，附从的人数那么多，这本身也是一项值得重视的客观事实。因为这种情况在很大程度上意味着这是大多数人在阅读《史记》的过程中自然而然得出的符合认知逻辑的看法。要想打破这样的看法，就应该提出有足够力度的证据，可实际上我们并没有见到。

其次，谯周和徐广把"期"或"大期"解作十二个月，这缺乏合理的依据。谯周说"人十月而生，此过二月，故云'大朞'"，表面上看，这个"大期（朞）"似乎同徐广所说十二月为"期"的"期"字不是同一回事儿，只是缘于它超出了司马贞所说十月"常期"的"期"。返回到《史记·吕不韦列传》

的记述，我们就可以看到，《史记》原文中并没有一语述及赵正被其母怀在腹中时间的长短，更没有提到十二个月这个具体时长，因而谯周实质上如同徐广一样，也是先已认定"期"字本身具有十二个月的含义，他所说的"大期"只是讲这个"期"因比十月"常期"长出两个月，所以相对而言便被称作"大期"。

那么，谯周和徐广认定十二个月为"期"的依据是什么呢？对于熟读经书的这两个学者来说，这一点倒很容易求索，那就是《尚书·尧典》所说"朞（期）三百有六旬有六日"，即一岁三百六十六天。近人崔适即直接引《尧典》为据，厉声贬斥那些固持怀胎十月、一朝分娩的学者为"不通文理"（崔适《史记探源》卷七）。这种三百六十六天的"岁"，用现在科学的术语讲，是以地球公转一周为时间长度单位的太阳年，也就是所谓"阳历年"。

这种"阳历年"虽然也有月份划分，也是一年十二个月，但彼月不是此月，也就是它同大家比较熟悉的那种现在某些人还非过不可的"中国年"完全不同，并非依据朔望周期来设置月份，而是大致等分地球公转周期（这也就是太阳视运动的公转周期）为十二份，不管初一还是十五，都同月亮长什么样毫无关系。在传世史籍中，《吕氏春秋》《礼记》和《淮南子》都对这种"阳历年"有清楚的记载，去年夏天我在《澎湃新闻·翻书党》上刊出的讲稿《西边的太阳——秦始皇他爹的阳历年》，讲的就是这个问题。

由这样的十二个月构成的一岁，通常要比十二个朔望月长出十一天左右，而大家讲的怀胎十月显然说的是朔望月的月份。不管是怀着婴孩的孕妇，还是孕妇肚子里待产的婴孩，这最后的十一天多的日子都不是一个可以忽视的小数，所以徐广释"大期"之"期"云"期，十二月也"，看似暗引《尚书》，言之凿凿，有经有典，实则昧于天文历法，妄加比附。此期与彼期，乃风马牛不相及之事也，徐氏所说丝毫不值得信据。

再说胎儿蜷身母腹十二个月，亦即较大多数孕妇晚产两个多月，这未免超出常规太多，以现代医学的眼光看，可谓骇人听闻。古人在熟知"人生固以十月为定期"的前提下，也知道胎儿出生"或有过十余日者，或有少十余日者"（王懋竑《读书记疑》卷六），临盆的具体日期前后或有所伸缩，但晚产如许之久，还是超出常人想象力之外太多（当然像汉昭帝十四月而生的事情，更迹近殷契因母吞卵而生，那只能是一个荒唐的传说；更邪乎的还有公孙轩辕"孕二十五月"而生，见于西晋皇甫谧《帝王世纪》的叙说）。这种情况，事实上也是根本不可能存在的。

现在让我们换一个简单的办法来分析一下"至大期时"的"大期"到底是什么意思。就构词形式而言，"大期"的"大"只是"期"字的修饰用语，这样我们不妨姑且省掉这个"大"字，单看"至期"连书，会是怎样一个意思。

这样一来，情况好像变得十分简单了，即稍习古文者皆知，"至期"犹言"到期"，用大白话讲，也就是"到那个时候"的意思。如《史记·李将军列传》记李陵投降匈奴事云:"使陵将其射士步兵五千人出居延北可千余里,欲以分匈奴兵,毋令专走贰师也。陵既至期还,而单于以兵八万围击陵军。"又如王充《论衡·骨相篇》述云:"夫二相不钩而相遇,则有立死;若未相适,有豫亡之祸也。王莽姑正君许嫁,至期当行时,夫辄死。如此者再。"这些例证里的"至期"就都是这么个用法。

具体到女人产子之期,古人往往使用"及期"一语(如《左传》僖公十年有"及期而往"的记述),而不用"至期"的说法。不过"及"即"至"也,甚至还有"及至"二字并连叠用的用法,尤能体现"及"字这一重语义。今本《史记·周本纪》载后稷母姜嫄践巨人足迹而"身动如孕者,居期而生子",其"居"字的用法殊显怪异,词义实在很难理解。唐孔颖达等《毛诗正义》引此文,书作"身动如孕者,及朞(期)而生子"(《毛诗正义》卷二九),知今本《史记》有误,当据《毛诗正义》改正,而如上所述,这个"及期而生子"不过是女人怀孕到那个该生的时候就生下孩子的意思。说到这儿,大家一定想问:若是到了该生的时候又没有及时生下孩子来,古人会怎么说呢?很简单,这种情况叫作"过期",《左传》僖公十七年即有"梁嬴孕过期"的记载。

现在大家来对比一下,《史记·周本纪》的"及期而生子"与《吕不韦列传》的"至大期时,生子政",我想大家很容易想到:这"至大期时,生子政"莫不就是到该生的时候就

日本东方文化学院昭和十一年影印宋绍兴刻本《毛诗正义》

赵正的父亲到底是不是吕不韦？

生下了赵正的意思？行年略晚于邵泰衢的清代学者王懋竑，即"疑'期'非'期年'之'期'，乃当生之期耳"（王懋竑《读书记疑》卷六），说的就是这样的想法，"当生之期"这句文绉绉的话，就是我讲的"该生的时候"。稍后张照在给殿本《史记·吕不韦列传》撰写的"考证"里也谈了大体相同的看法，且谓"若如徐广言'期，十二月'，则又何以信其为不韦子耶"？结合《史记》相关记载，这应该是一种合理的解读。

那么，一个女人正常生孩子的日子，这么平平常常的事儿，为什么又被称作"大期"了呢？关于这一点，让我们先来看永明十一年（493）七月南齐武帝萧赜在临终颁下的遗诏：

> 始终大期，贤圣不免，吾行年六十，亦复何恨。但皇业艰难，万机事重，不能无遗虑耳。（《南齐书》卷三《武帝纪》）

这里所说"始终大期"，指的不过一生一死而已。齐武帝生命终结，自然是"终期"，而这个"终期"只是"始终大期"的终端，与此相对应的"始期"就应该是他降临于世的生辰。梁武帝时人荀济也有句云"交谢之恒理，生灭之大期"（唐释道宣《广弘明集》卷七），这"生灭"二字犹言"始终"，讲的都是一生一死，这两件谁都无可奈何的事儿。

因知所谓"大期"指的就是生死之期：梁武帝之死，是死之"大期"；秦始皇之生，是生之"大期"。所以《史记·吕不韦列传》所说"至大期时，生子政"，也就是怀胎十月到该出生时就生下了赵正这个儿子。语义简单明了,并没有什么难以琢磨的隐情和深意。其实十月生子这本来是很普通的社会常识,《大戴礼记》《孔子家语》《春秋繁露》等许多早期典籍还都有人"十月而生"的文字记述(《大戴礼记·易本名》《孔子家语·执辔》《春秋繁露·阳尊阴卑》),《左传正义》称"十月而产,妇人大期"(《春秋左传正义》卷一四僖公十七年),更是直接把这种正常的妇人产期称作"大期"。

听我啰里啰唆地讲了这么大一圈,我想大部分读者朋友都应该能够明白,像谯周和徐广那样把"大期"或"期"字理解为十二个月并由此推导出赵正周年而生的结论,纯属没事儿找事儿,无端搅起一池波澜。

在弭平这片波澜之后,我们要再回到《史记》本文当中,补充说明两个相关的问题,以进一步认定赵正的生父。这两个问题,一个是赵正他爹秦庄襄王子楚会不会怀疑正常孕期而生的赵正不是自己的儿子?假若吕不韦确实是赵正的生身之父,赵正又何以会苛待生身之父吕不韦?过去很多学者,在讨论秦始皇生身之事时都谈到了这两个问题,例如,清人梁玉绳就是这样(梁玉绳《史记志疑》卷三一)。

出现这两个问题,提出这两个问题,是缘于这两点疑问都涉及社会道德和伦理观念问题。然而,社会道德和伦理的观念是因时因人而异的,我们在研究古代历史问题时,不能简单地用后世升斗小民的意识去看待早期历史当中的君王与后宫。

我们看《史记·吕不韦列传》记载说"至大期时,生子

赵正的父亲到底是不是吕不韦?

政,子楚遂立姬为夫人",即可知到此时为止子楚还一直没有子嗣,也能够明白赵正这个孩子对子楚具有重要意义,也就是同他的现实利益密切相关。须知子楚正是因为华阳夫人未能生育才通过吕不韦的运作认其为母的,也正因为此举他才得以在后来成为王储。了解这些情况就很容易理解,早得子嗣对他同样是一个重大的政治问题,或者说是一项有利的政治条件,而为了实现自己的政治目标,继位为王,这个孩子只要是他的夫人所生就行,生物学意义上的种子来自哪里并没有实质意义,所以他对赵正这娃究竟出于谁的创造又何必那么在意。

本文开头我就谈到,赵正特地尊崇吕不韦"相国",给予他这一廷臣中至高无上的官位,还别有意味地尊称吕不韦为仲父,其原始记载内容如下:

> 庄襄王即位三年,薨。太子政(正)立为王,尊吕不韦为相国,号称"仲父"。秦王年少,太后时时窃私通吕不韦。……始皇帝益壮,太后淫不止。吕不韦恐觉祸及己,乃私求大阴人嫪毐以为舍人,时纵倡乐,使毐以其阴关桐轮而行,令太后闻之,以啖太后,太后闻,果欲私得之。吕不韦乃进嫪毐,……太后私与通,绝爱之。(《史记·吕不韦列传》)

近人崔适尝固持赵正菁年而生的看法,并无端设想出"不韦献姬时固以为有娠矣,或似娠而实非,或虽娠而月期仍至,亦有逾常期而生子者"这些情况,横生臆解,强为开脱。这样的说法虽然很是苍白无力，但崔氏同时讲了一句很实在的大实话，即赵正"果为谁氏子，惟始皇母知之耳，后人焉知之"？（崔适《史记探源》卷七）请注意上文中"秦王年少"那句话，这说明上述事宜都是出自其母的安排。在她和老情人吕不韦仍时时私通的情况下，"仲父"这一称号不是讲明了赵正就是吕不韦的儿子，又能是什么？"仲父"也是"父"，这难道是可以随随便便想让儿子认就可以点头认、想让儿子叫就可以开口叫的吗？

稍微琢磨一下吕不韦、嫪毐和太后这奇妙的三角关系，大家会更容易理解吕不韦在太后心中和怀里的特殊地位了。赵正刚一继承王位，听他妈的话管吕不韦叫仲父的时候，只有十三岁，还弄不清这"仲父"是啥意思，稀里糊涂地也就叫了起来。可一年小，两年大，没过几年，长着长着，赵正就通人道、懂人事儿了。对于这位年轻的秦王来说，除了法律意义上的爹之外，还有这么个生物学意义上的爹，不光是一件不大光彩的事儿，说起来不大好听，更是一件随时可能危及权位的事情。

我们看后来嫪毐出事儿，实质性的原因是"与太后私乱，生子二人，皆匿之。与太后谋曰'王即薨，以子为后'"（《史记·吕不韦列传》)，亦即暗中偷梁换柱，攘夺本应属于赵正的江山。你想想，当赵正年龄稍大一些明白自己原来根本不是实质意义上的秦王，只是一个吕氏野种而已，他心里对吕不韦这个亲爹是爱还是恨呢？

赵正的父亲到底是不是吕不韦？

当然是恨了，而且还会恨之入骨。因为不管是王位还是帝位，都是凭借血缘世代传袭的工作岗位。这意味着他血色不纯、基因不对，这个秦王做得名分不正，他本来是不具备这个资格的。看看赵正疯狂残虐天下苍生的罪恶行径，就会理解，操弄生杀大权，对满足他的变态心理具有何等重要的意义。与此相比，播下他这个种子的吕不韦又算是什么？吕不韦的所作所为，也就像一个人饕餮大餐时无意间在桌上洒落一些胡椒面而已！

窃以为正是这一深层的心理因素，促使赵正在继位九年之后解决嫪毐时一并免除了吕不韦的相国职务。史称当时赵正本"欲诛相国，为其奉先王功大，及宾客辩士为游说者众"，故"不忍致法"，其实乃是忌惮众多"宾客辩士"的影响，没有操之过急。第二年，赵正勒令吕不韦离开京师咸阳，远赴河南就国，但这帮子"宾客辩士"仍眷念旧恩，于是人们看到这些"诸侯宾客使者相望于道"，即纷纷前去看望自己的主子（《史记·吕不韦列传》）。为此，赵正便又下达"逐客令"，捕捉并驱逐吕不韦豢养的这些徒众，盖太史公称正是吕氏方"使诸侯之士斐然争入事秦"（《史记·太史公自序》），直到有李斯辈主动抛弃旧主，献身投靠他这个秦王，所谓"逐客"之举才告终止（《史记·秦始皇本纪》。黄永年《李斯上书谏逐客事考辨》，见作者文集《文史存稿》）。不过赵正仍然顾虑这位二大爷或生变故，于是又借故将其远放于蜀地。面对此情此势，曾一度满怀雄心的吕不韦知其"钓奇"之愿，终告破灭，不得不选择自杀身亡。须知此前两年，亦即嫪毐事发的前一年，也就是赵正王秦的第八年，在这一年的秋天，吕不韦主持编著的治国大纲《吕氏春秋》写定问世，他心目中理想的"清世"景象刚刚展现。

就在放逐吕不韦于西南蜀地的时候，赵正还厉声斥责他说："君何亲于秦，号称'仲父'？"这话让他这位仲父可怎么说呢——这事儿只有你妈最明白。

当然，赵正斥逐吕不韦，也是由于吕氏势力过大，威胁赵正独掌大权。在高度专制集权的国度里，为掌控权力，争夺权位，弑父杀子都是很正常的。

2021 年 2 月 21 日记
2021 年 4 月 2 日修改定稿

说秦始皇母谥为帝太后事

《史记·吕不韦列传》篇末最后一段话是：

> 始皇十九年，太后薨，谥为帝太后，与庄襄王会葬茝阳。

"茝阳"，现在通常都写作"芷阳"，南朝刘宋裴骃撰《史记集解》，引述同时人徐广的注释，也说另一种文本是书作"芷阳"。因为同我想要讲述的主题无关，其何以歧异如此，在这里姑且置而不论。

首先需要明确的是，这里的"太后"，指的是秦始皇的母后，也是秦庄襄王的王后。

第一个有意思的问题是：司马迁为什么要把秦始皇母后（或庄襄王王后）的死事记在《吕不韦列传》当中。

其实只要老老实实地读过一遍《史记·吕不韦列传》，就会很容易了解这一问题的答案很简单，这就是秦始皇生物学上的父亲乃是吕不韦。

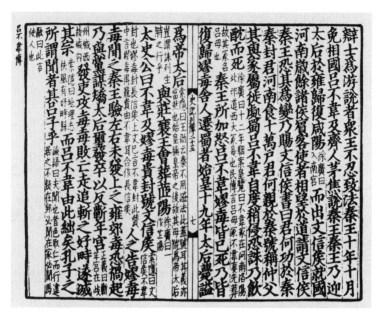

百衲本《二十四史》影印南宋建安黄善夫书坊刻三家注本《史记》

这位庄襄王的王后,本来是邯郸赵氏"豪家女",貌美亦且善舞,被"家累千金"的富商大贾吕不韦看中,娶为小妾。按照当时通行的说法,这种小妾被通称为"姬",因而这位女子在吕氏家中又可称作赵姬。吕不韦把这美女娶到家中,一段时间以后,这位赵姬就怀上了吕氏的骨血。

就在赵姬怀孕不久,她偶然遇到了秦始皇社会学意义上的父亲子楚。这个秦国公子哥儿第一次遇到这位美姬的时候,还不是秦王,只是以所谓"诸庶孽孙"的身份,作为人质,被抵押在赵都邯郸。

说秦始皇母谥为帝太后事

这时，钱赚多了一心想做政治投机的吕不韦，在"往来贩贱卖贵"的商务旅途中，来到邯郸。他那位出身于邯郸豪家的美姬，不知一直居住在邯郸的娘家，还是随夫出行，转回到了邯郸，反正也同吕不韦一道出没于邯郸城里。

子楚在赵都邯郸的人质生活，实在不太美妙。秦国军队不停地攻打赵国，赵国当然很不待见他，可以说，没被赵国杀掉，已经是万幸。更难受的是，秦国只是把他的小命给压了出去，却没给他什么生活费。没钱花，实在窘迫得很。

子楚这种窘境，被吕不韦看在眼里，计上心来，当下做出重要判断："此奇货可居。"吕不韦的目的，是通过资金的运作，让本来没机会继位为王的子楚成为太子，同时再让他在诸侯之间享有声名。有钱确实能使鬼推磨，经过一番运作，这两项目的，都很快实现了。吕不韦换来的好处，是子楚答应他说，将来会"分秦国与君共之"。

清楚认识这些情况，我们才能了解，为什么子楚甫一即位，就委任吕不韦为丞相，封他为文信侯，"食河南雒阳十万户"；还有吕不韦为什么会指令门客编著《吕氏春秋》，作为秦人一统天下之后的治国纲领。

钓上来的这条大鱼竟有半个秦国那么大，吕不韦当然心满意足，不过他也确实付出了很多钱财，以致达到"破家"的程度。历史的发展充满戏剧性情节，一个完全意想不到的情况，突地呈现在顺风顺水如愿向前推进自己目标的吕不韦面前。

一次，吕不韦设宴，请来子楚，一同饮酒作乐。得意忘形的吕不韦,一高兴,竟让他心爱的赵姬作陪。不料子楚一看这绝代美人就控制不住色心,竟然向吕不韦开口,请求他把这个女子让给自己。这样的要求当然非常过分,可子楚敢把这无耻的话讲出口,自是吃准了吕不韦的政治野心,知道他对权力的欲望强于对女色的喜好。果然,吕不韦大怒之后,迅即冷静下来,"念业已破家为子楚,欲以钓奇,乃遂献其姬",即不必为一女子而妨碍自己的权力追求,就献上了这位宠姬,同时也让她带走了肚里的孩子,而赵姬当然不会把这一情况告诉子楚。

子楚对这位邯郸美女也是真心喜爱,很快就把她立为正房夫人。后来赵姬生下了吕不韦的孩子,这也让蒙在鼓里的子楚大为开心。子楚给这个孩子取名正,他就是后来的秦始皇。

很快,子楚继位,成为秦王,便一如前约,让吕不韦做自己的丞相,分享治国的权力。虽然仅仅三年之后,他就离世成了"秦庄襄王",但赵正则顺理成章地继承王位。当时赵正年仅十三岁,尚不具备理政的能力,代替他执掌权柄的,一是生母赵太后(因其本为赵国人,姑且如此呼之),二是生父吕不韦。这两个人旧情复萌,时时暗通款曲。新王赵正不仅把他亲爹吕不韦的官职由丞相提升为更高一级,也更为尊荣的相邦(司马迁写《史记》时因回避汉高祖刘邦的名讳,将其改书为"相国"),还尊称吕氏为"仲父"。

表面上看,吕不韦的政治投机似乎获取了更大的回报,可是福兮祸所伏,后来他失势,被迫自杀,追根溯源,也可以说是出自他与赵正以及赵姬之间这一特殊因缘。事实上,正是由于赵姬同吕不韦之间存在着这么一层特殊而又深切的关系,司马迁才会把赵姬之死写在《吕不韦列传》之中,以有始有终地展现这两个人物之间内在的联系。

上面讲述的这些内容,一些读过《太史公书》的人大多都会明白,不过是用现代白话翻译了《吕不韦列传》旧体古文的记载而已。

其实在我看来,从事历史研究这一行,最基本的起点,或曰立足的基点,就是要老老实实地读古人的书,而所谓老老实实地读古人书,并不是拿过书来闷着头看就行,还需要先具备一些常识:这就是古书并不是一个字儿一个字儿写的,凡是头脑正常的作者,都要在动笔之前先有个谋篇布局,包括话在何处说,字儿往哪里写,是会有个通贯思考的。

太史公是行文高手,旷绝千古,自然尤其讲究这一套,因而我们在解读《太史公书》并据以立论的时候,也要特别重视这一点——读《史记》,需要仔仔细细地慢慢读,需要前前后后通着看,很多重要的认识,自然而然地就会这样读出来。《太史公书》也只有这样读,才能品出它的味道。

在怎样看待秦始皇生父这一问题上,南朝刘宋时人徐广和唐人司马贞,就不顾司马迁通篇的记述,孤立曲解《史记·吕不韦列传》中"至大期时生子政(正)"这句话,以为秦始皇是十二月出世的晚产儿;后人再由此恣意狂想,最终衍化出来赵正并非吕氏制造的荒唐结论来(别详本书所收上篇文章)。其实只要上下顺着老老实实地把《吕不韦列传》读到底,读到

"始皇十九年,太后薨,谥为帝太后"云云这段话,就应该能够理解这位赵姬同吕不韦之间的隐私了。

另外,关于秦始皇生父问题,一些人拘泥于《史记·秦始皇本纪》的记载,以为《秦始皇本纪》既已清楚表述"秦始皇帝者,秦庄襄王子也",赵正就当然不会是吕不韦和赵姬的私生子。其实这关系到《史记》的叙事形式,关系到怎样读史书和怎样用史书的一项最基本的问题,即每一部书都是有生命的,都有着特定的"生理"特征,读者需要首先清楚认识史籍这些生命的特征,才能合理地解析书中叙述的史事。率尔操觚不行,随便翻书一看就动心思更不行。

大家在阅读和利用《史记》做研究的时候需要了解,《太史公书》载述史事有一个重要特点,这就是在不同篇章之间,往往刻意采用详略互见的笔法,错综为文,令其行文有曲折回环之妙。当然更为实质性的用意,是通过这种形式来合理安排其本纪、列传等各个部分的内容,使之发挥出最佳的效益。

由于《史记》的"本纪"直接承自《春秋》等早期编年体史书,意在简明扼要地载述重大史事的梗概,而与此相关的其他细节则通过相关人物的"列传"(还有介于本纪和列传之间的"世家"),或是记述相关典章制度的"书"来体现。

明此体例,大家就很容易理解,《史记·秦始皇本纪》在"秦始皇帝者,秦庄襄王子也"这句话的后面,还进一步说明:"见吕不韦姬,悦而取之,生始皇。"这就是意在告诉读者,关于这位"吕不韦姬"生下秦始皇的具体内情,将在《吕不韦列传》里叙说。通观并读《秦始皇本纪》和《吕不韦列传》两处的记载，吕不韦造出秦始皇这一史实，司马迁不是表述得一清二楚吗？

我读《史记·吕不韦列传》"始皇十九年，太后薨，谥为帝太后"云云，看到的第二个有意思的问题，是秦始皇母后去世后为什么会被"谥为帝太后"？

谈到这一问题，我们首先知道，按照西周时期通行的礼制，妇人本来都没有谥号，即唐代孔颖达等人所说"妇人法不当谥"，当然首先是王后无谥。这样做的道理，是因为"妇人无外行，于礼当系夫之谥，以明所属"（孔颖达等《春秋左传正义》卷二）。

可是到了春秋时期以后，礼崩乐坏，旧有的制度不断发生更改变易，女子的谥号便也随之浮现于世。

《左传》开头记载的第一条史事，内容如下：

惠公元妃孟子。孟子卒，继室以声子，生隐公。

西晋杜预注此"声子"云："声，谥也。盖孟子之侄娣也。诸侯始娶，则同姓之国以侄娣媵。元妃死，则次妃摄治内事，犹不得称夫人，故谓之继室。"（杜预《春秋经传集解》卷一）显而易见，声子得谥的原因，是由于她不是正夫人，不得"系夫之谥"。其情形，乃如清人孔广森所言："春秋之初，下成康未远，诸侯夫人犹从君之谥，卫有庄姜、宣姜，郑有武姜是也，

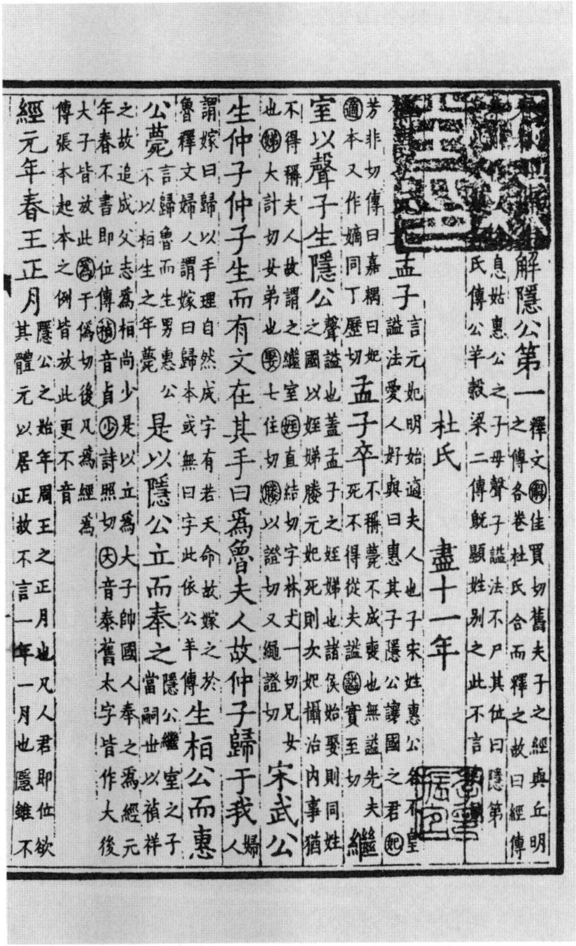

解隱公第一 釋文（解）佳買切舊夫子之經與丘明 之傳各卷杜氏合而釋之故曰經傳
息姑惠公之子母聲子謚法不尸其位曰隱第 氏傳公羊穀梁二傳既顯姓別之此不言
杜氏　盡十一年
孟子 言元妃明始適夫人也子宋姓惠公名不皇 謚法愛人好與曰惠其子隱公讓國之君（妃）
芳非切傳曰嘉耦曰妃 （適）本又作嫡同丁歷切 孟子卒 死不稱薨不成喪也無謚先夫 不得從夫謚（謚）實至切 繼
室以聲子生隱公 聲謚也蓋孟子之姪娣也諸侯始娶則同姓 之國以姪娣媵元妃死則次妃攝治內事猶
不得稱夫人故謂之繼室（姪）直結切字林丈一切兄女 也（娣）大計切女弟也（媵）以證切又繩證切 宋武公
生仲子仲子生而有文在其手曰為魯夫人故仲子歸于我 婦人
謂嫁曰歸以手理自然成字有若天命故嫁之於 魯釋文婦人謂嫁曰歸本或無曰字此依公羊傳 生桓公而惠
公薨 言歸魯而生男惠公 不以桓生之年薨 是以隱公立而奉之 隱公繼室之子 當嗣世以禎祥
之故追成父志為桓尚少是以立為大子帥國人奉之為經元 年春不書即位傳（禎）音貞（少）詩照切（大）音泰舊太字皆作大後
大子皆放此（為）于偽切後凡為經為 傳張本起本之例皆放此更不音
經元年春王正月 隱公之始年周王之正月也凡人君即位欲 其體元以居正故不言一年一月也隱雖不

《四部丛刊初编》影印玉田蒋氏藏宋刊巾箱本
杜预《春秋经传集解》

说秦始皇母谥为帝太后事

非正嫡则无谥。"（孔广森《公羊春秋经传通义》卷三之上）所以鲁隐公特地为乃母定立谥号。于是，中国历史上最早见于史籍记载的女性谥号，便由此产生了。

值得注意的是，声子这一谥号产生的基本缘由，是鲁隐公尊崇其母，是在母亲不得"系夫之谥"的情况下，不得已而采用的一种变通办法。因而，在实质性意义上，它是悖戾"谥者行之迹"这一谥法原则的（《逸周书·谥法》），只是在形式上与之相似而已。

声子获得谥号的情况虽然有些特殊，但妇人得以单独称谥之例在鲁国一开，其后衮衮诸公正室夫人的后嗣，也都纷纷效行其事，以尊奉其母。很快，在鲁庄公二十二年，就给自己的母亲（即桓公的姜姓正室夫人）定立了"文"这个谥号，称之为"文姜"（《春秋》鲁庄公二十二年）。这样定立谥号的道理，是"夫人以姓配谥，欲使终不忘本也"（孔广森《公羊春秋经传通义》卷三之上）。这么一来，就把声子那个别有原因的特例，转换成了谁都可以仿效的定例，以致"鲁自文姜以后，不别适庶，皆各自为谥"（孔广森《公羊春秋经传通义》卷三之上）。

鲁国情况如此，其他各国不同程度地也有类似做法。至春秋后期，甚至东周君主景王，也给自己的王后定了"穆"这个谥号（《左传》昭公十五年。宋罗泌《路史·发挥》卷五《论谥法》）。尽管穆后得谥，同其先于景王逝世有关，即景王尚在世上活得好好的，自然无法预知他的谥号是什么，这个逝去的

何以書譏何譏爾譏始忌省也 忌諱也諱言國有大罪人故一切肆
之蓋慕刑措之名失勝殘之實自是君廢其威魯遂積弱

癸丑葬我小君文姜 解詁曰言小君者比於君小俱臣子辭也文者諡也者諡

文姜者何莊公之母也 為小惣本也謹案春秋莊之夫人以姓配諡欲使終不忘本也謹案春秋之初下成康未遠諸侯夫人猶從君之諡仲子衛有姜氏是也宣姜文姜有後武姜不別稱諡皆各自為諡定姒自文姜以後適庶無正適則無諡末世驥亂作乃反稱禮定此不當體君之不應禮法

陳人殺其公子禦寇 案陳世家經不言殺公子者蓋雖殺其子不以罪殺其子者不以謀歸惡於貴宜為太子禦寇也乃殺其太子又不言非適長又未誓也此款欲立太子禦寇也志在乎後款卒日亦為篡未明故與此事相起

说秦始皇母谥为帝太后事

王后也就无法附从她丈夫的谥号,但像鲁隐公次妃声子、桓公夫人文姜等这样一些业已行用的妇人谥号,还是给景王后获得这个独立谥号创造了适宜的文化环境。

具体谈到春秋战国时期的秦国,是否给国君之后评定过谥号,我没有见到清楚的记载。不过若是她的寿命长过了国君,在儿子继位之后,这个国君之后就成了太后,而秦国有个著名的太后,就应该是有谥号的。太后也是后,在谥号这一点上,二者之间是没有什么区别的。

这个太后是昭襄王的生母芈氏。据《史记·秦本纪》记载,昭襄王是继武王之后即位成为秦王的,而武王的离世缘于他酷爱体育活动,举鼎绝膑,伤情过重,最终丢掉了性命。武王之父系秦惠文王,昭襄王是他的小弟,即昭襄王继位,不是父死子继,而是兄终弟及。只不过他们这两兄弟的关系,稍微有那么一点点疏远——昭襄王跟武王不是一个妈生的。

对于这兄弟两人的关系,《史记·穰侯列传》更清楚记载说:"宣太后非武王母,武王母号曰惠文后。"所谓"武王母号曰惠文后",实际上是告诉我们这位秦武王的母亲乃是惠文王的正妻,故得以遵循"系夫之谥"的原则,以其夫君的谥号"惠文"冠加于"后"字之前,呼之曰"惠文后"。这意味着昭襄王乃是庶出,也就是这位芈夫人并不是惠文王的正室,而这一点同她取得独立的谥号是有密切关联的。

《史记·秦本纪》记载说,这位芈姓夫人"号宣太后",《史记》和《战国策》等史籍在提到此人时也都是"宣太后"。

可这个"宣太后"到底是个什么性质的名号，这些史籍却都没有做出清楚的说明，后世注释《史记》和《战国策》者，同样没有人做过解说。

一个可以让我们设想的可能是它会不会是所谓"尊号"？即如西汉群臣给刘邦"上尊号为高皇帝"那样（《史记·高祖本纪》），给这位太后一个尊崇的称呼，而不寓有褒贬其生平行事的意义。可这"宣"字含义并不像"高皇帝"的"高"字那么鲜明，用作尊号的可能性很小。再说刘邦之"高皇帝"本来就像赵正的"始皇帝"一样，乃是谥号的替代品（别详拙文《高眼看〈高纪〉》，收入拙著《正史版本谈》），其实质性意义仍然等同于谥号，因而在缺乏"始皇帝"那般先行条件的情况下，也不会出现"宣太后"这样的尊号。

排除尊号可能之后，窃以为"宣太后"这个"宣"字就只能是谥号。我们看看前文引述的《史记·穰侯列传》，其所称"武王母号曰惠文后"，这"惠文后"就是武王之母死后的谥称，故《史记·秦本纪》所说芈夫人"号宣太后"，也完全可能是就其谥号而言。盖《周书·谥法》云"圣善周闻曰宣"，遵而用之，理宜然也。只是如前所述，这种谥号，是有特定指向的，即只有美谥，没有恶谥。

一般来说，当这位芈夫人在世的时候，臣子们只要称她为太后即可，因为活着的太后只有一位，没必要再别加区分。《战国策》等文献记载，赧王四十五年（亦即秦昭襄王三十七年），周君之秦，行前，有客对周公子䜣说："不如誉秦王之孝也,因以应为太后养地,秦王、太后必喜。"(《战国策·西周策》,《史记·周本纪》)这里所说的"太后",就是当时人对这位芈夫人的普遍称谓,而那时并没有什么"宣太后"的说法。长沙出土"廿九年漆卮",铭文曰"廿九年大(太)后"云云,研究者以为这里所记"大(太)后",就是昭襄王母宣太后(李学勤《论美澳收藏的几件商周文物》,刊《文物》1979年第12期)。这一实物足以印证《战国策》上述记载符合历史实际。

如上所说,这位芈夫人并不是惠文王的正室,惠文王的正室夫人已经占据了"惠文后"这个"系夫之谥",而昭襄王想要给其生母芈氏一个相应的称谓,尊而奉之,便只能仿效鲁隐公为其生母定立谥号的做法,给予"宣太后"之名了。

宣太后在私生活中耽溺于鱼水之欢,也十分乐于操弄权柄,且手段高强。在这两点上,秦始皇生母赵氏夫人与其高度相似。既然在秦国已有宣太后这个成例在先,秦始皇帝想要效行其后,给自己的生母奉上一个谥号,自属合情合理。

在上述历史背景下解读"始皇十九年,太后薨,谥为帝太后"这段话,我有下面这样几点认识想和大家分享。

第一,赵正给自己量身打造"皇帝"这个称号,时间是在他完成对关东六国血腥兼并的秦始皇二十六年,所以,"谥为帝太后"之事绝不可能发生在秦王政十九年其母后刚刚去世的时候。这个"谥号"应该是进入秦始皇二十六年以后定立的。这一点,我们看一看《史记·秦始皇本纪》载述赵正在制定皇

《中华再造善本》丛书影印国家图书馆藏
宋绍兴姚宏刻汉高诱注本《战国策》

帝称号后,"追尊庄襄王为太上皇",就会理解得更清楚。

第二,在初并天下的秦始皇二十六年,赵正为防止死后经历"子议父,臣议君"的尴尬局面,被其子其臣根据他一生的罪恶行径给他定下"恶谥",从而废除了西周以来的谥法,决定对他本人和继位的子孙都不再给予谥号。替代的办法,是他自己在离世之后"为始皇帝,后世以计数,二世、三世至于万世,传之无穷"(《史记·秦始皇本纪》。别详拙著《生死秦始皇》;又拙文《谈谈"始皇帝"的谥号性质》,收入拙著《正史与小说》)。

在这一前提下,所谓"谥为帝太后",这"帝太后"严格地说并不是真正意义上的谥号,只是"宣太后"式君主之后谥号的一个替代品,与"始皇帝""二世皇帝"以至"万世皇帝"性质相同。

第三,参照"始皇帝,后世以计数,二世三世至于万世"的谥号替代形式,秦始皇生母赵氏夫人被"谥为帝太后",这"帝太后"应是一种简便的称呼,其全称应该是"始皇帝太后"。盖"太后"之称既缘自其子,替代谥号的称谓形式,也应从子而定。同时我们可以推测,秦始皇为历代皇后定立的谥号替代方式,也应该本着系之于夫的原则,依次作"始皇帝后""二世皇帝后"以至"万世皇帝后"。在"始皇帝"等历世皇帝之外,添加上"始皇帝后"等历世皇后,再加上"始皇帝太后"等历世皇太后,这是始皇新制的完整内容。

第四,反过来看,秦始皇生母赵夫人被"谥为帝太后"一事，很好地体现出秦始皇赵正确实废除了谥号制度，"始皇帝"之类的称谓正是君主谥号的替代物。

2022 年 1 月 27 日午间记
2022 年 1 月 30 日晨改定

坑儒谷里活埋的是否都是儒生？

在讲这个问题之前，我们先来看一张照片。由于我不会摄影，也没有机会去现场，这张照片是在互联网上找来的。在这里先诚恳地请求照片拍摄者原谅，原谅我为澄清历史真相，为了更生动地复原历史的场景，不得已选用了这张照片。

一看这碑石的模样，就没有什么真正的历史感。所谓"坑儒谷"的准确位置是不是在这里，更是说不清的事了。可秦始皇往山沟里埋人的具体地点弄不清楚，并不等于历史上就没发生过这坑儒害儒的事。为什么？因为这事在司马迁的《史记·秦始皇本纪》里有确凿无疑的记载——同此"坑儒"之事密切相关的，还有所谓"焚书"，后世把这两大罪恶行径合称为"焚书坑儒"。

大家看我说这事"确凿无疑"，一定会想，既然如此，那我还要在这里说些什么呢？

这首先涉及我们如何看待《史记》这部书的问题。这个问题，是任何人在阅读《史记》时都要首先面对的一个重要基础。

所谓"秦坑儒谷"石碑

这个问题,说简单很简单;可若说复杂,着实也很复杂。

说它简单,是任何一部史书对历史事实的记述,都不可能没有一点疏误;特别是不可能对每一件史事都记载得一清二楚,容有某些含混暧昧之处。司马迁对秦始皇"坑儒"之事的记载,前后脉络也许并不那么清晰,前因后果也许并不那么鲜明,但这只是史事考辨层面的事情。在历史学研究中,史事考辨是一项最基础的工作;考辨清楚史事也是史学研究的一项基本功用。因而若只是对秦始皇"坑儒"之事做出技术性的考辨,也就是一件像吃家常便饭一样平常得不能再平常的事儿了。

坑儒谷里活埋的是否都是儒生？

说它复杂，是当代著述家中颇有一些人对《史记》纪事的信实性从根本上提出怀疑。这类学者以为司马迁写《史记》，不是为了记述实际发生的史事，而是因为看不惯当朝皇帝汉武帝的种种荒唐做法，从而刻意借古讽今，把道听途说的荒唐故事随意采录到堂堂"正史"里来。还有人以为司马迁写《史记》就像写小说、写剧本，甚至像现在有些写手写《故事会》一样，想怎么写，就怎么写，觉得怎么耸动人心就怎么写。

这么一来，事儿可就大了。因为这涉及司马迁的为人和著史的态度。司马迁动笔撰写《史记》，虽说不是受命于汉廷，却肩负着比朝廷更为庄重的使命，这也可以说是一种神圣的天职。

在《史记》的《太史公自序》里，司马迁讲述乃父司马谈临终前握着他的手殷切嘱咐：

> 余先周室之太史也。……余死，汝必为太史；为太史，无忘吾所欲论著矣。……夫天下称颂周公，言其能论歌文武之德，宣周邵之风，达太王王季之思虑，……幽厉之后，王道缺，礼乐衰，孔子修旧起废，论《诗》《书》，作《春秋》，则学者至今则之。自获麟以来四百有余岁，而诸侯相兼，史记放绝。今汉兴，海内一统，明主贤君忠臣死义之士，余为太史而弗论载，废天下之史文，余甚惧焉，汝其念哉！

对父亲这一通言语,司马迁将其简缩表述如下:

> 先人有言:"自周公卒五百岁而有孔子,孔子卒后至于今五百岁,有能绍明世,正《易传》,继《春秋》,本《诗》《书》《礼》《乐》之际?"

简而言之,继承孔子作《春秋》的志业,续写出像《春秋》一样的史书!古人做事儿,讲究谦慎,那些饱学士人,更是如此。可是,在深切体会父亲这一番念兹在兹的心意之后,司马迁竟直言不讳地讲道:

> 意在斯乎!意在斯乎!小子何敢让焉?

这"何敢让"者,讲的就是我要上了,当仁不让,没什么可躲躲闪闪的,我司马氏执笔撰写的就是当代的《春秋》!

那么,孔夫子在五百年前为什么要来写《春秋》呢?这事儿,老夫子自己是讲得明明白白的——"我欲载之空言,不如见之于行事之深切著明也",这所谓"见之于行事",当然是指编次载录古人的实际行为,孔夫子所施刀笔,不过"采善贬恶"而已(《史记·太史公自序》),绝不会为了表达自己的道义追求而随意采录道听途说的荒唐故事,把子虚乌有的传说写成真实发生的历史。

孔子撰著《春秋》,对待史事史实,其立场和态度如此,

坑儒谷里活埋的是否都是儒生？

那么，如上文所见，矢志追慕其后的司马迁，也必然会亦步亦趋，恪守不渝。这一点，司马迁本人已清清楚楚地告诉了读者，我们在阅读《史记》、利用《史记》研究历史问题时，就一定要首先认明并准确把握这部史书的纪实性质。

与后世史书不同的是，司马迁所处的那一时代，对《史记》纪事的严谨性和可信性还提供了特别的保障。

大家看老太史公司马谈在对儿子司马迁做"临终嘱咐"的时候，特别强调"余先周室之太史也"这一家世，复又断言"余死，汝必为太史"。这里的"先"字指的是"祖先"，上下通贯地理解，可以看出司马谈很看重"太史"这一身份。司马迁本人也反复提及"司马氏世典周史"，或谓"司马氏世主天官"（《史记·太史公自序》），这更凸显了史职与上天之间的联系。

这是因为在上古时期，史官本是一个颇具神职色彩的职位，即其身居天人之间，敬畏上天的程度远过于世人。上天在这些史官心目中的地位，也远远高于尘世的君主。因而必须记事以诚，记事以实。不然的话，将会遭受神责天谴，而这种惩罚的严酷程度，是甚于世间所有暴虐君主的。正因为如此，在王纲涣散、百官失职的春秋时期，独有史官恪遵其守，出现齐太史一家兄弟三人前仆后继，秉笔直书"崔杼弑其君"的"壮举"（《左传》襄公二十五年）。用一句形象的话来表述，史职可以说是一种"天职"。

这种"天职"般的职业特性，在司马迁撰著《史记》的年代，仍有很强的存留，所以他才会有"欲以究天人之际，通古今之变"的意愿（关于这一点，我在拙著《生死秦始皇》一书中已经做有很充分的论证，感兴趣的读者不妨自行参看），而这样的意识和境界，是保障《史记》记事信实性的内在机理。

看我这么一讲，很多人可能觉得这事儿本来就很简单，史书就是照录实事，又不是小说，怎么会为表达自己的现实感慨而随意录写道听途说的不实之词呢？要是想写啥就写啥，那不就成写小说了？那人们还读史书干啥，干脆直接去读《三国演义》，去看《故事会》算了。读史书，不就是相信史书里记载的都是真事儿吗？

实际的情况，真不这么简单。要是史书记述的史事都这么简单，那么，在很大程度上，世界上也许就不需要历史学者了。尽管当今学术圈中的人们对历史学者的使命和研究方法的认知各不相同，但澄清前人漠视的史事，辨析史书记载的谬误，阐发表象背后的隐微，这应该是绝大多数史学从业人员所能认同的本分事儿。前面我说史书叙事不可能略无疏误模糊之处，《史记》对秦始皇"坑儒"之事的记载就还有待治史者加以解析申说；特别是前人的论述，颇有似是而非的地方，这更需要仔细审辨《太史公书》的记载，阐明当时的真实情况。

谈到秦始皇"坑儒"之事，往往都会与他的"焚书"之举相提并论，而要想清楚说明"焚书坑儒"的发生缘由，就要从儒学在此之前的发展历程说起。关于这一历程的概括记述，见于《史记·儒林列传》：

坑儒谷里活埋的是否都是儒生？

> 自孔子卒后，七十子之徒散游诸侯，大者为师傅卿相，小者友教士大夫，或隐而不见。故子路居卫，子张居陈，澹台子羽居楚，子夏居西河，子贡终于齐。如田子方、段干木、吴起、禽滑厘之属，皆受业于子夏之伦，为王者师。是时独魏文侯好学。后陵迟以至于始皇，天下并争于战国，儒术既绌焉，然齐鲁之间，学者独不废也。于威、宣之际，孟子、荀卿之列，咸遵夫子之业而润色之，以学显于当世。

请大家注意，所谓"焚书坑儒"，就是在这样的背景下展开的。不过上面引文的标点，是完全照录今中华书局新点校本的模样，但其中存在严重问题，影响到对此处讨论问题的理解，下面将具体说明其错谬出在哪里。

《史记》这段话，是讲孔夫子离世之后儒学的发展状况，大体经历了两个阶段。第一个阶段，是在他刚刚去世不久的一小段时间之内，诸弟子散布天下各地，讲学布道，一派繁荣，而其达者往往为王者"师傅卿相"，稍逊者亦"友教士大夫"。至于所谓"隐而不见"者时或有之，在观察天下大势时可以忽略不计。第二阶段是在战国时期诸国并争愈演愈烈之后，因为在弱肉强食的天下秩序中不符合列国君主的要求，各地"儒术既绌"，其学独兴盛于齐鲁之间。在这第二阶段的齐威王至齐宣王之间，最有代表性的儒者是孟子和荀子，先后"以学显于当世"。

值得吟味的是"是时独魏文侯好学。后陵迟以至于始皇"

这两句话，仅仅从上下文意来看，这也应该是前后连贯相互呼应的话语；再下文"天下并争于战国，儒术既绌焉"云云，这分明讲的都是秦始皇以前的事儿。因为灭了六国之后才有"皇帝"的名号，先结束战国并争之事，后有"始皇帝"，所以"天下并争于战国"云云绝不应该直接承续在"后陵迟以至于始皇"句下，二者之间理应句断，"天下并争于战国"这句话完全是另起一层意思。

若是把这两句话紧密连接起来，读作："是时独魏文侯好学，后陵迟以至于始皇。"就文从字顺，什么都很好理解了。这两句话是讲在战国诸国并争之时，列国君主，开始只有魏文侯喜好儒学，其后日渐衰败，直至秦始皇时期。那么，在秦始皇时期，儒学的境遇究竟如何？是在衰败中起而振兴了呢，还是衰败愈甚，以致趋于灭绝了呢？反正到此进入了一个新的阶段，其趋势究竟是上升抑或下降，太史公并没有明说。

不过《史记·儒林列传》接下来的一段话，倒也给我们提供了很重要的分析线索，即《史记》下文云"及至秦之季世，焚《诗》《书》，坑儒士，六艺从此缺焉"（案，此"儒士"今本《史记》作"术士"，相关辨析详见下文），这显示出在"焚《诗》《书》，坑儒士"之前，《诗》《书》等儒家经典和儒学之士在大秦朝野应该都是具有相当地位的。

实际的情况，正同《儒林列传》上述记载相契合，而与现在通行历史著述的说法有很大差异。很长一段时间以来的各种通行历史著述带给人们的一般印象，是秦始皇斥逐儒学而崇

坑儒谷里活埋的是否都是儒生?

尚法家,甚至在很大程度上这可以说是秦朝灭亡之后"自古以来"的看法。然而认真研读《史记》相关记载,我们却可以看到,单纯就一种思想学说在朝廷中的地位来看,秦廷不仅没有斥逐儒学,还十分尊崇儒学。

按照《史记·秦始皇本纪》的记载,在"焚书坑儒"之前,秦廷即设置有七十位博士,而这七十位博士,就其"学科归属"来讲,都是儒学博士,而且是由秦始皇始创其制,如清人沈钦韩所云:"古以儒者名之博士,秦始有专员。"(沈钦韩《汉书疏证》卷四)例如,在这七十位博士当中,有位叔孙通先生,从这位秦廷博士的实际经历我们可以看出,当时所谓"博士",就是从儒生中选出的,所以他们应当就是传习儒家学说的学者,而所谓"儒学",当时在很大程度上又可以以"文学"称之(《史记·刘敬叔孙通列传》)。仔细审度《史记·秦始皇本纪》秦始皇颁布"焚书坑儒"令时的相关记载,可知秦廷的博士皆应出自儒学,这一点应该没有什么异议。元人马端临即断然指明"秦以儒者为博士"(见马端临《文献通考·经籍考》),至近时胡适也说"大概秦时的'博士'多是'儒生'"(说见胡适《中国哲学史大纲》卷上),做出的也是大体相同的判断。

我们再来看《史记·封禅书》记载秦始皇东巡,"征从齐鲁之儒生博士七十人,至乎泰山下",议论登封泰山事。这里所说"儒生博士七十人",明确点明这些"博士"乃是出自"儒生",或者说他们都是身为"儒生"。按照《史记·秦始皇本纪》的记载，秦廷总共为博士设置七十名员额，可知秦始皇这次东巡，他们是悉数奉诏从行，所以《史记·封禅书》这一记载，可以说是秦廷博士所有成员都是儒学博士的铁证。

《史记·儒林列传》载"陈涉之王也，而鲁诸儒持孔氏之礼器往归陈王。于是孔甲为陈涉博士"。这位孔甲是孔夫子的八世孙孔鲋，"甲"是他的字（《史记·儒林列传》，裴骃《集解》）。孔鲋为陈胜做博士这一事件，也可以看作张楚沿承秦制的一个事例。这也从一个侧面证明了秦博士的儒学属性。

司马迁之父司马谈在概括诸家学说特点时，曾指出儒者之学系以"博而寡要"著称于世，盖因"儒者以《六蓺（艺）》为法，《六蓺（艺）》经传以千万数"，以致达到"累世不能通其学"的程度（《史记·太史公自序》）。这一点，应该就是儒学博士之"博"得名的缘由。综合考量当时各门思想流派的实际情况，可以说知识丰富是儒家与其他诸家学说相比独有的特色，或者说在当时诸家学说之中只有儒家具有丰富多样的具体知识，说的也就是儒学之"博"。这一点，乃是"博士"这一头衔同儒学学术内涵的联系。

那么，秦廷设置七十儒学博士一事意味着什么？显而易见，它意味着这改变了战国以来儒学日渐陵迟的局面。换一个角度来看，就大秦帝国本朝而言，除了儒学，朝廷并没有为其他任何一家学说设置这样的官位，包括所谓"法家"在内，这无疑凸显了儒家在朝廷中独一无二、唯我独尊的官学地位；即使是同后代相比，随便哪一个朝代，也没有设置这么多官定的

坑儒谷里活埋的是否都是儒生？

博士，这更加清楚地体现出秦廷对儒学的"尊崇"，至少在形式上是空前绝后无以复加的。

再说前面提到的那位叔孙通先生，率其"儒生弟子百余人"，带着大秦帝国的礼仪投靠刘邦，建立起来汉朝的礼乐制度（《史记·刘敬叔孙通列传》）。《史记·礼书》对这一情况，曾经有所论列，述云：

> 至秦有天下，悉内六国礼仪，采择其善，虽不合圣制，其尊君抑臣，朝廷济济，依古以来。至于高祖，光有四海，叔孙通颇有所增益减损，大抵皆袭秦故，自天子称号，下至佐僚及宫室官名，少所变改。

叔孙通的儒学博士身份，决定了他从秦朝带来的都是属于儒家的礼仪文化。因为只有这些儒生才能实现大秦帝国的礼制建设。秦廷特别设置七十名博士的员额，令其传授儒家学业，原因即在于此。

这些本来都是清清楚楚、明明白白写在《太史公书》里的实际情况，用不着多大学问，更用不着多大功力，只要不带任何既有成见地认真读书，几乎谁都能够看见，谁都能够理解，可学术圈里那些一本正经的历史学家，却从来没有人向社会公众指明这一点。

这没有什么高深莫测的道理，只是研究者盲从前人成说而造成的认识误区和盲区。做学问，既然是为探明历史的真相，

凤凰出版社影印宋刻十四行本《史记》

坑儒谷里活埋的是否都是儒生?

凡事要认真阅读第一手史料,无征不信,能看到什么,就认定什么。

就是在这样的背景之下,所谓"焚书坑儒"之事在秦都咸阳发生了,其事见于《史记·秦始皇本纪》的记载,具体情形如下:

侯生、卢生相与谋曰:"始皇为人,天性刚戾自用,起诸侯,并天下,意得欲从,以为自古莫及己。专任狱吏,狱吏得亲幸。博士虽七十人,特备员弗用。丞相诸大臣皆受成事,倚辨于上。上乐以刑杀为威,天下畏罪持禄,莫敢尽忠。上不闻过而日骄,下慑伏谩欺以取容。秦法不得兼方,不验辄死。然候星气者至三百人,皆良士,畏忌讳谀,不敢端言其过。天下之事无大小皆决于上,上至以衡石量书,日夜有呈,不中呈不得休息。贪于权势至如此,未可为求仙药。"于是乃亡去。始皇闻亡,乃大怒曰:"吾前收天下书,不中用者尽去之,悉召文学、方术士,甚众,欲以兴太平,方士欲练以求奇药。今闻韩众去不报,徐市等费以巨万计,终不得药,徒奸利相告日闻。卢生等吾尊赐之甚厚,今乃诽谤我,以重吾不德也。诸生在咸阳者,吾使人廉问,或为訞言以乱黔首。"于是使御史悉案问诸生,诸生传相告引,乃自除。犯禁者四百六十余人,皆坑之咸阳,使天下知之,以惩后。益发谪徙边。始皇长子扶苏谏曰:"天下初定,远方黔首未集,诸生皆诵法孔子,今上皆重法绳之,臣恐天下不安。唯上察之。"始皇怒，使扶苏北监蒙恬于上郡。

从中可以看到，诱发这一事件的起因，是侯生、卢生等为其寻求仙药的"方术士"，而且在这两个家伙溜走亡去之后，秦始皇震怒之下，说自己此前"悉召文学、方术士，甚众，欲以兴太平，方士欲练以求奇药。今闻韩众去不报，徐市等费以巨万计，终不得药，徒奸利相告日闻。卢生等吾尊赐之甚厚，今乃诽谤我，以重吾不德也"。在这种情况下，秦始皇将"犯禁者四百六十余人，皆坑之咸阳"。

如此看来，被秦始皇活埋的似乎不应该是儒生，而是所谓"方术士"，也就是那些施行方术之士。另外，今本《史记·儒林列传》也说秦始皇是"焚《诗》《书》，坑术士"（案，这也就是我在前面引作"焚《诗》《书》，坑儒士"那句话），这"术士"当然也就是所谓"方术士"，现在我们也可以简称为"方士"或是"术士"。后世有很多人，就是依据这一记载而断言秦始皇所坑者乃是"术士"。这样认识的人，古代有很多，现代也不少，譬如，胡适先生就是这样看待这一问题（胡适《中国哲学史大纲》卷上）。

然而，事情并没有这么简单。

我们看《史记·秦始皇本纪》的下文，在数落完这些"方术士"的忘恩负义，并特别指出"卢生等吾尊赐之甚厚，今乃诽谤我，以重吾不德也"之后，秦始皇却话锋一转，把矛头指向了跟这帮骗子毫无关系的儒生头上，即谓之曰："诸生在咸

坑儒谷里活埋的是否都是儒生？

阳者，吾使人廉问，或为訞言以乱黔首。"

参看下文长公子扶苏所说"诸生皆诵法孔子"这句话，我们可以毫无疑义地认定，这"诸生"也就是"众儒生"。"廉问"，是察访查问的意思；"訞言"现在一般写作"妖言"，也就是某些人经常讲的"歪理邪说"那四个字。

秦始皇明明是被他自己重金招徕的一大帮"方术士"骗了钱财，又丢尽了老脸，可他为什么头痛医脚，要去"廉问"这些与"方术士"毫无关系的儒生呢？

仔细斟酌《史记·秦始皇本纪》上述记载，不难看出，问题就出在秦始皇所说"悉召文学、方术士，甚众，欲以兴太平"这句话上，对于他所召"甚众"的这些"文学、方术士"，秦始皇显然寄予了很大期望，即想要依赖他们来帮助自己"兴太平"。因为如前所述，尊崇儒学，重用儒生，本是大秦帝国的一项重要国策。可是，结果呢？现在他已经看到，他"尊赐之甚厚"的卢生等"方术士"不仅骗吃骗喝，骗完之后就纷纷跑路了，还很放肆地讲了一大堆他的坏话，这无疑会彰显出他的"不德"形象。

秦始皇对自己干下的那些不得人心的事，当然一清二楚，既然做了，当然免不了要遭受世人非议，这一点他也心知肚明。

这不仅在于他以血腥暴力吞并天下土地，更让天下苍生遭受无边苦难的是，他在吞并天下之后，不仅不与民休息，还愈加"刚毅戾深，事皆决于法，刻削毋仁恩和义，然后合五德之数。于是急法，久者不赦"（《史记·秦始皇本纪》）。这么虐待子民，人家怨他，人家恨他，甚至很多人恨不得杀了他，他也是一清二楚的。

可是秦始皇一点儿也不怕，为什么？君不见《商君书》里明确讲："重刑连其罪，则民不敢试。"还有"刑重而必得，则民不敢试"（《商君书·赏刑》）。用现在大家更容易理解的大白话来讲，就是以严刑峻法来震慑恐吓，让你不服也得服，心不服口也必须服。先祖秦孝公的时候，秦国的政治就是按照商鞅这样的设计而展开的；到秦始皇的时候，他的所有政治举措，更是如法炮制。只要心狠手辣整治小民，天下百姓再怨恨，也不敢轻举妄动。

可是，草民不敢动，并不等于偌大一个国家就没人敢说。为什么？在赵正登上皇帝大位之初，帝国的法律还没有过分严苛地限制人们的言论自由；或者说秦灭六国后，朝廷并没有马上针对一般性的言论上手段，重刑还没有立即用到每一个人的嘴上。

就在发出坑儒之命这一年前的秦始皇三十四年，赵正在咸阳宫里摆酒宴，秦廷设置的七十个博士上前给他祝寿，其中的头目——仆射周青臣还把马屁拍得震天响，说什么"他时秦地不过千里，赖陛下神灵明圣，平定海内，放逐蛮夷，日月所照，莫不宾服。以诸侯为郡县，人人自安乐，无战争之患，传之万世"，最后总括一句话："自上古不及陛下威德。"（《史记·秦始皇本纪》）对比秦始皇后来指斥卢生等方术士"重吾不德"那句话，可知周青臣这些奉承话该多么让他受用。

坑儒谷里活埋的是否都是儒生?

问题是虽然这个博士头目很会拍马屁,可他手下其他那些只把《诗》《书》读到心坎里去的书呆子博士却很不识相。有一位名叫淳于越的博士,马上站出来揭破周青臣的丑陋面目,即"青臣又面谀以重陛下之过,非忠臣"(《史记·秦始皇本纪》)。听着耳熟吧?这同一年后秦始皇斥责卢生等人"重吾不德"的话实在太相似了。

几乎一模一样的语句,站在不同立场上,就指向了两个截然不同的方向。一方讲的是真话,另一方讲的就必然是假话。不仅今人都知道究竟是谁在说真话,当时的人也都明白到底是谁在讲假话——这个人当然是始皇帝赵正。在淳于越看来,是周青臣这类人在彰显秦始皇的罪过;而在暴君秦始皇看来,则是讲实话的卢生等人在彰显他缺德无德的本来面目。

一年之后,秦始皇既然能针对卢生等方术士讲出那样一番话来,当时面对淳于越博士讲的这些大实话,心里肯定不爽。淳于越与周青臣两相对峙的言论,并不仅仅是两个书生之间意气相向而已。因为淳于越在指斥周青臣"面谀以重陛下之过"之前,还讲过一句很重的话:"事不师古而能长久者,非所闻也。"这事儿就有些大了,等于全面否定并且抨击秦始皇的治国理民路线;更何况淳于越有博士的身份,若是任由这样的思想传播于黎民黔首,任由这帮家伙放下朝廷赏给他们的饭碗就来抨击朝政,诅咒这个政权,那么大秦帝国还将何以为国?是可忍,孰不可忍?

怒,虽然是愤怒至极,却不宜马上发作。现代人对中国古代的政治运作过程,有很多肤浅的理解,其实并不符合实际。譬如,说皇帝独裁专权就是一例。皇帝固然是个乾纲独断的职位,可从赵正创设这个职位时起,决策的过程通常都是一个"民主协商"的过程,而且整个过程都很"民主",至少是要经过大臣们开会讨论才能做出决策的。

这次也是这样。秦始皇按照朝政运作的基本规则,一本正经地把双方的意见交由朝臣议处。于是,那个一心想坐稳位置的佞臣李斯,本着他一生念兹在兹的"得时无怠"精神(《史记·李斯列传》),及时挺身而出,来为主子排忧解难,以求一劳永逸地彻底解决这个重大的隐患。

这样,我们就在《史记·秦始皇本纪》中看到下面一段话:

> 丞相李斯曰:"五帝不相复,三代不相袭,各以治,非其相反,时变异也。今陛下创大业,建万世之功,固非愚儒所知。且越言乃三代之事,何足法也?异时诸侯并争,厚招游学。今天下已定,法令出一,百姓当家则力农工,士则学习法令辟禁。今诸生不师今而学古,以非当世,惑乱黔首。丞相臣斯昧死言:古者天下散乱,莫之能一,是以诸侯并作,语皆道古以害今,饰虚言以乱实,人善其所私学,以非上之所建立。今皇帝并有天下,别黑白而定一尊。私学而相与非法教,人闻令下,则各以其学议之,入则心非,出则巷议,夸主以为名,异取以为高,率群下以造谤。如此弗禁,则主

坑儒谷里活埋的是否都是儒生？

势降乎上，党与成乎下。禁之便。臣请史官非秦记皆烧之。非博士官所职，天下敢有藏《诗》、《书》、百家语者，悉诣守、尉杂烧之。有敢偶语《诗》《书》者弃市，以古非今者族。吏见知不举者与同罪。令下三十日不烧，黥为城旦。所不去者，医药卜筮种树之书。若欲有学法令（德勇案，'若欲有学法令'句，参据《史记·李斯列传》等，疑本书作'若欲有学者'），以吏为师。"制曰："可。"

概括起来，李斯洋洋洒洒的这一大段话，包括下述几层意思。

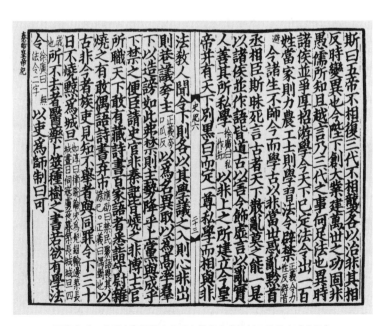

百衲本《二十四史》影印南宋建安黄善夫书坊刻三家注本《史记》

首先是直接针对淳于越"事不师古而能长久者，非所闻也"这一主张，做出总体评价，认为像淳于越这样的"愚儒"，明显智力不够，他们是根本无法理解秦始皇创建的亘古未有之大业丰功的。

这是一个纲领性的认识，大调子一定，下边就是具体的处置办法了。"愚儒"的"愚"也就是傻的意思，傻瓜的话，不仅听不得，也不能由着他到处胡乱说，让傻瓜给正常人洗脑。实际的后果很严重，一味"不师今而学古，以非当世"，则必将"惑乱黔首"——有人出来造反怎么办？必须采取果断措施，做出惩处。

应对的办法，一是"别黑白而定一尊"，即确立皇帝唯我独尊的地位，人人都要服从于他的权威。二是在此前提下，与此有违的种种私学，都要一律禁绝，并且指出开放言论的严重后果是"主势降乎上，党与成乎下"，即皇帝的权威荡然无存，而反对的党徒必将布满朝野，实在是危乎险也。三是应立即颁布具体的禁绝措施，即除了官方存留部分书籍之外，诸如秦国自己的史书、朝廷所设博士官传习的儒家经典，以及像"医药卜筮种树之书"这样的科技著述等，其余所有各项典籍，统统搜检出来烧掉，同时还有针对性地特别强调"有敢偶语《诗》《书》者弃市，以古非今者族"。

这样的处置措施，看起来好像很有创意，但是自古以来，就是太阳底下没有什么新鲜事儿。与李斯出自同门的韩非子即明确讲过，当年商鞅即已"教秦孝公以……燔《诗》《书》而

坑儒谷里活埋的是否都是儒生？

明法令"(《韩非子·和氏》)。到底是同门同窗，对先行君主施展过的这种手段，同样早就烂熟于胸，时机成熟时，掏出来用就是了。

李斯这个现职的帝师把话讲得都很到位，有纲有目，有头有绪，一切都正中秦始皇的下怀，连细节都考虑得十分周详，自然博得他满心欢喜。于是，秦始皇只简单地进出一个"可"字就依样施行了，于是建国以来最大规模的一场政治运动开始了。这场运动，也可以简单地用"焚书"二字来概括。

全面了解这一背景，了解这场运动在秦朝政治生活中无比重要的地位，我们才能切实理解秦始皇"坑儒"之举发生的缘由。

秦始皇"焚书"之举，实际上不过是上一年刚刚施行的极其严酷的惩处办法，这些儒生应该老老实实地上班办事儿领薪水，帮助我歌功颂德"兴太平"了吧？可恨侯生、卢生这些"方术士"，骗吃骗喝，临走还"诽谤我，以重吾不德"。这帮家伙本来就是骗子，如此忘恩负义，也算是情理之中的事儿，其社会地位和影响都没法跟儒生相比，只要这些儒生，都像朝廷设置的那七十个博士一样给朝廷装点门面做摆设，倒也不用担心什么。

那么，这些儒生的地位和影响为什么这么重要？除了孔夫子创立的政治学说和社会理念对世道人心具有重大影响之外，还有一个似乎不为人言的重要因素，这就是在先秦诸子之中，其他各家讲的都是空洞的思想观念，只有儒家具有丰富的具体知识,特别是历史知识。自孔子以《诗》《书》《礼》《乐》《易》《春秋》这"六经"来教授弟子,这些知识就成为儒家门内师徒相传的核心内容,而这些典籍所蕴含的文学、艺术、史学、哲学以及社会制度知识,其丰富性、系统性、具体性在先秦诸子中都是独一无二的。高谈阔论的理论只能影响一小部分高级知识分子,而这些具体知识和儒生对这些具体知识内在义理的阐释才能更加深刻地影响社会公众(前述秦廷儒学博士之"博",其要义也正在这里)。其中历史知识的影响尤为重要,因为这是"诸生不师今而学古,以非当世,惑乱黔首"的一项利器。

现在,摆在秦始皇面前的问题是,侯生、卢生这些"方术士"既然能够阳奉阴违,口是心非,那些儒生是不是口服心也服,服服帖帖地跟他这个一尊之身保持一致呢?秦始皇对此很是担心,或者说侯生、卢生等"方术士"搞得他很是心虚。他需要考察一下真实情况。于是,便指使人去查问"诸生在咸阳者"。这就是"方术士"惹出来的事,而秦始皇却"头痛医脚"地去查问儒生的缘由。

结果呢?结果不禁让他有些震恐。这些儒生在上一年刚刚颁布那样严酷的禁令之后,仍然"或为妖言以乱黔首"。

如上所述,上一年的时候,正是由于"诸生不师今而学古,以非当世,惑乱黔首",才促使秦始皇颁行禁令,试图以严刑峻法,吓阻这股反抗的潮流,可是现在一查才知道,在平静的表面之下,依旧暗潮涌动。那么,秦廷的法律岂不形同虚

坑儒谷里活埋的是否都是儒生？

设？秦始皇的威严何在？若是任由这帮儒生继续惑乱黔首，岂不天下大乱？必须严查重惩！

后世很多儒生总是恶毒攻击秦始皇很任性，攻击这位千古一帝残忍残酷地镇压知识分子。其实秦始皇虽然心狠手辣，却是一向很讲究依法治国的，绝不随便胡来。秦始皇严格按照法定的程序，"使御史悉案问诸生"，也就是逐个审问，让这些儒生人人过关。只不过以强大的威权去审查一个个弱小的书生，结果是可想而知的。结果到底是什么呢？是"诸生传相告引，乃自除"，也就是在酷刑苛法的威逼下，这些儒生不得不违心地揭发检举他人，这样才能侥幸脱身免罪。

当然并不是所有举报了同辈的人都能不被追究治罪。若是这样，秦始皇就失去了追查其事的意义了。因为秦始皇想杀一儆百，即《史记·秦始皇本纪》所说"使天下知之，以惩后"。倒霉的，是那最后被朝廷认定的"犯禁者四百六十余人，皆坑之咸阳"。

这样通观《史记》相关记载，被秦始皇坑掉的理应是儒生，而不会是方术士。如前所述，按照始皇长公子扶苏的说法，当时秦始皇所要坑掉的"诸生"四百六十余人乃"皆诵法孔子"，这也清楚说明他们确实一个不差都是儒生。《史记·封禅书》又记载"诸儒生疾秦焚《诗》《书》，诛戮文学"，这"文学"讲的同样是儒生。这些都可以同上面所做的分析相印证。

至于《史记·儒林列传》所说秦始皇"焚《诗》《书》，坑术士",也就是我在本文开头引述过的"焚《诗》《书》,坑儒士"那句话,虽然曾被很多学者引作秦始皇所坑之人包含诸多术士的证据,譬如,近人崔适即持此见(崔适《史记探源》卷八),章太炎也说是缘于"诸巫食言,乃坑术士"(《太炎文录》卷一《秦政记》),至于持此观点的现代学者,更比比皆是,毋庸逐一列举,但若认真审读《史记·儒林列传》的文本,则可以看出,情况并非如此。

为便于分析,可将其上下相关文句,再列举如下:

自孔子卒后,……后陵迟以至于始皇。天下并争于战国,儒术既绌焉,然齐鲁之间,学者独不废也。于威、宣之际,孟子荀卿之列,咸遵夫子之业而润色之,以学显于当世。及至秦之季世,焚《诗》《书》,坑术士,六艺从此缺焉。

请大家注意的是,这段话是写在《儒林列传》开头的地方,这里上上下下、前前后后谈论的儒学、儒书、愿生、儒术,都是儒家之事,与"术士"无涉,忽地迸出"坑术士"一语,与上下文不协,显得相当突兀。

《史记》三家旧注,唯有唐人张守节的《史记正义》释及此语,其语如下:

颜云:"今新丰县温汤之处号愍儒乡。温汤西南三里有马谷,谷之西岸有坑,古相传以为秦坑儒处也。卫宏《诏定

坑儒谷里活埋的是否都是儒生？

古文尚书序》云'秦既焚书，恐天下不从所改更法，而诸生到者拜为郎，前后七百人。乃密种瓜于骊山陵谷中温处。瓜实成，诏博士诸生说之。人言不同，乃令就视，为伏机。诸生贤儒皆至焉，方相难不决，因发机从上填之以土，皆压，终乃无声'也。"

姑且不论这里所说坑儒之事的缘起同《史记·秦始皇本纪》的异同，我们看《史记正义》叙述的内容只是"坑儒"，而不是坑埋术士。古人注书释文，当然要与被注释的正文相对应，不会无端添附离"经"之"注"。所以《史记正义》这条注释，显示出原文应是书作"坑儒士"，而不会是"坑术士"。检南宋时期的类书《记纂渊海》，其引录《史记·儒林列传》此文，乃书作：

秦之季世，焚《诗》《书》，坑儒士，六艺从此阙焉。

可见当时所依据的《史记·儒林列传》，正存有"坑儒士"的版本。这足以印证上述推论不诬，被秦始皇坑掉的实际上只是儒士，而与方术士无涉。

　　结论，就简简单单的一句话——坑儒谷里活埋的都是儒生。没有一个例外。

2021 年 6 月 7 日记

世间本无"西楚霸王"

一代枭雄项羽,在诛灭暴秦之后,表面上尊奉张楚怀王为义帝,使之成为名义上的天下共主。随之,"项羽自立为西楚霸王,王梁、楚地九郡,都彭城",并分封诸将相及业已自称王号者十八人为诸侯王(《史记》之《项羽本纪》《高祖本纪》)。项羽所谓"西楚霸王"一称,即由此而来。

这是关于项羽此事最早的原始记载,套用一个很流行的说法,可谓"自古以来"如此,可这"古"并不意味着一定是"真"。

一 "三楚"的地域观念与"西楚霸王"的窘境

世世代代读《史记》的人,世世代代谈论中国历史的人,就一直"西楚霸王""西楚霸王"地叫着,可大多数人根本没想哪里是东,哪里是西,更没想立都于彭城之地的这个诸侯王国到底该不该叫作"西楚"。即使有那么很少一部分人想了,

世间本无"西楚霸王"

分析了，也解释了，可从来也没有人解释清楚过，甚至解释了还不如不解释，越解释越让人摸不着头脑。

不管是西楚，还是东楚，这"西"和"东"，都是以战国的楚地来区分其相对方位。听我这么一说，大家一定急着想问：当时人所说的西楚究竟是在哪里呢？其实司马迁已在《史记·货殖列传》里把这事儿讲得清清楚楚。

> 越、楚则有三俗。
>
> 夫自淮北沛、陈、汝南、南郡，此西楚也。其俗剽轻，易发怒，地薄，寡于积聚。江陵故郢都，西通巫、巴，东有云梦之饶。陈在楚夏之交，通鱼盐之货，其民多贾。徐、僮、取虑，则清刻，矜已诺。
>
> 彭城以东，东海、吴、广陵，此东楚也。其俗类徐、僮。朐、缯以北，俗则齐。浙江南则越。夫吴自阖庐、春申、王濞三人招致天下之喜游子弟，东有海盐之饶，章山之铜，三江、五湖之利，亦江东一都会也。
>
> 衡山、九江、江南、豫章、长沙，是南楚也。其俗大类西楚。郢之后徙寿春，亦一都会也。而合肥受南北潮，皮革、鲍、木输会也。与闽中、干越杂俗，故南楚好辞，巧说少信。江南卑湿，丈夫早夭。多竹木。豫章出黄金，长沙出连、锡，然堇堇物之所有，取之不足以更费。

通篇上下，谈的都是西、东、南三楚之地的事儿，可前边却是以"越、楚则有三俗"这句话来提领其事。对这一点,唐人张守节在《史记正义》中解释说:"越灭吴则有江淮以北,楚灭越兼有吴越之地,故言'越楚'也。"这一解释非常重要,也相当妥切,他告诉我们这三楚是兼有吴越之地的,也就是说,这西楚、东楚和南楚的地域范围,从"楚夏之交"处的陈向南,直抵南岭脚下,涵盖南方大部分疆域(岭南当时尚在赵佗南越国的治下)。至于确认这一点的具体意义是什么,且容后文叙说。

现在,我们仅仅拿《史记·货殖列传》里讲的这个东楚之地的范围,来对比一下项羽"王梁、楚地九郡,都彭城"的属地状况,就会发现"西楚霸王"之称所存在的问题。关于项羽封给自己的这梁、楚之地九郡,清代以来很多学者做过考证,都未能尽得其实。周振鹤先生在研究西汉政区地理时,在前人的基础上,对此做出了最为真确的复原。下页这幅《项羽"西楚国"示意图》,就是利用周振鹤先生《西汉政区地理》一书的插图而改制的。

通过这幅示意图可以看出,在泗水、砀郡、东郡、薛郡、东海、郯郡(案,应正作故郯郡,别详拙著《建元与改元》)、会稽、陈郡和南阳郡这九郡之中,只有陈郡属于《史记·货殖列传》所说"西楚"的范围之内,最靠西侧的南阳郡乃为"夏人之居",根本不属于司马迁所说楚地,北部的砀郡、东郡则应属于梁地,也就是魏国故地及其邻接区域,而"彭城以东,东海、吴、广陵,此东楚也"这一表述,显然也包括彭城和彭城所处的泗水郡在内(另外还应有文中没有提及的薛郡)。唐

世间本无"西楚霸王"

项羽"西楚国"示意图

人张守节在《史记正义》中就用李唐的政区名称解释说:"彭城,徐州治县也。东海,郡,今海州也。吴,苏州也。广陵,扬州也。言从徐州彭城历扬州至苏州。"即以城邑论,彭城乃所谓"东楚"的西端起点。过去有些人,如宋人孔平仲撰《孔氏杂说》,即强自把彭城解作"西楚"(见该书卷三),而这样的解释是完全不符合司马迁本意的。

总括而言,按照《史记·货殖列传》的记载,可以说项羽留给自己的这个封国的国土大多属于"东楚",国都也在"东楚",即如清人钱大昕所云:"据此文,彭城是东楚,非西楚矣。"(钱大昕《十驾斋养新录》卷一一"三楚"条)居处在这样土地上,项羽又怎么能给自己定下个"西楚霸王"的称号呢?岂不怪哉,岂不怪哉!

阅读《史记·货殖列传》，思考西楚、东楚和南楚的地域区分问题，我们首先应该清楚，司马迁在这里讲的是西汉前期人的地域观念，这也是目前所知距项羽生活年代最近的一种地域观念。审其具体地域，如前所述，自是楚国灭越之后才能产生这样的观念，因而若是没有其他反证，这样的观念可以看作从秦楚之际即已流行于世的。事实上我们在《史记》《汉书》的相关注释和后人的论述中也没有看到比这更早的关于西楚、东楚以及南楚的地域认识。换句话讲，《史记·货殖列传》上述记载，乃是后世学者解读"西楚霸王"问题最早、最可靠的史料依据。

正因为如此，我们看到，东汉末年至三国时期人文颖，在注释《汉书·高帝纪》"羽自立为西楚霸王"一事时，先是引录《史记·货殖列传》的说法，以明三楚之说的历史渊源，由于这渊源有自的说法显然同"西楚霸王"这一名号相抵触，于是文颖不得不缀加一句话，来勉强为之疏说："（项）羽欲都彭城，故自称西楚。"这里的"故"字应是用作"特地"之义，即项羽因立都于彭城，而强自把这里称作"西楚"，意思是说，虽然这不符合通行的习惯用法，可项羽就这么用了，我也只能这么说明一下情况。清人汪士铎就是这样理解文颖的说法，以为"据此则彭城至项王始谓之西楚"（汪士铎《汪梅村先生集》卷二《三楚考》）。文颖是老实人，尽管这话左支右绌，根本讲不通，可他就是这么实话实说，老实得实在可爱。

比他行年稍晚一点儿的曹魏时人孟康，就不这么老实了。面对项羽这一奇怪的"西楚霸王"称号，孟康先是把这一情况认定为确切的史实，然后放胆解释说：

> 旧名江陵为南楚，吴为东楚，彭城为西楚。(《汉书·高帝纪》唐颜师古注引孟康说。又《史记·项羽本纪》之裴骃《集解》引孟康说)

这"旧名"二字毫无依据，你要真的有什么根据就大大方方地说出来。孟康自己没说，比他早和比他晚的那些其他注释《史记》《汉书》的人也没有见过他说的这种"旧名"，这事儿的真实性不能不让我充满疑虑。再说南楚、东楚和西楚，本来都是区域的称谓，可孟康讲述的"旧名"，却成了江陵、吴和彭城这三处城邑的名称，此说违逆正常的观念和逻辑，显然也很不对头。

在我看来，孟康这种说法，乃是强不知为有知，硬是以立都彭城的所谓"西楚"为基点，强自给它配置上"东楚"和"南楚"。也就是说，项羽封给自己的这块地方本来确实不叫"西楚"，可他自己既然这么乱叫了，那"东楚"和"南楚"也只能顺着这个"西楚"来定。

大家千万不要以为这是我忽生横解，厚诬这位孟氏夫子以心注史。清初著名舆地沿革专家顾祖禹在引述孟康此语时，就是如此看待这一问题，乃谓彭城之地本属东楚，"项羽改为西楚，而以吴为东楚"(顾祖禹《读史方舆纪要》卷二九《南直·徐州》。附案，今中华书局点校本误将顾氏这一判断读为孟康注语原文，因而也就抹杀了顾氏的认识)。

这里既以吴邑为东楚,也就如同《史记·货殖列传》讲述的三楚观念一样,只能是在楚人灭越以后才能产生,因而也不可能比《史记·货殖列传》的三楚观念更早、更旧,其"旧名"云者,不过虚张声势而已。退一步讲,这个"旧名"也只是比孟康本人降生人世的时间稍微老旧一些而已,其事只能像文颖所讲的那样,是因项羽自号"西楚霸王"之后产生的说法,更清楚地讲,孟康所说"旧名",就是从项羽分封诸侯时定下的崭新的地理区域名称。而包括今天我们这些人在内,后世学人在解读《史记》《汉书》中"西楚霸王"这一记载时,是万万不宜以后事来阐释前因的。

清人钱大昕虽然极力想给项羽的"西楚霸王"之号的合理性做出解释,可对孟康这一说法,却只是淡淡地讲道:"此又一说,与《史记·货殖传》不合。"(钱大昕《十驾斋养新录》卷一一"三楚"条)显然觉得要想合理地阐释这一问题,还是应该依据《史记·货殖列传》来立论。书读得多了,学问做得深了,至少有那个眼界,能够及时躲开那些过分荒诞的认识路径。

汉魏之际人文颖解释不通项羽为什么自号"西楚霸王",是因为这"西楚"二字严重悖逆当时通行的地域观念。

如上所述,紧继其后的孟康同样没能讲清这一问题,但由于找不到任何合理的依据,也讲不出自成一说并足以服人的道理,后来裴骃在南朝刘宋时撰著《史记集解》,只好照样转录了孟康这一说法(《史记·项羽本纪》之裴骃《集解》)。到唐代初年颜师古注释《汉书》的时候,也只好稀里糊涂地表态说

"孟说是也"(《汉书·高帝纪》唐颜师古注)。尽管这种表态站队在学术上并没有任何价值,后来张守节在开元年间撰著《史记正义》的时候,还是一并转录《史记·货殖列传》和孟康讲述的两种"三楚"说法,尽量给读者提供一个平衡而又客观的参考,可是孟康的说法还是因颜师古的肯定而获得了广泛传播。譬如,宋人孙奕的《履斋示儿编》、王应麟的《小学绀珠》等都是如此(《履斋示儿编》卷一四《杂记》"地名异"条。《小学绀珠》卷二《地理类》"三楚"条)。

这种"无厘头"的说法在写诗作文时作为辞藻用一用自然无妨,可严肃的学者无法把这当真事看,问题在于这实在是个难题,即使是当时的历史考据第一高手钱大昕,也说不清是怎么一回事儿:

> 《史记·货殖传》:"自淮北沛、陈、汝南、南郡,此西楚也;彭城以东,东海、吴、广陵,此东楚也;衡山、九江、江南、豫章、长沙,此南楚也。"据此文,彭城是东楚,非西楚矣。项羽都彭城而东有吴、广陵、会稽郡,乃以"西楚霸王"自号者,羽兼有梁、楚地,梁在楚西,言"西楚"则梁地亦在其中也。又考三楚之分,大率以淮为界:淮北为西楚,淮南为南楚,唯东楚跨淮南北。吴、广陵在淮南,东海在淮北,彭城亦在淮北而介乎东、西之间,故彭城以东可称"东楚",彭城以西亦可称"西楚"也。(钱大昕《十驾斋养新录》卷一一"三楚"条)

这段考证的要点有二：一是项羽乃"王梁、楚地九郡"，虽然彭城地处"东楚"，但因"梁在楚西，言'西楚'则梁地亦在其中也"，所以项羽自号"西楚霸王"；二是彭城之地介乎"东楚"与"西楚"之间，"故彭城以东可称'东楚'，彭城以西亦可称'西楚'也"，实际上是说项羽所王九郡中的彭城以西部分，本来就属"西楚"。

这两点解释，乍看似乎有几分道理，实际上都很不合乎逻辑。一者，即使"西楚"确如钱氏所云可以兼该梁地，但这样一来，泗水（治彭城）、东海、吴、广陵等"东楚"之地怎么办？就为照顾梁国旧地竟弃置国都所在的彭城于不顾而取"西楚"为号，这么说合理吗？怎么看都觉得很不合理。二者，项羽属郡中彭城以西的陈郡固然属于"西楚"，《史记·货殖列传》也讲明了这一点，但这在其属地中只占很小一部分，特别是项羽的国都彭城不属"西楚"而归于"东楚"，因而项羽更没有道理会取"西楚"作为自己封国的名号，即所谓"名不副实"也。

就连钱大昕这样的一代考据大家也讲不出个子午卯酉，甚至在他的考辨中还颇有几分前言不搭后语的窘迫，说明"西楚霸王"这一称谓确实是很难讲得通的。明人陈士元评述"西楚霸王"这一名号，曾以"号为西楚，本东楚地"这两句简简单单的话，概括了这一称号给人们认识这一问题造成的窘境（陈士元《江汉丛谈》卷二"三楚"条）。

二 不是"西楚"是"四楚"？

话怎么讲也讲不通，这往往意味着认识的路径根本不对。在这种情况下，通常就不宜一条道走到黑。变换一个认识的角度，也许会在我们的眼前展现一片全新的天地。那么，我们要把认识的角度转换到哪里去呢？陈士元"号为西楚，本东楚地"这两句话，提示我"西楚"的"西"字有可能存在问题——不是字讹，就是字误，这个"西"也许应该是另外一个字。

下面的问题是，假如按照胡适之博士指示的治学路径，先大胆假设"西楚"的"西"字存在讹误，那么，它应该是什么字的讹误呢？古代典籍的文字产生讹误，最常见的形式有两种：一种是因读音相近造成的"音讹"；另一种是因字形相近造成的"形讹"。对这个"西"字，我首先想到的是字形相近的"四"字，即姑且假设"西楚"是"四楚"的讹误，也就是原本的"四"字被错讹成了我们现在看到的"西"字。

经历了漫长的历史，我们在研究历史问题时需要注意，在关注每一项具体史事的时候，都应该基于这一事项后面普遍的背景。这样，浮现在我们眼前的，就不仅是一时一事。我们需要意识到大多数事物都会有某些共同的规律性特征，先人著述的文字错讹也是这样，这种规律性特征能为我们提供一个基本的客观可能性，作为我们分析具体事项的参考。

因此，在"小心求证"上述假设之前，让我们先来看一看"西"和"四"这两个字,在古代,在当时,是不是存在相互致讹的可能。不管是"西楚"的"西",还是"四楚"的"四",都是作为前置的构词要素同后面的主体名词组成一个复合名词,只不过一个属于方位词,另一个属于数词而已。这种构词形式的相似性,是"四楚"错讹成"西楚"的逻辑前提,亦即"西""四"两字相互致讹之后,表面上看,原文在逻辑上通常仍很通顺,这样才会使读者不知不觉中接受错讹的文本,承认错讹的文本。

接下来,让我们来看一下古代典籍中"西""四"相讹的例证。例如,《礼记·丧服小记》"及郊而后免反哭"句郑玄注"墓在四郊之外",即有刊本将"四郊"讹作"西郊"(王太岳《四库全书考证》卷一二);又如,《后汉书·崔骃传》载"骃上《四巡颂》以称汉德",唐李贤注称"流俗本'四'多作'西'者,误"。此类事例甚多,无须赘叙。

这方面,在校勘学史上更为有名的事例,是在"四郊"与"西郊"之间,出自《礼记》郑注,即《礼记·祭义》篇"天子四学"句下郑玄注云"周西郊之虞庠也",其"西郊"二字在流传过程中被讹作"四郊",而唐人《礼记正义》的原本尚非如此(清顾广圻《抚本礼记郑注考异》卷下。《顾千里集》卷七《与段茂堂大令论周代学制第二书》《与段茂堂大令论周代学制第三书》)。

这一事例最易体现在特定的情况下,"西""四"互讹是古文献中极易发生的情况。粗略看上去,这两个字的形态就如同

清嘉庆丙寅张敦仁仿宋刻本郑玄注《礼记》附张氏《考异》

一个人扎了领带和没扎领带一样，基本样貌差不了多少，人们就很有可能把"四楚"当作"西楚"来看。

三 "四楚"的真相及其由来

既然就其字义、字形而言，"四"字极易讹变为"西"，那么下边大家就容我用"四楚"来替换掉"西楚"，看看项羽会不会自号"四楚霸王"。我知道，很多人看到这个说法，未免会觉得是"非常异议可怪之论"——你不认"西楚霸王"就改个"东楚霸王"呗,怎么弄出个"四楚霸王"?司马迁本来说只有西楚、东楚、南楚这"三楚",你怎么又整出个"四楚"?

大家若是觉得不可思议,下面不妨先从"三晋"说起。"三晋"是什么?是韩、魏、赵三个故晋国境内的诸侯国,那么好好一个晋国怎么变成"三晋"了呢?韩、魏、赵三家瓜分晋土,各自独立建国,这是开启所谓"战国"时期的标志性事件。不光"三晋"是从一个整体中硬分出来的,"三晋"西面的"三秦"和东面的"三齐",也分别是从秦、齐两国故土分割出来的三个诸侯国,只是剖分为三的时间要晚一些,是在大秦帝国灭亡之后,才被项羽拆分出来:项羽三分关中,封秦降将章邯为雍王、司马欣为塞王、董翳为翟王,成雍、塞、翟三国;项羽又将齐国故地一分为三,分别封授齐将田都为齐王、原齐王田市为胶东王、原齐王建孙田安为济北王,成为齐、胶东、济北三国。

既然"三晋""三秦""三齐"如此,那么,要是将楚国故地一分为四,岂不就成了"四楚"?请大家看下页这帧插图——它是从南宋建安黄善夫书坊刊刻的三家注本《史记·秦楚之际月表》中扫描下来的。在"义帝元年"这一纵列之下,有"分楚为四"四个字,这是我关注的焦点。至于我聚焦关注的是什么,不用说,大家也都明白,那就是同"三晋""三秦""三齐"颇为相似的"四楚"之地已经凸显在我们的面前。

世间本无"西楚霸王"

百衲本《二十四史》影印南宋建安黄善夫书坊刻
三家注本《史记》之《秦楚之际月表》

　　不过在具体讲述这一记载之前,需要先对《史记·秦楚之际月表》相关内容做些基础的校勘工作。大家看到的这个三家注本《史记》的《秦楚之际月表》,其文字虽然存在一定问题,但比起现在通行的中华书局点校本毕竟还是要好出很多。更清楚地讲,是今中华书局点校本《史记》的《秦楚之际月表》,被点校者以不误为误,删除了原文当中一些非常重要的内容,因而,我们在认识这一问题时不得不采用三家注本等早期刻本作为论证的依据。

首先是在"义帝元年"这一列前面"十二月"那一纵列之内的内容，有些应归入后面"义帝元年"这一列。这主要是和"分楚为四"性质相同的"分赵为代国""分齐为三国"这样一些内容。

这一列的"十二月"，是秦国的纪年，即子婴就任秦王后所值秦历的十二月。依本表，子婴系于本年九月任秦王，而这一年为秦二世皇帝三年。按理说子婴已自行废除帝号，退而称王，宣告大秦帝国不复存在，本应当即改元，以示改帝年为王年，可当时秦社覆亡在即，子婴就这么稀里糊涂地即位了，并没有改行新元。依据三家注本等传世刻本和今中华书局点校本，"分赵为代国""分齐为三国"等诸如此类的内容，都被系于这一年十二月之下。

可是这些史事都是同下一列里项羽自立为"西楚霸王"并分封十八诸侯事同时发生的，更准确地说，所谓"分国"正是项羽自立为王及其分封诸侯的第一个步骤，是前后紧连的事，在《史记》的《项羽本纪》和《高祖本纪》中对此都有清楚的记载——这一类事项同"分楚为四"之事一样，都被《史记·高祖本纪》记作义帝元年的"正月"。

这样看来，像"分楚为四"这样系年于义帝元年正月的栏下，应该是《太史公书》本来的面目，而那些系在上一年十二月下的"分赵为代国""分齐为三国"等同样性质的内容，应该是《史记》流传过程中产生的讹误，是在后世写录刊刻时被错移了位置。昔张文虎在清同治年间为金陵书局校勘三家注本《史记》，不仅没有能够看出"分楚为四"一语系于义帝元年正月之下的正确性，反而依据梁玉绳《史记志疑》的谬说（见该书卷一〇），以不误为误，将此四字挪移到前一年十二月下（张文虎《校勘史记集解索隐正义札记》卷二），今中华书局点校本不仅照样沿承其误，而且连个校勘说明都没有出，普通读者也就完全失去了探求的线索。

凤凰出版社影印宋刻十四行单附《集解》本《史记》之《秦楚之际月表》

另外，在单附《史记集解》的宋刊十四行本《史记》上，我们可以看到，在义帝元年正月"分关中为汉"那一行里，书作"分为关关中为汉"（其上一栏里已列有"分关中为四国"）。联系上述情况，这里看似增衍"为关"二字，似应当书作"分关中为汉"，以与下一行的"分关中为雍""分关中为塞""分关中为翟"相统一。可是看似增衍的"为关"两个字，提示我们在这一位置上本来应当同前面提到的"分楚为四"一样，写有"分关中为四〔国〕"的语句（这就是通行文本中被错移到上一栏里的"分关中为四国"），而这"为关"二字只是这一语句剩存下来的一点残痕而已（文字的顺序且前后舛乱），从而愈加证明上述分析的合理性。

进一步深究，还可以看到，即使如三家注本等书作"分关中为汉""分关中为雍""分关中为塞"以及"分关中为翟"，仍然不够妥切。清人张文虎校勘《史记》，以为"前表已书'分关中为四'，则此亦当如楚、赵、齐、魏、燕、韩例书'分为汉''分为雍''分为塞''分为翟'可矣。'关中'字疑衍"（张文虎《校勘史记集解索隐正义札记》卷二）。现在我们看"为关"这两个"分关中为四国"之句的舛乱残留，更有理由推想这几个"分关中"云云的"关中"，应是《史记》流传过程中受到原本中上面汉国一行"分关中为四国"之句的影响而衍生，现在理应按照张文虎的推断删去。

按照这样的认识，可将三家注本《史记》中相关内容复原如下：

义帝元年（正月）		（秦王子婴）十二月	秦
诸侯尊怀王为义帝	九	（楚怀王熊心立第二年第）八（个月）	楚
项籍自立为西楚霸王	十七〔封十八国〕。分楚为四〔国〕	（项羽受封鲁公第）十六（个月）至关中，诛秦子婴，屠烧咸阳	项
分为衡山			
分为临江			
分为九江			
更名为常山	二十六 分赵为〔二〕〔代〕国	（赵王歇始立第）二十五（个月）	赵
分为代			
更名为临菑	十九 项羽怨荣，杀【黜】之。分齐为三国	（齐王田市始立第）十八（个月）	齐
分为济北			
分为胶东			
分〔关中〕为汉	（汉元年）正月羽倍约。分关中为四国	（刘邦初起第）二十九（个月）与项羽有郄，见之戏下，购解	汉
分〔关中〕为雍			
分〔关中〕为塞			
分〔关中〕为翟			
燕	三十 臧荼从入〔关〕。分燕为二国	（韩广始立为燕王第）二十九（个月）	燕
分为辽东			
更为西魏	十八 分〔魏〕为〔二〕〔殷〕国	（魏王豹始立第）十七（个月）	魏
分为殷			
韩	二十一 分韩为〔二〕〔河南〕国	（韩王成始立第）二十（个月）	韩
分为河南			

三家注本《史记·秦楚之际月表》相关内容复原表

为了便于现代的阅读习惯，我把原表文字的排列方向由从右向左改成了自左及右，但表格的编排次序并没有改变，依然是右先左后。此外，表中用圆括号（ ）括注的内容，是我为便于大家阅读附加的说明性文字；用六角括号〔 〕括注的内容，是原文有缺而敝人以为应当补入的文字；用方括号［］括注的内容，系原文所有而我认为应当删除的内容；用方头括号【】括注的内容，是我认为此一方头括号前一字有误而应当用黑括号内的文字来做替换。

在"义帝元年（正月）"这一纵栏内，我添加了一条竖线，把这一纵栏一分为二。这样的做法未必符合《太史公书》的原貌，但眉目清晰，便于大家理解相关事项的逻辑关系，希望大家给予谅解。

需要特别指出的是，我从前一纵列"十二月"下后移到"义帝元年（正月）"栏内的文字，不仅限于"分赵为代国""分齐为三国"这类性质的内容，还有"项羽怨荣，杀之"和"羽倍约""臧荼从入"这三条记述。原因是这三条记述的也是项羽分封十八诸侯的前提条件，这也就是前边所说的项羽自立为王及其分封诸侯的第一个步骤，即在这一意义上它同"分赵为代国""分齐为三国"之类的内容性质完全相同，所以这几条纪事应同样被错置于前一月下，现在理应一并重归旧位。

另外，对表中校改的内容，在此也需要稍加说明。

具体地讲，方头括号【】内的"黜"字，《史记》原文书作"杀"。今中华书局新点校本径行删去"杀之"二字，说明云："梁玉绳《史记志疑》卷一〇：'荣故（固？）在齐，羽安得杀之？《史诠》谓"杀之"二字削。'按：《汉书》卷一上《高帝纪》田荣被杀在二年春正月，本书卷七《项羽本纪》亦在二年，此时尚未被杀。今据删。"今案，一般校勘古籍的原则，是恢复原书本来的面目，而不一定非替古人改正其原稿的错误不可；即使非要去改，也一定要最大限度地排除其他可能,再做改动。对像《史记》这样的经典尤其应当如此。

这里的"杀之"二字诚然不符合史实,容有舛误,却不一定是增衍所致。因为凭空增衍出这两个字的可能性毕竟太小,很难找到出现这种情况的缘由。就古籍文字错讹的原理来看,这"杀之"二字倒很有可能是其他文字的讹变。昔清人梁玉绳曾提到"或曰'杀之'当作'不封',又有本作'怒荣叛之'"(梁玉绳《史记志疑》卷一〇)。综合考虑相关情况,我推测这个"杀"极有可能是"黜"字之讹。

盖田荣乃齐王儋之弟,当乃兄被秦将章邯诛杀后,齐人立故齐王建弟田假为王,田荣怒,驱赶田假入楚,另立齐王儋子田市为王(《史记·田儋列传》),自任丞相,操弄权柄。《史记·秦楚之际月表》上文在秦二世三年端月(即正月)下"齐国"栏内记云"项羽、田荣分齐为二国",指的就是他们各自操控的田假、田市这两个齐王。在这一前提下,"田荣以负项梁不肯出兵助楚、赵攻秦",招致项羽怨恨,所以在项羽主持分封十八诸侯时才没有得到王位,而所谓"项羽怨荣,黜之",即谓项羽因怨恨田荣而黜落了他参与分封的资格,亦即褫夺他获取那个本应属于他的田市那个位置的机会。

在我把"项羽怨荣,杀(黜)之"这句话后移一月之后,这条纪事同项羽"分齐为三国"而封之的前后逻辑关系便凸显出来。大家看看,这是不是文从字顺畅达无碍呢?我想至少这要比直接删去"杀之"两字会好许多。试思梁玉绳所说"不封"二字,与今本《史记》的"杀之"出入太大,文字舛讹,不易至此;此外,田荣直至此时也未尝叛楚,只是坐观楚秦成败而已,故亦无"叛之"可言。故梁玉绳所引异说,都不能成立。

接下来再看"分楚为四"这句话。审视下文"分齐为三国""分关中为四国"和"分燕为二国"这几条的表述方式,依通例,"分楚为四"句末似亦应补一"国"字,即言"分楚为四国"。又存世单行本《史记索隐》记述楚国之外其他诸国在项羽分封十八诸侯时被分拆状况是"赵为二""齐为三""关中为四""燕为二""魏为二""韩为二",其中齐、关中和燕的记述形式与今三家注本《史记》相同,关于赵今本《史记》作"分赵为代国",关于魏今本《史记》作"分魏为殷国",关于韩今本《史记》作"分韩为河南国"。观《史记索隐》对赵、魏、韩三国的注释分别为"代、赵""魏、殷"和"韩、河南",可知其对应的《史记》原文必定是《史记索隐》载述的"赵为二""魏为二"和"韩为二"。当年张文虎在为金陵书局校勘三家注本《史记》时,即以为"此表赵、魏、韩三国亦当如楚、齐、关中、燕例,疑《索隐》本为是"(张文虎《校勘史记集解索隐正义札记》卷二)。如果像今通行的三家注本那样,书作"分赵为代国""分魏为殷国"和"分韩为河南国",这样的注释就叠床架屋,多此一举了(三家注本《史记》就是因为这一点而在相应语句下略去了司马贞的《索隐》,今中华书局点校本依样画葫芦,并未出任何校勘说明)。道理同前边讲述的一样,即今三家注本的"分赵为代国"云云的写法,应该是《史记》流传过程中把这些内容改移前格时无意间造成的文字讹误。

现在我在表中所做订正,主要参据的就是此表行文的通例以及单行本《史记索隐》所反映的古本旧貌。不过《史记索隐》"分楚为四"句作"楚分为四",依通例当属误倒,张文虎在校勘《史记》时已经指出这一点(张文虎《校勘史记集解索隐正义札记》卷二)。又单行本《史记索隐》"楚分为四"条前有"十八国"三字,为三家注本等传世版本《史记》所无,而这三个字应出自司马贞所见《史记》本文。这"十八国"是针对衡山以下十八个项羽所封诸侯国而言,统而摄之,写在这里。依一般行文习惯,"十八国"前尚应另有一字,述其来由、属性,故余臆补一"封"字,以成完句。

最后需要说明的是,此表燕国栏内"臧荼从入〔关〕"的"关"字,是依据梁玉绳《史记志疑》的意见增补,不过梁玉绳并没有讲述这样看的理由(梁玉绳《史记志疑》卷一〇)。其实只有按照敝人的意见将这一纪事后置到义帝元年正月项下,才能更好地理解司马迁记述此事的用意和补入"关"字的合理性。盖《史记·项羽本纪》载录项羽分封臧荼事时记云:"燕将臧荼从楚救赵,因从入关,故立荼为燕王。"这与《秦楚之际月表》之"臧荼从入〔关〕"句正相呼应。梁玉绳虽然从文句本身推断当补入"关"字,却未能识破这句话的内在含义,所以他不仅没有看出此句当后移一列,反而还以为"此应书于燕二十七月",即将其前移两格,放置到刘邦入关中的"十月"项下(梁玉绳《史记志疑》卷一〇),实在差之远矣。

四 "四楚"之国与项羽的"楚国"

在祛除种种衍生的讹夺之后,更加显示出《史记·秦楚之

《史记》新发现

明末汲古阁刻单行本《史记索隐》

际月表》"分楚为四国"这一记载的实质意义及其合理性，这也为求证"四楚霸王"的存在奠定了至关重要的基础。大家看看，前边我举例子谈到的"三秦"和"三齐"不是同所谓"四楚"在同一时间、出于同样的原因而分置出来的吗？我们是不是越来越看到了"四楚霸王"这一假设的合理性？

历史研究就像西方那句谚语所讲的那样，魔鬼就隐藏在细节当中。真心想要做历史研究，真心想要看历史的真相，我们就要耐得住心性而怕不得麻烦。

《史记·秦楚之际月表》中麻烦的事儿还远不只是这些。下页这几帧书影，取自中华书局本《史记》，是其《秦楚之际月表》中义帝元年前三个月的部分内容。对比一下前边我出示的三家注本和单附《集解》本《史记》之《秦楚之际月表》，还有我复原的三家注本《史记·秦楚之际月表》，请大家看下页第（一）帧书影最上边两行的内容，其间最大的差异，是中华书局本把古刻旧本前三行归并成了两行；就此表的总体形式而言，是几乎所有古刻旧本均开列二十一横行，而中华书局本却成了二十横行。那少了的一行哪里去了？

这是一项严重的疏失，不，更准确地讲，不能说仅仅是疏失，而应该说这是一个巨大的错误。因为疏失是无意的忽略，而这里的问题是人们对《史记·秦楚之际月表》的有意更改，只不过刊改者没有把错的改成对的，反倒是把对的改成了错的。

为便于大家对比参看，我先把古刻旧本《史记·秦楚之际月表》相关内容略加考订，摘录于下。

《史记》新发现

中华书局点校本《史记·秦楚之际月表》相关内容

三（月）	二（月）徙都江南郴	义帝元年（正月）	秦
二 都彭城	西【四】楚伯王项籍始。为天下主命，立十八王	诸侯尊怀王为义帝	九	楚
二 都江都	〔王项籍始。故鲁公〕	〔楚〕项籍自立为西【四】楚霸王	十七〔封十八国〕。分楚为四〔国〕	项
二 都邾	王吴芮始。故番君	分为衡山		
二 都江陵	王共敖始。故楚柱国	分为临江		
二 都六	王英布始。故楚将	分为九江		
二 都襄国	王张耳始。故楚将	更名为常山	二十六 分赵为〔二〕〔代〕国	赵
二十八 都代	二十七 王赵歇始，故赵王	分为代		
二 都临淄	王田都始。故齐将	更名为临淄	十九 项羽怨荣，杀【黜】之。分齐为三国	齐
二 都博阳	王田安始。故齐将	分为济北		
二十一 都即墨	二十 王田市始。故齐王	分为胶东		
三月 都南郑	二月 汉王始。故沛公	分〔关中〕为汉	（汉元年）正月羽倍约。分关中为四国	汉
二 都废丘	王章邯始。故秦将	分〔关中〕为雍		
二 都栎阳	王司马欣始。故秦将	分〔关中〕为塞		
二 都高奴	王董翳始。故秦将	分〔关中〕为翟		
二 都蓟	王臧荼始。故燕将	燕	三十 臧荼从入〔关〕。分燕为二国	燕
三十二 都无终	三十一 王韩广始。故燕王	分为辽东		
二十 都平阳	十九 王魏豹始。故魏王	更为西魏	十八分〔魏〕为〔二〕〔殷〕国	魏
二 都朝歌	王司马卬始。故赵将	分为殷		
二十三 都阳翟	二十二 王韩成始。故韩将【王】	韩	二十一 分韩为〔二〕〔河南〕国	韩
二 都洛阳	王申阳始。故楚将	分为河南		

古刻旧本《史记·秦楚之际月表》相关内容表

核实而言,这个大错可谓久已铸成,并不是中华书局本的点校者所独创。其直接的前因,是承自中华书局本的底本,亦即清同治年间的金陵书局刻本(参据张文虎《校勘史记集解索隐正义札记》卷二),若再向前追溯,则至迟梁玉绳在乾隆年间即已倡言此意(梁玉绳《史记志疑》卷一〇)。比老梁稍早,有个叫张照的人在校勘武英殿本《史记》的时候,更自我作古,代替太史公重编了个"新表",附在《史记》本篇的后面,自以为"庶可识太史公之本意"(见殿本《史记·秦楚之际月表》篇末附史臣《考证》)。不过从张照到张文虎,他们都没有任何版本依据,只是个人主观看法而已。中华书局点校本虽非始肇其祸,但最近这次重新点校其书,既然遍核天下古本,也应该在校勘记中对金陵书局本之外那些古老版本的情况予以说明。

中华书局点校本这一沿错袭谬、改是为非的举措,情况相当复杂。对此,我在《史记新本校勘》一书中已经做过很细致的考辨分析,大家若有兴趣详细了解,可以自己去查看(见该书第三篇第四节)。在这里,只是为便于大家理解所谓"西楚霸王"问题,移录其中与此直接相关的分析,再略加发挥和补充。

简单地说,古刻旧本《史记·秦楚之际月表》在义帝元年之后开列的这二十一横行,其第二行,是承续"楚王"的法统。大家看我复原的三家注本《史记·秦楚之际月表》,我把本表最开头显示每一横行归属的"秦、楚、项、赵、齐、汉、燕、魏、韩"标记,列在了诸行开头的地方,所谓"楚王"的法统就是由此承袭而来。请大家注意,这表格在义帝元年之前,本来是列作九个横行的。司马迁之所以把"秦"列在第一行,是为了显示秦辖治天下的地位。

可到义帝元年正月"诸侯尊怀王为义帝"之后,"天下"的情况已发生很大变化。首先是义帝在形式上业已取代秦朝皇帝,成为天下共主;其次是项羽正式顶替了楚怀王原来对楚国兵马僚属的统治地位,号称所谓"西楚霸王"。但紧随其后,甚至可以说是与之同时,"西楚伯王项籍始(德勇案,'伯'即'霸'之异写),为天下主命,立十八王"(过去我在《史记新本校勘》那部书中,曾主张把"西楚伯王"这句话读作"西楚主伯",现在看来是错误的,这里改从中华书局点校本的读法),这意味着项羽同样继承了楚怀王在灭秦之前作为各路反秦力量之"天下"盟主的地位,"义帝"成了一个象征性的虚衔。

请大家注意,作为主命天下的"西楚霸王",项籍的"霸王"之都是设在彭城。但"霸王"总得先是个"王",项羽本人在由"鲁公"晋升为"王"之后,也要有个自己的"王都",这就是古刻旧本《月表》第三行载述的江都。过去清人刘文淇写过一篇《项羽都江都考》,很具体地认定过项羽以江都为王都这一史实(见刘氏《青溪旧屋集》卷四)。

大家还需要特别注意的是,这一行是直接从本表作九横行时"项"那一行延续下来的,而它上面那一行,也就是第二行的所谓"西楚霸王"行则是直接从本表作九横行时"楚"那一行延续过来。这意味着所谓"西楚霸王"继承的是楚怀王作为诸方反秦力量共尊盟主的地位,而立都江都的是项氏自己直接统治的王国。

相互对比可知,从张照,到梁玉绳,到张文虎,再到今中华书局点校本秉笔操刀的人,由于没有能够理解这两横行的来由,因而也就未能理解其性质,竟然将原表第二、三两横行合并为一行,并将原表第二行"诸侯尊怀王为义帝"这句话上移到第一行,同时还径行删除了项羽"都江都"一事。这是多么大的改变啊?还不出一句说明的文字,告诉读者相关情况,以致你若不去阅读古刻旧本,就会误以为太史公就把书写成这个样子了,后果真的相当严重——其最为严重的消极后果,就是很彻底地泯灭掉了所谓"西楚霸王"的真相!

这就是项羽在"分楚为四国"之后,他是一人兼具两重身份:一重是所谓"西楚霸王",这是一个"霸王"之国,从《秦楚之际月表》载述的情况来看,其都城似乎是设在彭城;另一重是四分之后的楚地之一国,这是一个普通的诸侯王国,都城设在江都。当然一人之身无法分作两处,这实际上是有一个先后的次序,更有内在性质的差异,而正是这个先后的次序,向我们展现了项羽本人的诸侯王国同所谓"西楚霸王"之国的分别,透露出所谓"西楚霸王"的真相。

区分项羽本人的诸侯王国与所谓"西楚霸王"之国以后,一个意想不到的问题,就忽地摆在我们的面前:如果仅仅从字面上看"项羽乃自立为西楚霸王,王梁、楚地九郡,都彭城"这段话,那么这个"梁、楚地九郡"之王,似乎应该是指所谓"西楚霸王"。可如前所述,把"梁、楚地九郡"之地称作"西楚",是无论如何也说不通的;这样一来必然会带来一个很大的难题,即项羽本人那个以江都为王都的诸侯王国又在哪里呢?这看起来似乎很绕,但至少我们可以而且应该尝试着按照这样的思路,把二者区分开来分析相关问题。

还是回到刚才提到的认识路径,这篇《秦楚之际月表》至义帝元年发生了一项重要改变,即在形式上由九横行改为二十一横行;实质内容上,则由陈涉揭竿反秦之初的秦、楚、项、赵、齐、汉、燕、魏、韩这九大政治势力,改变为义帝、"西楚霸王"及项羽所封十八诸侯国等二十余股政治势力。在这一改变发生之际,表中项、赵、齐、汉、燕、魏、韩诸国所涵盖的地域范围,实际上大体相当于战国后期的楚、赵、齐、秦、燕、魏、韩诸国所控制的疆土,可以形象地理解为"战国七雄"又并立出世。项羽自居为王以及封授其他十八诸侯王,就是以此地域空间为基础的。

理解这一点之后,我们再来看所谓"战国七雄"是怎样演变成为项羽十八诸侯的。归纳起来,有如下三种形式。第一种,是被彻底剖分。"秦"亦即所谓"关中"之一分为四(分为汉、雍、塞、翟四国)就属这种形式。第二种,是分出新诸侯国,剩下的原有王国更名。属此类者有"赵"之分出代国之后,剩下的赵国故土"更名为常山";"齐"之分出济北国和胶东国之后，剩下的齐国故土"更名为临淄"；"魏"之分出殷国之后，剩下的魏国故土"更为西魏"。第三种，是分出新诸侯国，剩下的原有王国保持旧名不变。属此类者有"燕"之"分为辽东"后，剩下的燕国故土仍名之曰燕国；"韩"之"分为河南"后，剩下来的韩国故土仍名之曰韩国。

那么，同"西楚霸王"相关的那个"楚"呢？《秦楚之际月表》记述"分楚为四国"之后，我们见到的情况是"分为衡山""分为临江""分为九江"，亦即从"楚"国分出了三个新的诸侯国。那么，剩下来那一块楚国故土怎么办呢？单纯从现在我们看到的这份表格来看，实在很不清楚。依从第一种形式，可以理解为被另分出一个名为"西楚"的诸侯国；若依照第二种形式，则可以理解为把剩下来的楚国故土更名为"西楚"。但这两种理解都讲不通，即如前所述，其地理方位与时人的"西楚"观念相抵牾，即按照当时的地理方位观念，这里应该称作"东楚"而不是"西楚"。

既然这两种方式都不相符，那么，就只能是采用第三种方式了，即"分楚为四国"中那最后一国，沿承楚国旧名未变，徒称之为"楚"！骤然听到这一推断，很多人也许会感到惊讶。不仅《秦楚之际月表》，《史记》的《项羽本纪》和《高祖本纪》在载述项羽分封天下时也都没有提到这一点。人们感到惊讶是不足为怪的，当然更多的人可能从来就没有像我这样思考过这一问题。

五　四楚霸王与灭秦之初的政治地理格局

大家千万不要以为古往今来世世代代太多的人读过《太史公书》，该想，早就有人想了；若是没人想，似乎根本就不应该像我这样胡思乱想。实际的情况是，在认识古代历史的过程中，很多人，很多学者，更喜欢把世人通行的看法当作确切无疑的史实，然后再恣意驰骋自己超乎常人的评判。

在中国古代史研究中，把荒唐的认识当作真实的历史来看、当作真实的历史来讲，这样的事儿太多了。像"始皇帝"本来是一个谥号性质的名号，故只能用于赵正的身后，他还活在阳世的时候当然不会这么叫自己，这事儿够有名、够重大了吧？可中国的大学历史教科书、中学历史教科书，多少年来就一直讲赵正"自称始皇帝"（别详拙文《谈谈"始皇帝"的谥号性质》，收入拙著《正史与小说》）。还有像楚汉相争的决战之役"陈下之战"，千百年来，一直被误称作"垓下之战"，（别详拙文《论所谓"垓下之战"应正名为"陈下之战"》，收入拙著《历史的空间与空间的历史》），世人对误称也是笃信不疑。

其实若是闭上眼睛仔细想一想，就会发现，对待眼前我们正在生活着的这个世界，大致也是如此。这是人性的缺陷。了解到人性这一缺陷，我们就大可不必怀疑任何一项符合正常逻辑的思考，对自己、对他人、对世界，都是这样。做历史研究，就像胡适之博士讲的那样，认真读书，虚心思索，先大胆假设，再小心求证就是了。

其实，关于项羽自封之国为"楚"，这在《史记》中的记载，是连篇累牍、目不暇接的。自从诸侯兵罢戏下，各自就国之后，《史记》述及项羽之国，都是以"楚"相称，所谓楚汉相约，中分天下，"割鸿沟以西者为汉，鸿沟而东者为楚"（《史记·项羽本纪》），就是其最有代表性的表述。另外大家再看看刘邦在陈下（即所谓"垓下"）击灭项羽而登基做皇帝后发布的天下第一号诏令，便是封授韩信为"楚王"，乃谓"齐王韩信习楚风俗，徙为楚王"（《史记·高祖本纪》）。周振鹤先生复原韩信这个"楚国"所涵盖的地域，谓"以秦郡言数自西至东当有陈郡、薛郡、泗水、东海、会稽等郡"（周振鹤《西汉政区地理》），大家对比一下前边我出示的那幅《项羽"西楚国"示意图》看看，这基本上不就是项羽故国的范围吗？请大家注意的是，这个诸侯国的国名就是"楚"！它不是直接承自项羽的旧名又是承自哪里？

按照这样的认识，我在前边出示的那份《古刻旧本〈史记·秦楚之际月表〉相关内容表》上，臆补出"楚"和"王项籍始。故鲁公"这些内容，以与这一行后面的"都江都"三字相对应。窃以为这是依照《史记·秦楚之际月表》理当记有的内容，只是在后世的流传过程中脱佚了而已（另外这份表格中"韩国"一行称韩成为"故韩将"，"将"字应正作"王"。《史记·项羽本纪》记"韩王成因故都，都阳翟"可证）。

在认识到项羽自有的这个楚国之后，所谓"西楚霸王"的真相也就不难揭开了。

世间本无"西楚霸王"

这就是项羽"分楚为四国"的四个诸侯国,除了项羽本人的楚国之外,其余衡山、临江、九江三国的国君,即衡山王吴芮、临江王共敖和九江王英布三个人,原来都是楚国的部属。如《秦楚之际月表》所示,临江王共敖为"故楚柱国",九江王英布为"故楚将",衡山王吴芮乃因率英布及越人起事反秦,并且把女儿嫁给英布,因而也是附从于楚(《史记·黥布列传》《汉书·吴芮传》)。故简单地说,这四块地方,国是"楚"的地,王是"楚"的人,分之为四国,合之当然可以称作"四楚",这同前面提到的"三秦"和"三齐"是同样的道理。

"四楚"既然是一个理所当然的存在,那么,所谓"四楚霸王"也就自然而然地显现出来。在分封十八诸侯之前,项羽乘巨鹿决战获胜的余威,已经成为楚国事实上的君主,分封天下时他从楚国故地割出三块区域,划定衡山、临江、九江三个诸侯国,分别封授给吴芮、共敖和英布这三个旧部属。正是为继续保持对这三块土地和这三个旧日部属的有效控制,项羽才创制了"四楚霸王"这一特别的称号,即谓他这一楚王有权力以"四楚霸王"之名号继续管控衡山、临江、九江这三个楚国旧境内的诸侯国,吴芮、共敖和英布三人旧日是楚臣,现在则依然是他这个"四楚霸王"的臣属。

就在项羽封授的各路诸侯就国之初,故齐相田荣就起兵夺权,自立为齐王,项羽不得不统军征齐。为此,"征兵九江,九江王布称病不往,遣将将数千人行",待后来"汉之败楚彭城,布又称病不佐楚。项王由此怨布,数使使者诮让召布,布愈恐,不敢往。项王方北忧齐、赵,西患汉,所与者独九江王,又多布材,欲亲用之,以故未击"(《史记·黥布列传》)。项羽这个楚王是王,黥布的九江王也是个一模一样的王,项羽凭什么就这么大模大样地"征兵九江"?黥布为什么虽然自己"称病不往",却仍不得不"遣将将数千人行"?到后来刘邦兵入彭城之后,项羽再一次征兵九江,黥布则因"又称兵不佐楚"而招致项羽怨恨,只是碍于当时形势才隐忍未便加以讨伐,这又都是为了什么呢?

道理很简单,项羽这个"四楚霸王"对"四楚"之地具有绝对控制的权力,除了直属于他本人的楚国之外,衡山、临江、九江这三个诸侯国也都要听命于他。"四楚霸王"的"霸"字,首先就体现在这一点上。当项羽在彭城打败刘邦之后,鉴于英布在楚汉相争中举足轻重的地位,刘邦遣随何游说英布,劝诱其背楚从汉。当随何问询"窃怪大王与楚何亲也"的时候,英布回答说:"寡人北乡而臣事之。"(《史记·黥布列传》)"北乡而臣事之"这句话,明确无误地表明项羽这个"四楚霸王"与他这个九江王之间的君臣关系。

"四楚"之国的另外两国,亦即衡山国和临江国,也同黥布的九江国一样受制于项羽这个"四楚霸王"。在楚汉相争的过程中,由于实力和地理位置等关系,衡山王吴芮并没有具体参与其间,而且在陈下决战(亦即所谓"垓下之战")之后,随即归附于刘邦;而临江王一方虽然没有参战,却一直忠于项羽,在项羽败亡于陈下并最终自刎乌江之后,始被刘贾、卢绾等击灭亡国,即使是在这种孤立无援的情况下,尚坚持数月之久(《史记》之《高祖本纪》《荆燕世家》《韩信卢绾列传》《傅靳蒯成列传》)。

其实只要老老实实地阅读《史记》,自然而然地都会得出这样的结论。手头有一部《中国历史地图集》,是20世纪50年代东北师范大学编绘,用于中国历史的函授教育。这本图集中有一幅《楚汉战争图》,标出了项羽所封十八诸侯国和他留给自己的那个"独立王国",而在这里标记的项羽之国就是光秃秃的一个"楚"字,而不是像前后时期其他同类地图那样将其绘作什么"西楚"。(附案,此图标绘略有疏失,即图例未注明诸侯国的王都乃用实心黑圆点表示。又原图没有以此符号注记代、蓟、无终这三个代、燕、辽东之国的王都,而是标作表示"一般地名"的空心圆圈。此外,该图用"国都"来标记"咸阳",这显然很不妥当!)当然,你要是不深想,也不会理解到寄寓其间的其他历史内涵,体会不到在这当中还有更大的名堂。

其实能够体现衡山、临江、九江三国隶属于项羽这个"四楚霸王"的一个突出事例,是项羽在诛杀义帝时,同时指令九江王黥布、衡山王吴芮和临江王共敖将义帝击杀于南去长沙郴县(现彬州一部)的途中(《史记》之《项羽本纪》《高祖本纪》《黥布列传》)。只有对那些隶属于自己的心腹,才有权力,也才有可能发布这样的指令。不说不知道,一说就明了。

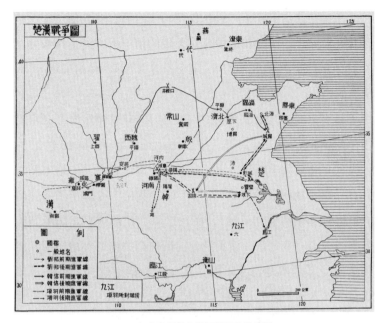

1955年东北师范大学函授教育处出版
《中国历史地图集》第一分册《楚汉战争图》

这样看来，今本《史记》中所谓"西楚霸王"，理应是"四楚霸王"的讹误，只是这处文字讹误产生的时间相当早，因为我们看到东汉前期撰成的《汉书》就已经同样误书为"西楚霸王"（《汉书·高帝纪》）。同这很相似的情况，有《史记·天官书》中五区星官的"官"字也都很早就因字形相近而被讹作"宫"，《汉书·天文志》袭用的就是这样的文本，现在中华书局的点校本依然如此。幸好唐人司马贞著《史记索隐》时见到的本子还保持着《史记》本来的面目，使我们得以指实这一讹误（钱大昕《廿二史考异》卷三）。由于世代相承，习非为是，在此基础上又衍生出很多似是而非的谬误。现在我把"西楚霸王"这一讹误揭示出来，或许会有一些人感到很不舒服，但正确的史实就摆在我们的面前，用这一史实来解释相关的史事，可以说通体畅通，了无窒碍。硬要不信，着实也不大容易。

在复原所谓"西楚霸王"的真实面貌及其历史内涵之后，我们才能更好地理解项羽初封诸侯之时的中国政治结构，也才能更好地认识当时的政治地理版图。

项羽在分封十八诸侯之前，先"尊怀王为义帝"（《史记·项羽本纪》）。本来这个"怀王"只是反秦之楚国的国王，虽然这个楚国始建于首义的陈涉，并且在各路反秦力量中实力最强，影响最大，但具体的权力毕竟局限于楚，与反秦的其他各诸侯国，并没有垂直的统属关系。现在这个被项羽"尊奉"的义帝，在名义上，成了统管全国的帝君。

不过给了这个名义，并不等于你就一定会有相应的能力去行使这个名义所赋予的权力。实际上这时义帝已经完全被项羽控制，什么权力也没有，史称项羽"实不用其命"（《史记·高祖本纪》）。刘邦攻入关中，拔取灭秦的头功，本是缘于楚怀王有意为之。这就是在项羽奉命北上救赵的同时，怀王刻意选派刘邦西略关中，并郑重相约"先入定关中者王之"（《史记·高祖本纪》。案，关于这一约定的原委及其历史地理意义，拙文《论刘邦进出汉中的地理意义及其行军路线》一文有具体的论证,感兴趣的朋友可自行参看,该文收入拙著《历史的空间与空间的历史》)。但项羽入关之后,并不想让关中这块宝地落到刘邦的手里。当项羽向怀王请示处置办法时,怀王却坚持先前的约定,答之曰:"如约。"(《史记·项羽本纪》)

正是在这种情况下,项羽才不得不走上前台,直接"为天下主命,立十八王"。从表面上看,义帝好像是较原先的"楚王"骤升一格,辖有天下疆土,可项羽却说本无灭秦定天下之功,"故当分其地而王之"(《史记·项羽本纪》)。刚给个名义,还没放手里捂一下,就让项羽给分光了,而且干干净净的,一丁点儿也没剩。更让这位义帝窝火的是,自己原来的地盘楚国,这下子竟被项羽把表面上的名义也剥夺走了——项羽在名义上正式承继了楚国的法统,成了楚王,更在此基础上成了"四楚霸王",怀王只落得个空头的"义帝"。

不过即使是个空头的"义帝",也要有帝都。彭城这个地方,是当初项梁兵败战死之际,楚怀王从盱眙移居的都城(《史记·项羽本纪》);也就是说,从那时起,楚国的都城就一直设在彭城,楚怀王也一直住在那里,到项羽将其"尊"作义帝时依然如此。刘邦起事反楚之后,在汉四年曾数落项羽的十大罪状,其中第八条是"项羽出逐义帝彭城,自都之"(《史记·高祖本纪》),这说明在项羽"自都"于此之前,彭城乃是义帝之都,也就是全国的都城。

项羽把义帝逐出彭城,事在汉元年四月项羽从关中东归之后。史称"汉之元年四月,诸侯罢戏下,各就国。项王出之国,使人徙义帝。……乃使使徙义帝长沙郴县"(《史记·项羽本纪》)。从而可知,从这时起,彭城成为项羽的都城,此前则为义帝的帝都。这样联系前面讲述的情况,我们便能够明白,项羽给自己的楚国拟定的都城江都,实际上他并没有入住,而汉元年四月的彭城,才是项羽楚国真正的国都,当然这也是楚国唯一的都城。至于所谓"四楚霸王",由于这一霸王乃是项羽以楚国国王的身份兼有这一"霸王"的地位,自然也就没有必要再为其另设国都。

需要说明的是,这份《古刻旧本〈史记·秦楚之际月表〉相关内容表》所标示的义帝元年之二月、三月两纵列的内容,都同这两个月份毫无关系。这些内容绝大多数都应该是在义帝元年正月这一个月内与项羽分封诸王同时发生的事情,只是分作三个纵列分别标记而已。稍微有些特殊的,只是表中第二行注记的"都彭城",指的应该是汉高祖元年四月之后项羽楚国的都城,从彼时起,它也是"四楚霸王"的都城。

通过这样的分析,我们可以把项羽初封诸侯时中国政治结构的基本形态,勾勒如下(见下页图)。通过这幅示意图我们可以看出,当时全国的最高统治者在名义上是义帝。但这个义帝的"帝",同秦始皇创制的那个"皇帝"是完全不同的。即使是在名义上,它也不是一个集权统治者,只是一个像上古圣明君主尧帝、舜帝那样的帝位。当时实际控制天下最高权威的是四楚霸王项羽,在名义上,他的位置是居于义帝之下的。四

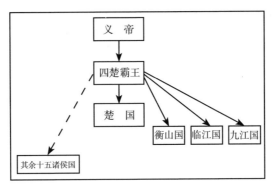

义帝元年政治结构示意图

楚霸王项羽直接统辖有楚国这个诸侯国,同时还对楚地分置的衡山、临江和九江这三个诸侯国具有控制权,不过这种控制权是明显弱于他对楚国的统治权的。对剩下的那十五个诸侯国,四楚霸王项羽则只有一种"霸权",即以"霸主"的地位威吓震慑诸国,令其服属于自己,而其实际效用如何,则只能看当时的具体情况。

若是把上述认识,转化到地域空间上去,我们就可以看到下述情况(见下页图)。这幅图同前面那幅《项羽"西楚国"示意图》一样,利用的也是周振鹤先生《西汉政区地理》一书的插图,只是按照上面讲述的看法,适当修改了图中部分内容。其中把韩国的土地也圈在"四楚"的范围之内,是因为"韩王成无军功,项王不使之国,与俱至彭城,废以为侯,已又杀之"(《史记·项羽本纪》)。从而可知,在分封十八诸侯之初,韩国的封地实际上也应入属项羽的楚国

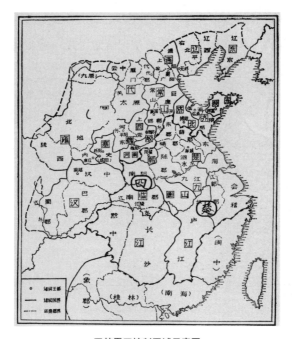

四楚霸王控制区域示意图

管辖。

从这幅示意图中大家可以看出,作为"四楚霸王",项羽能够控制的地域范围是相当广阔的,相对于汉王刘邦,本占据强大的优势。项羽睥睨天下的"霸气",在很大程度上就应该出自这种地域控制的优势——既不是所谓"西楚",也不是什么"东楚",更不是那个"南楚",而是包括全部楚地以及梁地还有所谓韩地的"四楚"。

这是"四楚霸王"一称所体现的政治地理意义,就是当时政治地理格局的基本形态。楚汉相争,就是在这一基础上展开的,只有认清这一基础,才能清楚理解楚汉之争的全貌。

2021 年 3 月 8 日记
2021 年 3 月 22 日改定

张骞"凿空"凿出了什么来？

"凿空"，这是个常用的词汇，也是个有"故事"的词语。现在比较权威的汉语辞书，譬如，《汉语大词典》对它的释意是：

1. 开通道路。
2. 凭空无据；穿凿。

显而易见，后者应是前者的引申，也就是从开通道路引申出"凭空无据"或"穿凿"的语义来。不管是随山刊木，还是浚川启航，都是实打实的事儿，怎么会引申出来个"凭空无据"或"穿凿"这样的意思来？这实在让人感到有些莫名其妙。

要想很好地理解这一语义产生的缘由，还是回到其原初词义那里去，看看所谓"开通道路"这一解释是怎么来的，其语出自《史记·大宛列传》。

《大宛列传》记述张骞在汉武帝时期出使西域之后述云：

骞还到,拜为大行,列于九卿。岁余,卒。

乌孙使既见汉人众富厚,归报其国,其国乃益重汉。其后岁余,骞所遣使通大夏之属者皆颇与其人俱来,于是西北国始通于汉矣。然张骞凿空,其后使往者皆称博望侯,以为质于外国,外国由此信之。

《史记》三家注中最早的一家,亦即刘宋裴骃的《史记集解》释此"凿空"之语曰:

> 苏林曰:"凿,开;空,通也。骞开通西域道。"

简而言之,"凿空"字面上的含义即为"开通",至于"开通"的对象是普通的"道路"还是具体的"西域道"或是其他什么,不过是随文释义而已,并不是"凿空"一语固有的含义。

这种解释,通,还是不通?上下文顺着读过来,通是通了,但却并不一定符合"凿空"二字的本义。因为单纯看其构词形式,"凿空"更像是一个动宾结构,即"开"是动词,而"空"是"开"的宾语。

至唐人司马贞撰著《史记索隐》,又对"凿空"一词解释说:

> 谓西域险陀,本无道路,今凿空而通之也。

这"凿空而通之也"的表述，显示出在司马贞看来，"凿空"似不必理解为"开通"，更应该是我所说的一个动宾结构的词组。因为若是那样，他就应该说成"凿而通之也"，而不会是"凿空而通之"这样的说法。

稍微了解一些秦汉历史的人都知道，班固撰著《汉书》习用了很多《史记》的内容。在《汉书》的《张骞传》中，叙及相关事项时也有同《史记·大宛列传》大体一致的记载，前引曹魏时人苏林的说法，原本就是出自苏林对《汉书·张骞传》的注解。不过唐人颜师古在引述苏林的说法之后，又另外做出了自己的注解：

> 空，孔也。犹言始凿起孔穴也。故此下言"当空道"，而《西域传》谓"孔道"也。

颜师古所说"此下'当空道'"，即此《汉书·张骞传》下文所述"汉使乏绝，责怨，至相攻击。楼兰、姑师小国，当空道，攻劫汉使王恢等尤甚"云云，而这个"空道"，似指《汉书·西域传》中如下文句：

> 初，武帝感张骞之言，甘心欲通大宛诸国，使者相望于道，一岁中多至十余辈。楼兰、姑师当道，苦之，攻劫汉使王恢等……

《史记》新发现

明末汲古阁刻本《史记索隐》

张骞"凿空"凿出了什么来？

文中的"当道"正与《张骞传》的记载对应，故颇疑当年颜师古所据《汉书》，乃是书作"当孔道"，不过今本已逸去"孔"字，所以颜氏才会在《张骞传》里做出上述注释。

即使《汉书·西域传》此处不做"孔道"，这篇文中也还另有"孔道"的记载：

> 出阳关，自近者始，曰婼羌。婼羌国王号去胡来王。去阳关千八百里，去长安六千三百里，辟在西南，不当孔道。

这"不当孔道"的说法，同《张骞传》的"当空道"文字结构完全相同，如颜师古所云，"空""孔"二字理当具有相同的语义。颜师古还具体注释《西域传》此语云："孔道者，穿山险而为道，犹今言穴径耳。"

据此，"空""孔"皆犹言"穴"耳，张骞"凿空"亦犹言"凿孔"，用老百姓的大白话讲，也就是凿出个窟窿眼儿。

颜师古这种以"孔"当"空"的训释，在《史记·大宛列传》中还可以找到有力的佐证，即当汉武帝大举征伐大宛的时候：

> 宛王城中无井，皆汲城外流水，于是乃遣水工徙其城下水空以空其城。

这个"水空"之"空"，《史记集解》引刘宋时人徐广语释云：

"空,一作'穴'。盖以水荡败其城也。言'空'者,令城中渴乏。"这个解释,实在不大得体,读之令人莫名其妙。《汉书·李广利传》亦叙及此事,乃依徐广所见别本,书作"于是遣水工徙其城下水空以穴其城",颜师古乃释之曰:

> 空,孔也。徙其城下水者,令从他道流,不迫其城也。空以穴其城者,围而攻之,令作孔使穿穴也。……一曰:既徙其水,不令于城下流,而因其旧引水入城之孔,攻而穴之。

颜氏显然是把这个句子从中截断,分作两句,读作:"于是遣水工徙其城下水,空以穴其城。"实则结合前述颜师古"空道"即"孔道"的注解,这里的"水空"二字理应连读为一词,意即"水孔",而《汉书》取用"穴其城者",较今本《史记》作"空其城者"为宜。盖《大宛列传》所述,乃谓移开城墙下引水入城的孔道,再进一步拓展这一孔道而攻城。这样,两相印证,足以进一步证成前说。

其实"空"作"孔"义解之,在《史记》中还有更为突出的例证,这就是《五帝本纪》记舜帝之父瞽叟欲加害其身的故事:

> 后瞽叟又使舜穿井,舜穿井为匿空旁出。舜既入深,瞽叟与象共下土实井,舜从匿空出,去。瞽叟、象喜,以舜为已死。

张骞"凿空"凿出了什么来？

这里所说"匿空"，唐张守节《史记正义》释云："言舜潜匿穿孔旁，从他井而出也。"所说虽然不够清楚，但将"空"字解作"孔"义应该是明确无疑的。清人方苞疏释《史记》这一记载，称太史公乃谓"舜于井中为可以自匿之空，而其空旁通可上出也"（见方氏《史记注补正》），这样的"旁通可出"之"空"当然就是个"孔道"。所以，准确地讲，"匿空"应即"暗孔"。《五帝本纪》乃谓舜在水井侧壁上掏挖暗孔旁出，当乃父填埋井口时由此逃逸。

另外，众所熟知的"空穴来风"这一成语，其原初语义也是"孔穴来风"。宋玉《风赋》句云："枳句来巢，空穴来风，其所托者然，则风气殊焉。"清胡绍煐《文选笺证》卷一五释云：

> 注善曰："庄子曰'空阅来风'。司马彪曰'门户孔空，风善从之'。"段氏玉裁曰："古'阅'、'穴'通，'空'、'穴'重叠字，'空穴'即'孔穴'，《老子》'闭其门、塞其兑'，'兑'即'阅'之省，假借字也。"绍煐按：古皆以"空"为"孔"。《说文》："孔，窍也。"

这等于从更广阔的视角，也更有力度地印证了把张骞"凿空"解作"凿孔"的合理性。

又《周礼·冬官·考工记》"轮人"条记云："凿深二寸有半，下直二枚，凿端一枚。"东汉大儒郑玄注："凿深对为五

服與尚書有服在大僚罔或耆壽俊在厥服同義上古四民不分至帝嚳則服用者皆士人也

為匿空旁出

舜於井中為可以自匿之空而其空旁通可上出也

帝舜紀

南撫交趾北發西戎析枝渠廋氐羌北山戎發息慎東長鳥夷

索隱謂字缺少非也首以撫字該之下三方則

约清乾隆年间刻本方苞《史记注补正》

寸,是以不伤达常也。下直二枚者,凿空下正而上低二分也。其弓菑则挠之,平剡其下二分而内之,欲令盖之尊终平不蒙挠也。端,内题也。"郑玄注中的"凿空",同《史记·大宛列传》的"凿空"乃是同一语义,亦即"凿孔"之意。唐陆德明《经典释文》为此"凿空"之"空"注音曰:"空,音孔。"由此可以进一步证明,张骞"凿空"不过"凿孔"之意而已,而且"空"字的发音,本当作上声,读与"孔"同。

进一步分析"空"字这一语义的由来,我们可以看到,凡从"工"之字,原本多有"孔"义。例如,古时车毂内外口间用以穿轴的铁圈,被称作"釭",其形正作圆孔之状。或许有人会觉得我这想法颇有"波者水之皮"的野狐禅味道,不过近人沈兼士著《右文说在训诂学上之沿革及其推阐》一文(见《沈兼士学术论文集》),即着力阐述此等声符的表意作用。沈兼士先生是研究文字训诂的大家,《右文说在训诂学上之沿革及其推阐》是他的一篇力作,窃以为还是值得治史者一读的。

由此车釭之义引申,有所谓"釭灯",西汉海昏侯刘贺的墓室里就出土过这种东西。大家看一看这釭灯的形状,就会很容易明白,其"釭"字之义,乃缘于两侧的导烟细管,而这管中自是一孔之地。

还有我们每个人身上都有的"肛门",也与"工"字这一语义有关,甚至有人以为它也是源自车釭。《史记·扁鹊仓公列传》篇末唐张守节《正义》述之曰:

海昏侯墓出土釭灯
（据江西省文物考古研究所、首都博物馆编
《五色炫曜——南昌汉代海昏侯国考古成果》）

肛门重十二两，大八寸，径二寸太半，长二尺八寸，受谷九升三合八分合之一。肛，釭也。言其处似车釭，故曰釭门。

不管这说法是不是符合语词生成的次序，但肛门同车釭以及釭灯上的导烟管明显都以一孔之态而相似相通。

至于那个"凭空无据"或"穿凿"之义，更真的不知是从何说起。在我看来，它只能是"凭空无据"地"穿凿"而来，这样解说、这样用的人，一定是把"凿空"的"空"字理解成"空虚""空豁"，也就是啥也没有的"空荡荡"的意思了。

2021 年 6 月 8 日记

"文章尔雅"与笺经释义的《薾雅》

这些年在北大教书，主要用业师黄永年先生旧日讲义，给学生讲授常用文史工具书，对辞义训释类工具书中《尔雅》一书的名称，一直怀有一种好奇心，即不知其"名义"何在，想要知晓这书为什么会叫"尔雅"，可始终"莫名其妙"，实在弄不明白其得名的缘由。

若仅仅是自己读书，看不懂的事情多了去了，放到一边儿就得，何必处处较真儿？可年年给学生讲，年年说不知道怎么一回事儿，心里就不能不觉得硌得慌。今天随手翻阅《史记·儒林列传》，心中灵光一现，觉得找到了答案。

在我读到的历史文献中，东汉末年人刘熙在《释名》中最早训释"尔雅"其义，乃谓之曰：

《尔雅》。尔，昵也；昵，近也。雅，义也；义，正也。五方之言不同，皆以近正为主也。(《释名·释典艺》)

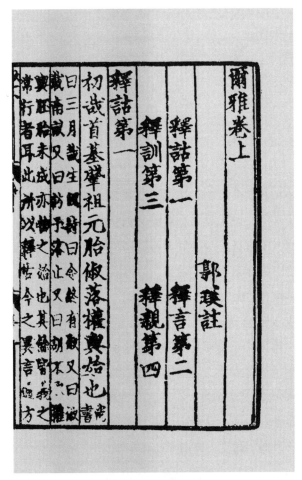

《中华再造善本》丛书影印元大德己亥
平水曹氏进德斋刻本郭璞注《尔雅》

"文章尔雅"与笺经释义的《薢雅》

《四部丛刊初编》影印江安傅氏双鉴楼藏宋刊本《释名》

简而言之,"尔雅"意即"近乎正"。稍后,曹魏时人张揖及唐人颜师古注《汉书》、司马贞注《史记》,亦皆沿承此说(《汉书·艺文志》颜师古注引张揖说,又《汉书·儒林传》颜师古注,《史记·三王世家》司马贞《索隐》)。清人疏证《尔雅》最著名的有邵晋涵、郝懿行两大家。郝懿行对"尔雅"这一书名避而未谈,邵晋涵则亦仅仅沿袭刘熙以至颜师古、司马贞的说法而加以发挥,并没有提出什么新的见解(邵晋涵《尔雅正义》卷一)。

多少翻阅过一些《释名》的人都知道,刘熙是用"音训"

的方法来训释字义,即用读音相同或是相近的字来解释本字,其以"昵"释"尔"、以"义"释"雅"都是如此,只不过又由"昵"引申出"近"义、由"义"引申出"正"义而已。这种训释方法自有其合理之处。其实就连《尔雅》本身,"训诂同一条者其字多双声"(清陈澧《东塾读书记》卷一一《小学》),遵循的也是同一方法。特别是近人黄侃撰著《尔雅音训》,正是缘于"治《尔雅》之要,在以声音证明训诂之由来。盖古人制字,义本于声,即声是义。声音训诂固同出一原也"(黄侃《尔雅音训》卷首黄焯序)。

只是这种方法有利亦有弊,由于文字语义的形成复杂多样,若是把这一方法用过头了,牵强附会便在所难免,《释名》一书的弊病也正在于此。

其实我们大家只要静下心来稍微一想就会明白,"近乎正"者实属不正,至少是尚未得其平正,也就是"差不多"的意思。这是显而易见的事情。谁费力地写本书,会用"差不多"做书名?再说这是文字训诂的书,训释字义当然为的是得出确解,总不该说"差不多"就行了吧?岂非咄咄怪事!这样的书名又何以能让读者信从书中的内容?因而在我看来,《释名》的解释是根本讲不通的。我给学生讲课,从来不讲这种现成的说法,就是因为连我自己都根本不相信。

班固在《汉书·艺文志》中谈到所谓"古文尚书"时提到下面这样一段话:

"文章尔雅"与笺经释义的《薾雅》

> 《书》者,古之号令,号令于众,其言不立具,则听受施行者弗晓。古文读应《尔雅》,故解古今语而可知也。

这段话是说,《尚书》是古时施行于民众的政令,要想让民众听从号令,《尚书》载录的这些文告就应该语义清楚完备;如果做不到这一点,听受号令的民众就会弄不懂当政者的意愿,从而无法奉行。那么我们今天怎么能读懂这些"古文尚书"呢?答案是按照《尔雅》的训释来解读就是了,看了《尔雅》你就会明白,只要了解古今语义的变迁就能读懂它了。

需要说明的是,今中华书局点校本没有把"尔雅"二字视作书名,而我反复斟酌,觉得在这里还是读作专名比较合理。在这一点上,清人陈澧就是持此看法(陈澧《东塾读书记》卷一一《小学》)。至于这个书名在上下文中的具体解读,上面已经做了说明。

清末人叶德炯、王先谦复以"近古"训释"尔雅"二字,即援依上述《汉书·艺文志》的说法,以"古"训"雅",乃谓"古"与"正"字义本相通,盖"不近古何以近正"是也(王先谦《释名疏证补》卷六《释典艺》)。

这种说法看似好像颇有那么几分道理,可实际上仍然讲不通。若谓"尔雅"意即"近古",那么如同训作"近正"一般,同样是标榜"差不多"的性状。就像不正则歪一样,不古则今,以"近古"之意也解不得古语。再说既然是为解析古语而撰著《尔雅》,那何以不让它"纯古",而偏要似是而非近乎其真不可？所以叶德炯、王先谦辈的解释依然很不合理。

进而论之，《尔雅》其书，本为训诂经书而作。关于这一点，清人陈澧所说最为明晰：

> 郭氏（璞）《尔雅序》云"夫《尔雅》者，诚传注之滥觞"，郑渔仲（樵）《尔雅注序》云"《尔雅》出自汉代笺注未行之前"是也。其后则有以汉代经注增入者，如《释训》"是刘是護，護，煮之也"，此显然取之《毛传》矣；"子子孙孙，引无极也"以下三十余句皆用韵，必是古人一篇文字而取入《尔雅》也。（陈澧《东塾读书记》卷一一《小学》）

唐人司马贞谓世间相承以为此书乃"子夏作之以解《诗》《书》"，说的也是这个意思（《史记·三王世家》唐司马贞《索隐》）。

在这方面更为直观的例证，是陈澧对《汉书·艺文志》"古文读应《尔雅》"句的阐释：

> 《汉书·艺文志》云"古文读应《尔雅》，故解古今语而可知也〔此谓《尚书》古文〕"，观于《史记》采《尚书》以训诂代正字而晓然矣。如"庶绩咸熙"，《史记》作"众功皆兴"。庶，众也；绩，功也；咸，皆也；熙，兴也，皆见《释诂》。其一二字以训诂代者，如"寅宾"作"敬道"，"方鸠"作"旁聚"。寅，敬也；鸠，聚也，亦见《释诂》。——此所

"文章尔雅"与笺经释义的《薾雅》

谓读应《尔雅》也。(陈澧《东塾读书记》卷一一《小学》)

既然是为传笺经文始撰著此书,那么,基于经书的神圣地位,其解经释义岂容近而似之而已!

孔夫子云"学而不思则罔,思而不学则殆",予学而思之,知前人旧说既绝不可通,平日闲读书,乱翻书,自然会时时想到这一困惑。今翻检《史记·儒林列传》,读到以下一段内容时,便使我对《尔雅》的书名问题产生了想法:

> 公孙弘为学官,悼道之郁滞,乃请曰:"……郡国县道邑有好文学,敬长上,肃政教,顺乡里,出入不悖所闻者,令相长丞上属所二千石,二千石谨察可者,当与计偕,诣太常,得受业如弟子。一岁皆辄试,能通一艺以上,补文学掌故缺;其高第可以为郎中者,太常籍奏。即有秀才异等,辄以名闻。其不事学若下材及不能通一艺,辄罢之,而请诸不称者罚。臣谨案诏书律令下者,明天人分际,通古今之义,文章尔雅,训辞深厚,恩施甚美。小吏浅闻,不能究宣,无以明布谕下。治礼次治掌故,以文学礼义为官,迁留滞。请选择其秩比二百石以上,及吏百石通一艺以上,补左右内史、大行卒史;比百石以下,补郡太守卒史:皆各二人,边郡一人。先用诵多者,若不足,乃择掌故补中二千石属,文学掌故补郡属,备员。请著功令。佗如律令。"制曰:"可。"自此以来,则公卿大夫士吏斌斌多文学之士矣。

東塾讀書記卷十一

番禺陳澧撰

小學

詁者古也古今異言通之使人知也 此毛詩周南關雎詁訓傳
用之 爾雅釋宮郭注云通古 第一孔疏語爾雅邢疏襲
今之異語又孔疏所本也
相隔遠則言語不通矣地遠則有翻譯時遠則有翻譯 蓋時有古今猶地有東西有南北
則能使別國如鄉鄰翻譯也有訓詁則能使古今如旦暮所謂
通之也訓詁之功大矣哉 方言即
漢書藝文志云古文讀應爾雅故解古今語而可知也 此謂尚
觀於史記采尚書以訓詁代正字而曉然矣如庶績咸熙史記 書古文
作眾功皆與庶眾也績功也咸皆也熙興也皆見釋詁其一二
字以訓詁代者如寅賓作敬道方鳩聚寅敬也鳩聚也亦
見釋詁此所謂讀應爾雅也 以訓詁代正字自孔子贊易而已
然矣如乾象傳當云天行乾而

"文章尔雅"与笺经释义的《薾雅》

不惮其烦地抄录这么长一段文字,目的是想让大家看清相关语句出现的前因及其后果。

所谓"相关语句",就是我写在这篇文稿标题中的"文章尔雅"四个字。其前因,是朝廷令礼官劝学,广荐贤才。在此背景下,公孙弘奏上此疏,提出具体的荐举人才措施和步骤;其结果,是朝廷采纳公孙弘提出的方案,给官场造就了一派"公卿大夫士吏斌斌多文学之士"的儒雅景象。

公孙弘在此特别讲道,儒生的文学才能,在朝廷行政运作的过程中是不可或缺的,其中一项重要的理据,就是"诏书律令下者,明天人分际,通古今之义,文章尔雅,训辞深厚,恩施甚美。小吏浅闻,不能究宣,无以明布谕下"。这种导致"小吏浅闻,不能究宣"的"诏书律令"内容,可以分作两层:一层是其中"明天人分际,通古今之义"的文句,不具备相关的"天人"与"古今"知识,便无以知晓"诏书律令"讲的意思;另一层是由于"诏书律令"的表述形式"文章尔雅,训辞深厚",致使这些没有"文学"素养的"小吏"对其文辞读不懂,看不明白。

现在就让我们来看看,"文章尔雅"这句话到底是什么意思。唐人司马贞在《史记索隐》中解释"文章尔雅,训辞深厚"说:"谓诏书文章雅正,训辞深厚也。"这"文章雅正"的讲法实际上只是重复"申说"了"雅"的语义,对"尔雅"的"尔"字则完全避而未谈,原因当然是不好讲,实在很不好讲,根本讲不清楚。

解读"文章尔雅,训辞深厚"之语,须知"文章"与"训辞"、"尔雅"与"深厚",应是对举而言的一组文句,即如明人杨慎所云,公孙氏乃"以'尔雅'与'深厚'为对"也(杨慎《丹铅总录》卷二六)。按照这样的思路,"尔雅"应当是与"深厚"构词形式相同的一个词语,即"尔"与"雅"同"深"与"厚"一样,都应该是以两个同义或近义的单字重叠复合而成的双音节并列结构词汇。这样看来,若如刘熙等把"尔"训作"近"义,那么,不管是"近正",还是"近古",都属于动宾结构的双音节词语,跟"深厚"无法对举。

此路既然不通,就得另求他解。检《说文解字》所载"薾"字,义为"华盛。从艹尔声",许慎且引述《诗经》中的"彼薾惟何",以作例证。"彼薾惟何"这句诗,出自《诗经·小雅·采薇》,传世《诗经》其句乃作:"彼尔维何?维常之华。彼路斯何?君子之车。"即"薾"被书之为"尔雅"之"尔"。毛传曰:"尔,华盛貌。常,常棣也。"清人陈奂疏释云:

> 尔,读为薾,假借字也。《说文》:"薾,华盛貌。《诗》曰'彼薾维何'。"或许所据《毛诗》作"薾"也。(清陈奂《诗毛氏传疏》卷一六)

按照陈奂的解说,今本《诗经》"彼尔维何"的"尔"应当是"薾"的假借字,所以才要"读为薾",也就是要把它当作

"文章尔雅"与笺经释义的《薾雅》

"薾"字来看。陈奂推测说,或许许慎当年读到的《毛诗》就是按其本字写作"彼薾唯何"。

阅读《诗经·小雅·采薇》这一用例,让我有理由推断,《史记·儒林列传》"文章尔雅"的"尔"字也应当是"薾"的假借字。如果我们把这个"尔雅"读作"薾雅",那么,它就与下句"训辞深厚"的"深厚"正贴切对应(雅就是雅,用现在的大白话讲,也就是优雅、文雅的意思,其词义古今一贯,丝毫没有改变,既不是"古",也无须笺释为"正"),而这种文意的顺畅性反过来足以证实把"尔"读为"薾"字的合理性。

汉昭帝即位之初,燕王旦心怀不满,自以为身属武帝年长之子理应继承帝位。昭帝宅心仁厚,遣太中大夫公户满意等前往劝喻。司马迁身后,以文学而为侍郎的褚少孙,在《史记·三王世家》的篇末载有其事。在这里,我们又一次见到了"文章尔雅"的说法:

> 公户满意习于经术,最后见王,称引古今通义,国家大礼,文章尔雅。谓王曰:……

通观上下文义,公户满意讲述的"文章尔雅",同样应当读作"薾雅",其上下文义,方显顺畅,即谓公户满意称引前人那些华盛而又优雅的文句以打动燕王。盖所谓儒家者流本以"游文于六经之中"而见称于世(《汉书·艺文志》),公户满意既

清道光二十七年陈氏吴门南园埽叶山庄原刻本《诗毛氏传疏》

"习于经术",固良有以也。因知公户满意所说"尔雅"一语,同样与"近古"或"近正"无关。

现在再由《史记·儒林列传》以及《史记·三王世家》的"文章尔雅"来模拟、推断《尔雅》这一书名的含义,我想结论也就显而易见了——若是用本字来书写的话,《尔雅》也就是《薾雅》,意思不过犹如"华辞雅言"而已。通检《尔雅》的内容,也正是如此。

最后需要补充说明的是,拙稿原文本来就截至于此。待文稿于2021年10月28日在《澎湃新闻·翻书党》及敝人微信公众号公布后,网友D.Publius君告:"另有一佐证,《尔雅》书中唯一一个'尔/薾'字就是《释草》中'蘮,月尔'。"这一情况,非常重要,因为它出自《尔雅》,因而这个"月尔"的"尔"字同《尔雅》的"尔"字可能具有同样的语义。

晋人郭璞注《尔雅》,谓蘮"即紫蘮也,似蕨可食"。把这样一种蕨类植物别称作"月尔",显然不会取自"尔"的"近"义。因为它紧贴着地表,离天上的月亮远着呢。按照正常的情理,这个"月尔"的"尔"正应读作"薾"字。明人杨慎称郭璞所说"紫蘮"应即"紫萁",而"《三苍》谓之'紫蕨'",由于这种紫蕨"拳曲繁盛,故名'月尔'"(杨慎《丹铅总录》卷二六)。

显而易见,杨慎在这里讲的,还是《说文》"薾"为"华盛"之义,只不过将其具体落实到紫蕨的外在形态上了而已;也就是说,杨慎正是把《尔雅·释草》载述的"月尔"这种植物读作"月蘭"了。核实而言,杨慎所落实的具体对象,也就是对紫蕨"拳曲繁盛"形态的具体理解,似乎还很不明晰,也未必合理,但他把"月尔"解作"月蘭",而这个"蘭"字意在体现"蘩"亦即紫蕨的外在形态,这一点是应该正确无误的。这告诉我们,《尔雅》一书正是把"蘭"字书作"尔"形,而我把这部书的名称解作《蘭雅》,符合作者的行文惯例:对这个字儿,他就这么个写法。

2021 年 10 月 24 日晚记
2021 年 10 月 28 日下午补记